Manual
de Sociologia

O GEN | Grupo Editorial Nacional – maior plataforma editorial brasileira no segmento científico, técnico e profissional – publica conteúdos nas áreas de ciências sociais aplicadas, exatas, humanas, jurídicas e da saúde, além de prover serviços direcionados à educação continuada e à preparação para concursos.

As editoras que integram o GEN, das mais respeitadas no mercado editorial, construíram catálogos inigualáveis, com obras decisivas para a formação acadêmica e o aperfeiçoamento de várias gerações de profissionais e estudantes, tendo se tornado sinônimo de qualidade e seriedade.

A missão do GEN e dos núcleos de conteúdo que o compõem é prover a melhor informação científica e distribuí-la de maneira flexível e conveniente, a preços justos, gerando benefícios e servindo a autores, docentes, livreiros, funcionários, colaboradores e acionistas.

Nosso comportamento ético incondicional e nossa responsabilidade social e ambiental são reforçados pela natureza educacional de nossa atividade e dão sustentabilidade ao crescimento contínuo e à rentabilidade do grupo.

Delson Ferreira

Manual de Sociologia

Dos Clássicos à Sociedade da Informação

2ª Edição

O autor e a editora empenharam-se para citar adequadamente e dar o devido crédito a todos os detentores dos direitos autorais de qualquer material utilizado neste livro, dispondo-se a possíveis acertos caso, inadvertidamente, a identificação de algum deles tenha sido omitida.

Não é responsabilidade da editora nem do autor a ocorrência de eventuais perdas ou danos a pessoas ou bens que tenham origem no uso desta publicação.

Apesar dos melhores esforços do autor, do editor e dos revisores, é inevitável que surjam erros no texto.
Assim, são bem-vindas as comunicações de usuários sobre correções ou sugestões referentes ao conteúdo ou ao nível pedagógico que auxiliem o aprimoramento de edições futuras. Os comentários dos leitores podem ser encaminhados à **Editora Atlas Ltda.** pelo e-mail editorialcsa@grupogen.com.br.

Direitos exclusivos para a língua portuguesa
Copyright © 2001 by
Editora Atlas Ltda.
Uma editora integrante do GEN | Grupo Editorial Nacional

Reservados todos os direitos. É proibida a duplicação ou reprodução deste volume, no todo ou em parte, sob quaisquer formas ou por quaisquer meios (eletrônico, mecânico, gravação, fotocópia, distribuição na internet ou outros), sem permissão expressa da editora.

Rua Conselheiro Nébias, 1384
Campos Elísios, São Paulo, SP – CEP 01203-904
Tels.: 21-3543-0770/11-5080-0770
editorialcsa@grupogen.com.br
www.grupogen.com.br

Composição: Style Up

Dados Internacionais de Catalogação na Publicação (CIP)
(Câmara Brasileira do Livro, SP, Brasil)

Ferreira, Delson

      Manual de sociologia: dos clássicos à sociedade da informação / Delson Ferreira. – 2. ed. – [12. Reimpr.] – São Paulo: Atlas, 2018.

      ISBN 978-85-224-3455-8

      1. Sociologia – História 2. Sociologia – Manuais I. Título.

01-4517   CDD-301

Índice para catálogo sistemático:

1. Sociologia : Manuais 301

Todos com quem venho convivendo com mais intensidade nos últimos anos contribuíram, de alguma forma e a seu modo, para este trabalho. A vocês, minha gratidão.

"O professor não passa, no fundo, de um aluno pelo avesso. Os alunos vão e vêm; a sua aprendizagem tem um ponto de partida e outro de chegada. Com o professor, tudo é diferente. Permanecemos em aprendizagem contínua. O 'ensino' é, sob esse ângulo, uma dura forma de aprendizagem, pela qual entramos em confronto com a verdade na sala de aula, e como um permanente aluno mais velho. (...) O professor nunca acaba de aprender e quando pensa que já domina um assunto, descobre que deveria começar de novo. (...) Espero que não seja tarde demais para mostrar, como 'aluno mais velho', que o ensino não separa a vida intelectual, nem das exigências fundamentais da vida, nem das possibilidades da história em processo."

Florestan Fernandes
A natureza sociológica da sociologia, p.11-12.

Sumário

Introdução, 13

Parte I – Introdução à Sociologia, 15

1   Homem e sociedade, 17

    1.1   O conhecimento: característica fundamental da humanidade, 17

    1.2   Teoria do conhecimento: as diversas formas e tipos de conhecimento, 26

    1.3   O homem: um ser sociocultural, 28

    1.4   O homem como ser histórico, 28

    Exercícios reflexivos, 29

2   Sociologia: História e desenvolvimento, 31

    2.1   A Sociologia e o dia-a-dia: as relações sociais, 31

    2.2   A relação indivíduo e sociedade: objeto da sociologia, 32

    2.3   Saint-Simon: o precursor moderno da sociologia, 34

    2.4   Auguste Comte: o pensamento positivista e as relações sociais, 35

    Exercícios reflexivos, 40

Parte II – Sociologia Clássica, 43

3   O Positivismo sociológico, 45

    3.1   A sociologia positivista, 45

    3.2   Émile Durkheim e os *fatos sociais*, 47

10 MANUAL DE SOCIOLOGIA

3.3   Durkheim e *"As regras do método sociológico"*, 49

3.4   A questão da *solidariedade*, 50

Exercícios reflexivos, 51

4   O Pensamento Marxista, 53

4.1   O pensamento dialético: o materialismo histórico, 53

4.2   O problema da *ideologia*, 58

4.3   O conceito marxista de sociedade, 60

4.4   O conceito de *classe social* em Marx, 62

Exercícios reflexivos, 64

5.   O Pensamento Weberiano, 65

5.1   A visão *weberiana* e a relação indivíduo-sociedade, 65

5.2   Modernidade e *racionalidade* no pensamento *weberiano*, 68

5.3   Max Weber e a sociedade: *"A ética protestante e o espírito do capitalismo"*, 69

5.4   Max Weber e a *ação social*, 70

Exercícios reflexivos, 72

Parte III – Sociologia Contemporânea, 75

6   O Desenvolvimento da Sociologia no Século XX, 77

6.1   A sociologia na Europa, 77

6.2   O desenvolvimento da sociologia na América do Norte, 84

6.3   A sociologia latino-americana, 91

Exercícios reflexivos, 93

7.   A Construção do Pensamento Sociológico no Brasil, 96

7.1   Origens do pensamento social brasileiro, 96

7.2   O advento da sociologia no Brasil, 98

7.3   A sociologia militante de Florestan Fernandes, 100

Exercícios reflexivos, 103

8.   A Sociologia Brasileira, 104

8.1   A *teoria da dependência*: Fernando Henrique Cardoso, 104

8.2   A sociologia brasileira após 1964, 110

8.3   Sociologia e sociedade: a inserção do Brasil no contexto da *globalização neoliberal*, 112

Exercícios reflexivos, 116

SUMÁRIO **11**

Parte IV – A Questão Social, 119

9   Estratificação e Mobilidade Social, 121

   9.1   *Estratificação social*, 121
   9.2   Sistemas de *status* e *papéis* sociais, 122
   9.3   *Mobilidade social*: castas, estamentos e classes sociais, 123
   9.4   *As classes sociais* no Brasil, 126
   Exercícios reflexivos, 128

10. Desigualdade Social, 129

   10.1   Origem e fundamento da desigualdade: pobreza e riqueza, 129
   10.2   Relações sociais e desigualdade, 131
   10.3   As desigualdades no Brasil do século XXI, 132
   Exercícios reflexivos, 138

11   Movimentos sociais, 146

   11.1   Movimentos sociais: conceitos, 146
   11.2   Conflito e ação coletiva: mudança e conservação, 147
   11.3   Novos movimentos sociais, 148
   11.4   Movimentos sociais no Brasil contemporâneo, 153
   Exercícios reflexivos, 156

Parte V – A Sociedade da Comunicação e da Informação, 163

12   Os Processos de Comunicação de Massa e a Sociedade Contemporânea, 165

   12.1   Que é *comunicação*: origem e desenvolvimento do conceito, 165
   12.2   A questão da *massificação*, 167
   12.3   Características da *comunicação de massa*, 168
   12.4   *Efeitos* e *impactos* dos processos de *comunicação de massa* sobre a sociedade, 170
   Exercícios reflexivos, 181

13   A Sociedade de Consumo, 185

   13.1   Individualismo, competição e concorrência, 185
   13.2   Consumo, consumismo e sacralização do consumo, 187
   13.3   Propaganda e mídia: sedução e convencimento, 189
   Exercícios reflexivos, 191

12 MANUAL DE SOCIOLOGIA

14 As Instituições Sociais e os Meios de Comunicação de Massa, 198

 14.1 A família, 198
 14.2 A religião, 201
 14.3 A educação e a escola, 205
 Exercícios reflexivos, 212

15 Mídia, Opinião Pública e Política, 220

 15.1 Conceito e papel da mídia na sociedade contemporânea, 220
 15.2 Mídia e opinião pública, 221
 15.3 Mídia, instituições e poder político, 225
 Exercícios reflexivos, 235

Bibliografia, 239

Introdução

O *objetivo principal* deste livro é oferecer ao professor e ao aluno um *instrumental teórico básico de sociologia* que permita a ambos lidar com os paradigmas centrais dessa ciência e discuti-la para além da mera reprodução dos conteúdos conceituais. É notória, nos dias de hoje, em todas as áreas do saber, uma tendência à reprodução mecanizada do conhecimento científico com a qual não é possível compactuar. Essa reprodução acrítica tolhe a curiosidade e a criatividade, recursos imprescindíveis para que a racionalidade humana aprofunde, coletiva e analiticamente, o conhecimento sobre nós mesmos e os processos sociais que articulamos para o exercício de nosso viver.

No intuito de romper com essa tendência, este *livro didático* procura instigar o *trabalho reflexivo*, tanto em sala de aula quanto na atividade de leitura complementar. Para que isso aconteça, é fundamental que professores e alunos indaguem acerca do conhecimento produzido pelas diversas *escolas de pensamento sociológico* que serão apresentadas em seu decorrer, abrindo a possibilidade do exercício da crítica, a ser realizada à luz das questões postas pela realidade social atual.

Este é, a nosso ver, o diferencial da proposta de estudo que ora chega às mãos do leitor: apresentar o conteúdo conceitual que abrange o conjunto da reflexão sociológica – *dos clássicos a nossos dias*. E, ao mesmo tempo, ir além desse conteúdo, a fim de propiciar ao leitor-aluno a possibilidade de, por meio da leitura e do estudo sistemático, *problematizar criticamente* a sociedade em que vivemos. Vem daí a pretensão de oferecer a possibilidade de *discussão da aplicabilidade atual* de cada um dos pontos conceituais que serão apresentados ao longo da obra, por meio do

14   MANUAL DE SOCIOLOGIA

encadeamento do texto e da inserção, ao final de cada unidade, de questões analíticas e textos de leitura complementar voltados para essa *reflexão crítica*, denominados de *Exercícios Reflexivos*.

Na Parte I, introduzimos a questão da produção social e cultural do *conhecimento*, definindo-o como construção historicamente condicionada e discutindo suas diversas modalidades. Em seguida, desenvolvemos conceitualmente a *ciência sociológica* com base em sua história e em seu desenvolvimento teórico.

A Parte II explicita o pensamento sociológico clássico, partindo da demonstração e contraposição entre as *escolas positivista* e *marxista*. Dado o embasamento conceitual desses primeiros grandes impulsos científicos do pensamento sociológico, devemos concluí-lo com base na matriz teórica *weberiana*.

A Parte III demonstra o *processo histórico* de desenvolvimento teórico da sociologia no século XX apoiado no *pensamento sociológico clássico*. Em seguida, é introduzido o *pensamento social brasileiro contemporâneo*, definindo-o com base na tentativa de elaboração de uma identidade cultural nacional, chegando, finalmente, aos questionamentos sobre os rumos e os efeitos do processo de *globalização* econômica no país.

Na Parte IV, é desenvolvido um aporte teórico básico sobre os *problemas* e *processos sociais* fundamentais, destacando as questões da *estratificação*, da *mobilidade* e da *desigualdade*, estabelecendo uma relação comparada com o significado atual dos *novos movimentos sociais* no processo político brasileiro e mundial.

A Parte V introduz dois dos problemas sociológicos fundamentais para a compreensão da *teia de complexidade* que cerca a sociedade contemporânea: *comunicação* e *informação*. É trabalhada a noção de *processo de comunicação de massa*, distinguindo e demonstrando as diversas interpretações teóricas quanto a seus *efeitos* e *impactos* sobre a sociedade contemporânea. Nesse processo, serão identificadas as diversas formas de *ação* dos *meios de comunicação de massa* sobre a *conduta* dos *indivíduos* e dos *grupos sociais*, devendo ser reconhecidos, em seguida, os *valores* predominantes na *sociedade de consumo* e a "sedução" exercida sobre *ela* por esses *meios de comunicação*. Finalizando a obra, ficam evidentes os problemas gerados pela *sociedade da informação* nas diversas áreas da *ação coletiva* humana que, por sua vez, se refletem nas relações entre *mídia*, *opinião pública*, *poder* e *política*.

O Manual do Mestre encontra-se à disposição dos professores no *site* da editora: <www.professoratlas.com.br>.

Parte I

Introdução à Sociologia

1

Homem e Sociedade

1.1 O CONHECIMENTO: CARACTERÍSTICA FUNDAMENTAL DA HUMANIDADE

Não há o que caracterize mais a condição humana do que a capacidade de conhecer, de construir compreensão sobre os meios e os processos necessários para a organização e a facilitação do ato de viver. O conhecimento, produto da atividade consciente do pensamento, estabelece a natureza social do ser humano e o condiciona a sua história e a sua cultura.

Compreender como se dá o conhecimento é necessidade humana das mais relevantes, uma vez que, por meio dessa compreensão, a humanidade tem a possibilidade de avançar em seu processo de civilização. Para que essa compreensão seja possível, faz-se necessário o questionamento permanente sobre a natureza das forças cognitivas humanas, sobre o próprio conhecimento e o processo pelo qual o ser humano constrói o pensar. No intuito desse questionamento, será proposto abaixo um exercício de reflexão que abordará o próprio caminho da construção do conhecimento enquanto processo.

Procura-se aqui seguir de perto o método que Rudolf Steiner[1] adota em seu trabalho filosófico. Esse método foi chamado por ele de *fenomenológico*, segundo o Prof. Marcelo Greuel. Na concepção de Greuel (1994:9-10), Steiner

---

[1]. Filósofo austríaco (Áustria): 1861; Dornach (Suíça): 1925, que foi estudioso do pensamento de Goethe. Kraljevec.

18 INTRODUÇÃO À SOCIOLOGIA

"procura o esclarecimento e a explicação do processo através do qual o homem obtém o conhecimento do mundo conscientizando, através da observação pensante, suas características encontráveis na própria experiência".

Nesse raciocínio, o ato próprio de conhecer é uma síntese vivida pelo ser humano entre a *percepção* do objeto de conhecimento e o *conceito* que é criado sobre esse objeto. É a construção da *representação*, que se torna, nesse ato, uma fusão vivenciada, fruto de uma tensão dialética que ocorre entre a *percepção* e o *conceito*.

Para cumprir com os objetivos metodológicos ora propostos, deve-se estar atento para a finalidade dessa reflexão: exercitar, por meio da leitura, e contemplar o ato de pensar. Dessa forma, por meio desse exercício filosófico, será possível entender a seguinte proposição: *"A contemplação é a forma em que o pensar intelectual se converte quando desperta para sua origem produtiva."*[2]

O texto de apresentação de uma palestra, intitulada *"A Aquisição da Experiência na Espécie Homo Sapiens,"*[3] define que

"desde o seu aparecimento no planeta, por um processo criacionista ou evolucionista, o homem tem sido impulsionado pela sobrevivência e pela transcendência como indivíduo e como espécie, dando origem a maneiras de explicar, de conhecer, de aprender e de entender, e de lidar com a realidade que o cerca". E "dessa experiência nasce a percepção de sua posição privilegiada no cosmos".

O pensador Mircea Eliade afirma que

"a mais importante diferença entre o homem das sociedades arcaicas e tradicionais e o homem das sociedades modernas, com sua forte marca judaico-cristã, encontra-se no fato de o primeiro sentir-se indissoluvelmente vinculado com o Cosmo e os ritmos cósmicos, enquanto que o segundo insiste em vincular-se apenas com a História" (1996:10).

Ora, se os indivíduos são, desde seus primórdios, impulsionados pela sobrevivência e pela *transcendência*, e hoje vinculados apenas com sua *História* – modernos que são –, como é que eles produzem sua realidade individual e social? Uma das respostas possíveis a esta questão é dada por Greuel, quando ele diz que

"a produção da realidade é, concomitantemente, a autogênese do homem em sua dimensão espiritual. O homem, à medida que desvenda o processo pelo

---

2. GREUEL, Marcelo da Veiga. *A obra de Rudolf Steiner*, p. 8. Aqui, o autor explica que Steiner, no livro *A filosofia da liberdade*, denomina essa forma de pensamento de *"pensar intuitivo".*

3. Programa Cultural Prometeus, Ribeirão Preto (SP), *Programação de palestras de 1996*, p. 10.

qual obtém conhecimento do mundo, percebe a si mesmo como ente integrado na realidade. Sua consciência não é apenas o campo meramente subjetivo e apartado do mundo real; ela é o palco onde percepção e conceito, como dois aspectos complementares, se confrontam constituindo a realidade... A cognição, o ato de conhecimento, revela-se como sendo participação autoconsciente da realidade a partir do momento em que este ato se torna consciente de si mesmo. O indivíduo pensante aprende a intuir, ao longo de sua vida, os elementos ordenadores subjacentes à realidade externa à medida que supera a desconexão das impressões sensórias. A vida, defrontando-nos constantemente com uma multiplicidade de dados desconexos, desafia nossa capacidade para a intuição. É claro que nem sempre o homem assume os desafios da sua vida, acabando por reduzir o esforço para a compreensão da realidade a um nível mínimo. Porém em princípio a própria vida exige de nós o exercício da intuição, ou seja, da captação de idéias e conceitos capazes de explicar o mundo à nossa volta. O homem, quando de fato assume o desafio de sua vida, cresce em capacidade intuitiva. A ação não visa a compreender o mundo já existente. Em seu agir o homem quer realizar o que ainda não é, ou seja, modificar o que é dado. Na ação o agente se verte para fora, cunhando o mundo por meio de impulsos que dele nascem. Surgem então as grandes perguntas: O que impulsiona as nossas ações? Onde elas nascem? Será que somos livres no nosso agir? O que queremos com nossas ações? Qual é a nossa meta?" (1994:11-12).

Prosseguindo na resposta à questão apontada, uma estudante[4] resumiu o produto de seu estudo, afirmando que

"o ser humano tem capacidade cognitiva, que é o seu núcleo de pensar, sentir, amar. O homem é capaz de recriar situações e emoções, é capaz de simbolizar e atribuir significados às coisas; de separar, agrupar, classificar o mundo que o cerca. O homem começou a travar, com o mundo ao seu redor, uma relação dotada de significados, de avaliação. Foi dessa capacidade de pensar o mundo, de atribuir significado à realidade que o homem criou o seu conhecimento. Percebemos que os problemas por ele enfrentados de sobrevivência, defesa, e perpetuação da espécie, lhe aparecem como problemas fundamentais, isto é, problemas que dizem respeito à busca de explicações essenciais sobre si mesmo, e sobre o mundo no qual ele vive. Antigamente, o homem adquiria conhecimento sobre o mundo em que vivia e sobre as pessoas com quem convivia a partir de sua própria vivência imediata (experiência). Hoje, o ritmo das mudanças sociais é muito rápido, a cada dia, de modo que o homem constrói o conhecimento seguindo a sua experiência social".

---

4. VILELA, Lívia Gonçalves Araújo. In: *Avaliação parcial.* Ribeirão Preto: Universidade de Ribeirão Preto, 1996.

20 INTRODUÇÃO À SOCIOLOGIA

Hermes Trimegistro[5] entendeu esse problema em uma dimensão *metafísica*, posto que sua assertiva chama a atenção para a necessidade de compreensão do seguinte conceito:

> *"Há um fluxo cósmico que cumpre um papel igualmente importante na formação dos universos, no sopro de vida e na consciência humana. Não se trata de forças independentes que atuam em nós e sim de energias universais que têm uma fonte comum, posto que é verdadeiro que o que existe embaixo é como o que existe no alto e o que existe no alto é como o que existe embaixo."*

A concepção unificadora do universo e do homem contida nessa fala pode ser entendida à luz do conceito alquímico medieval que propunha a *transformação do chumbo em ouro*, forma simbólica de se explicar a transformação da *percepção* humana em *conceito* e, portanto, *conhecimento* experienciado.

Steiner justifica, a partir de Goethe, a necessidade da *experiência*, defendendo que

> *"uma gnosiologia (teoria do conhecimento) fundamentada de acordo com a cosmovisão goethiana atribui capital importância à necessidade de se permanecer absolutamente fiel ao princípio da experiência. Ninguém reconheceu, como Goethe, a exclusiva validade deste princípio. Ele representava o princípio tão rigorosamente como o exigimos. Para ele todas as concepções superiores a respeito da natureza não podiam ser nada senão experiência. Deveriam constituir uma 'natureza superior dentro da natureza'. No ensaio 'A Natureza' (Die Natur), ele diz que estamos impossibilitados de sair da natureza. Portanto, segundo esse sentido, se quisermos esclarecimento a respeito dela, deveremos encontrar os meios para isto dentro da mesma... Mas como se poderia basear uma ciência do conhecimento sobre o princípio da experiência, se não encontrássemos em qualquer ponto da própria experiência o elemento básico de toda cientificidade, o conjunto ideal de leis? Como vimos, apenas precisamos aprofundar-nos no mesmo. Pois ele se encontra na experiência"* (1986:33-34).

É característica a forma pela qual Steiner compreende a produção do pensar. Para ele,

> *"é diferente no âmbito do pensar. Apenas no primeiro momento este parece igual à experiência restante. Ao apreendermos qualquer pensamento, apesar da imediação com que ele penetra em nossa consciência, sabemos que estamos intimamente ligados ao seu modo de nascer. Ao subitamente me ocorrer qualquer idéia, cuja aparição, portanto, equivale em certo sentido à de um aconte-*

---

5. *Excerto da Tábua de Esmeraldas.*

HOMEM E SOCIEDADE **21**

cimento externo que primeiro deve ser transmitido por meus olhos e ouvidos, sempre sei que o campo em que este pensamento vem a aparecer é a minha consciência; sei que deve ser apelado à minha atividade para o que me ocorreu se tornar um fato. Em relação a todo objeto exterior, estou certo de que de início ele apenas oferece seu lado externo aos meus sentidos; em relação ao pensamento, sei precisamente que o que ele me dirige é sua totalidade, que ele penetra em minha consciência como um todo completo em si... Tenho de elaborar o pensamento, tenho de reproduzir seu conteúdo, tenho de vivê-lo interiormente, até em sua menor parte, para que tenha qualquer significado para mim. Até aqui obtivemos as seguintes verdades: na primeira etapa da contemplação do mundo, toda a realidade se nos apresenta como um agregado desconexo; o pensar está encerrado dentro desse caos. Perpassando esta variedade, nela encontramos um membro que já possui, nesta primeira forma de aparição, o caráter que os outros ainda devem adquirir. Este membro é o pensar. A forma da aparição imediata, que deve ser superada na experiência restante, é justamente o que deve ser conservado no pensar. Encontramos em nossa consciência este fator a ser deixado em sua estrutura original, e estamos de tal forma ligados a ele, que a atividade do nosso espírito é ao mesmo tempo a manifestação deste fator. (...) Assim como experimentamos apenas no pensar uma verdadeira regularidade, uma determinação ideal, a regularidade do resto do mundo, que neste mesmo não experimentamos, também já deve, portanto, estar encerrada no pensar. Em outras palavras: a manifestação dos sentidos e o pensar se defrontam na experiência. Aquela não nos fornece nenhum esclarecimento a respeito de sua própria essência; este (o pensar) no-lo fornece simultaneamente sobre si mesmo e sobre a essência daquela manifestação dos sentidos" (1986:34-35).

É possível seguir esse exercício de pensamento com Steiner, no intuito de avançar na resposta à questão posta anteriormente, partindo de uma evidente e inquestionável constatação de nossa modernidade: como é que produzimos nossa realidade individual e social? Segue Steiner:

"Cidadão de dois mundos – do mundo dos sentidos, que dele se aproxima de baixo, e do mundo dos pensamentos, que ilumina de cima – o homem se apodera da ciência, pela qual une a ambos em unidade inseparada. De um lado nos acena a forma externa, de outro lado a essência interior; cabe-nos unir as duas (...) Uma ciência do conhecimento que quer captar o conhecer em sua função de importância universal deve, em primeiro lugar, indicar o objetivo ideal do mesmo. Este consiste em perfazer a experiência imperfeita, revelando o seu cerne. Em segundo lugar, deve determinar o que é este cerne, em relação ao seu conteúdo. Ele é pensamento, idéia. Por fim, em terceiro lugar, deve mostrar como acontece essa revelação. (...) Nossa teoria do conhecimento leva ao seguinte resultado positivo: o pensar é a essência do mundo, e o pen-

22 INTRODUÇÃO À SOCIOLOGIA

sar de cada homem individual é uma das formas da manifestação dessa essência. Uma gnosiologia meramente formal não é capaz disso; permanece eternamente estéril. Não tem qualquer opinião sobre que relação existe entre os resultados da ciência e a própria essência do mundo e seus processos. Porém, é justamente essa relação que deve resultar da Teoria do Conhecimento. Esta ciência deve mostrar-nos para onde vamos por meio do nosso conhecer, para onde nos leva qualquer outra ciência. (...) O pensar é uma totalidade em si, que se basta a si mesmo, que não pode se ultrapassar sem chegar ao vazio. Em outras palavras: para explicar qualquer coisa ele não pode recorrer a coisas que não encontre em si mesmo. Uma coisa que não fosse capaz de ser abrangida pelo pensar seria um absurdo. Tudo se resolve no pensar, tudo encontra o seu lugar dentro do mesmo" (1986:52-53). (...) *"Na vida interior da alma surge um conteúdo que anseia por percepção de fora, como um organismo faminto pede alimento; e no mundo externo está o conteúdo da percepção que não leva a sua essência em si, mas apenas mostra quando o conteúdo da percepção se une com aquele da alma por meio do processo cognitivo. Assim, o processo cognitivo se torna um membro na produção da realidade do mundo. Enquanto conhece, o homem participa da criação desta realidade do mundo. E se uma raiz vegetal não pode ser pensada sem sua complementação no fruto, não só o homem, mas também o mundo deixará de ser concluído se não for conhecido. No conhecer o homem não cria algo só para si, mas colabora com o mundo na revelação do ser real. O que está no homem é aparência ideal; o que está no mundo perceptível é aparência sensorial; só a integração cognitiva de ambos começa a ser realidade. Vista desse modo, a Teoria do Conhecimento se torna uma parte da vida"* (1986:85-86). (...) *"No objeto de percepção 'homem' existe a possibilidade de transformação, do mesmo modo como a semente encerra a possibilidade de transformar-se numa planta inteira. A planta se transforma por causa da lei natural objetiva que lhe é inerente; o homem permanece em seu estado imperfeito, a menos que tome em seu interior o material para a transformação, e se transforme por sua própria energia. A natureza faz do homem um mero ser natural; a sociedade transforma-o em um ser que age conforme leis; só ele pode fazer de si mesmo um ser livre. A natureza libera o homem em certa fase de sua evolução; a sociedade conduz essa evolução uns passos adiante; o último aperfeiçoamento só o homem pode dá-lo a si mesmo"* (1983:94).

Chega-se, assim, ao ponto no qual é possível afirmar que a produção da realidade humana é inseparável da atividade que é própria do ser humano: pensar. Por isso, conclui Steiner com clareza:

"Já não nos contentamos em crer, mas queremos saber. A crença exige que aceitemos verdades que não perscrutamos completamente. Mas o que não compreendemos completamente se encontra em luta com o individual, que

HOMEM E SOCIEDADE **23**

quer experimentá-lo com toda a profundeza do seu ser. Só nos satisfaz o saber que, ao invés de submeter-se a uma norma exterior, procede da vida interior da personalidade. (...) Muitas são as esferas da vida, e para cada uma se desenvolve uma ciência especial. Entretanto, a vida em si mesma forma uma unidade, e quanto mais as ciências procuram explorar domínios isolados mais se afastam da visão do mundo como um todo vívido. Deve existir um saber que procura nas ciências particulares os elementos para reconduzir o homem à plenitude da vida. (...) A própria ciência deve tornar-se orgânica e viva. As ciências particulares são as preliminares da ciência à qual nos referimos. Nas artes encontramos uma situação parecida. O compositor compõe baseando-se na teoria da composição. Forma esta última um acervo de conhecimento cuja posse é uma condição indispensável para compor. Ao compor, as leis da teoria da composição encontram-se a serviço da vida, da realidade. Exatamente no mesmo sentido, a filosofia é uma arte. Todos os verdadeiros filósofos foram sempre artistas de conceitos. As idéias humanas foram seu material artístico, e o método científico sua técnica artística. Com isso o pensamento abstrato adquire vida concreta e individual, e as idéias se convertem em forças vitais. Então não só possuímos um saber das coisas, mas convertemos o saber num organismo real que se governa a si mesmo; nossa consciência real e ativa elevou-se acima de uma mera recepção passiva de verdades" (1983:149-151).

Estão definidas, portanto, algumas respostas relevantes quanto às relações que existem entre as forças cognitivas humanas e o processo de construção do conhecimento. Nessa justa medida, é possível avançar um pouco mais, associando a *"relação dialética entre homem e natureza"*, proposta por Karl Marx, com a *"noção de ritmo"*, desenvolvida por Fritjof Capra. No entendimento de Marx,

"a natureza é o corpo inorgânico do homem – isto é, a natureza, na medida em que ela própria não é o corpo humano. 'O homem vive na natureza' significa que a natureza é o seu corpo, com o qual ele deve permanecer em contínuo intercurso se não quiser morrer. Que a vida física e espiritual do homem está vinculada à natureza significa, simplesmente, que a natureza está vinculada a si mesma, pois o homem é parte da natureza". [6]

A visão *holística* de Capra define que

"o papel crucial do ritmo não está limitado à auto-organização e à auto-expressão, mas estende-se à percepção sensorial e à comunicação. Quando enxergamos, nosso cérebro transforma as vibrações da luz em pulsações rítmi-

---

6. MARX, Karl. *Manuscritos econômicos e filosóficos*, 1844, p. 61. In: CAPRA, Fritjof. *O ponto de mutação*, p. 199.

24 INTRODUÇÃO À SOCIOLOGIA

cas dos seus neurônios. Transformações semelhantes de modelos rítmicos ocorrem no processo auditivo, e até a percepção do odor parece estar baseada em 'freqüências ósmicas.'[7] A noção cartesiana de objetos separados e nossa experiência com máquinas fotográficas levaram-nos a supor que nossos sentidos criam alguma espécie de imagem interna que é uma reprodução fiel da realidade. Mas não é assim que a percepção sensorial funciona. As imagens de objetos separados somente existem em nosso mundo de símbolos, conceitos e idéias. A realidade à nossa volta é uma contínua dança rítmica, e nossos sentidos traduzem algumas de suas vibrações para modelos de freqüência que podem ser processados pelo cérebro" (1987a:294).

As idéias que pressupõem a existência de uma intimidade *homem-natureza* e do papel crucial do *ritmo* em nossa vida podem ser relacionadas com a proposição de Greuel – a partir de Steiner –, já citada, que entende ser *"a contemplação a forma na qual o pensar se converte quando desperta para sua origem produtiva"*. Se assim o é, a possibilidade de conclusão desse exercício de modo produtivo é real. E, por isso mesmo, impulsiona a busca de novos estímulos cognitivos no vasto manancial do pensamento humano.

Segundo Einstein,

"o mistério é a coisa mais nobre de que podemos ter experiência. É a emoção que se encontra no cerne da verdadeira ciência. Aquele que não sente essa emoção e que não pode mais se maravilhar nem se espantar, é como se já estivesse morto. Saber que aquilo que é impenetrável para nós verdadeiramente existe e se manifesta como a mais alta sabedoria e a mais radiosa beleza, que nossas limitadas faculdades só podem apreender em suas formas mais primitivas, esse conhecimento, esse sentimento, está no centro de toda verdadeira devoção. A experiência cósmica é com efeito o mais poderoso e mais nobre pivô da pesquisa científica".

Já o físico britânico Stephen Hawking vislumbra que

"se descobrirmos uma teoria completa do universo ela deverá, com o tempo, ser basicamente entendida por todos e não apenas por poucos cientistas. Então poderemos todos nós, filósofos, cientistas e leigos tomar parte das discussões sobre a questão de porque nós e o universo existimos. Se acharmos a resposta a isso será o triunfo definitivo da razão humana, pois então conheceremos a mente de Deus".[8]

---

[7]. *Ósmicas*: referente à *"...osmia"*, que é um sufixo de várias palavras científicas, indicador de referência a cheiro. Do grego, *osme*, cheiro.

[8]. *Uma breve história do tempo.*

Voltando seu olhar para uma das *questões sociais* fundamentais a serem enfrentadas pela sociedade do século XXI, o problema do meio ambiente terrestre, Lewis Thomas oferece uma imagem de onde pode chegar o conhecimento voltado para finalidades maiores. Para ele,

> *"vista da distância da lua, o que há de mais impressionante com a Terra, o que nos deixa sem ar, é o fato dela estar viva. As fotografias mostram em primeiro plano a superfície da lua, pulverizada e seca, tão morta como um osso velho. No espaço, flutuando livre embaixo da membrana úmida e cintilante de um luminoso céu azul, surge a Terra, o que há de exuberante nessa parte do cosmo. Se pudéssemos olhar por algum tempo, veríamos o torvelinho das grandes camadas de nuvens brancas, encobrindo e descobrindo as massas de terra meio escondidas. Observando por um tempo muito longo, um tempo geológico, veríamos os próprios continentes em movimento, flutuando à deriva, separados em suas placas de crosta sustentadas pelo fogo abaixo. Ela tem a aparência organizada e auto-suficiente de uma criatura viva, plena de sabedoria, maravilhosamente hábil na manipulação do sol".*[9]

Se se pode, como entende Capra, *"deliberadamente alterar o nosso comportamento mudando nossas atitudes e nossos valores"* (1987a:293), essa possibilidade só pode ser concretizada pela deliberação livre de nossa *observação pensante*, pelo exercício pleno de nosso elemento mais característico, o *conhecimento*. Para isso, retornando a atenção para nós mesmos e nossas *relações sociais*, é encontrada em Greuel uma chave importante. Em sua compreensão,

> *"usamos sempre o pensar, mas não o contemplamos. Ele é o nosso fiel instrumento na compreensão das coisas, porém sem ser jamais contemplado em si. Uma gnosiologia que não se limite a ser teórica tem de exigir de si mesma essa atenção inusitada. Para compreendermos o pensar é preciso contemplá-lo"* (1994:10).

Estabelecida a compreensão, pelo que esse exercício procurou propiciar, de que o conhecimento é o elemento processual característico fundamental da Humanidade, torna-se possível lidar com suas diversas formas e tipos.

---

[9]. THOMAS, Lewis. *The lives of a cell.* In: LOVELOCK, James. *As eras de Gaia:* a biografia da nossa terra viva, 1991.

26 INTRODUÇÃO À SOCIOLOGIA

1.2 TEORIA DO CONHECIMENTO: AS DIVERSAS FORMAS E TIPOS DE CONHECIMENTO

Os estudiosos da Teoria do Conhecimento identificam *formas* e *tipos* diferentes de conhecimento que se interpenetram e completam entre si. Esse trabalho visa conhecer as condições, os processos e os limites por meio dos quais o conhecimento é construído, em suas mais variadas modalidades, do mais simples ao mais sofisticado grau de elaboração. O campo desses estudos é delimitado pela *epistemologia*, mais especificamente pela *epistemologia filosófica*.

No que diz respeito às *formas* do conhecimento, Martins (1979:137-140) define-as a partir de três conceitos: *conhecimento intuitivo, discursivo* e *compreensivo*.

Na modalidade *intuitiva*, por meio da *intuição* seria possível conhecer o objeto sem nenhum outro recurso mediador. O conhecimento se daria diretamente, pelo contato sensorial do sujeito com o objeto. A *intuição sensível* forneceria ao sujeito os objetos de conhecimento existentes na realidade. Nessa concepção, a *intuição ideal* requereria o auxílio da *intuição sensível*, que permitiria o conhecimento imediato, total e unitário do real. A *intuição racional* foi elemento fundamental na filosofia de Platão. Já na Idade Média, Agostinho e Tomás de Aquino trabalharam com o conceito de *intuição mística*. E, na filosofia moderna, tem-se os conceitos de *intuição emocional*, com Bergson e Max Scheler, de *intuição volitiva*, com Dilthey, e *intuição racional*, com Husserl e Heidegger.

O *conhecimento discursivo* seria obtido por meio do *raciocínio*, entendido como recurso oposto ao da *intuição*. Esse conhecimento, conquistado por um processo de compreensões sucessivas e seqüenciais, levaria o sujeito à essência do objeto do conhecimento, expressando ele mesmo o processo cognoscitivo e o saber obtido.

O *conhecimento compreensivo* constituiria o entendimento referente às diversas expressões do espírito humano. Dilthey sistematizou essa modalidade, uma vez que, para ele, compreender significava passar de uma experiência, ou de uma exteriorização do espírito, para uma totalidade de atos que formavam a exteriorização do conhecimento do sujeito, sob as formas de gestos, linguagens e símbolos.

Quanto aos *tipos* de conhecimento, Martins (1979:137-140) defende que o indivíduo, no momento em que desperta para a razão, indaga, interroga, buscando, assim, o conhecimento. E pergunta: o que é conhecer? Para ele, é representar o real. Nesse sentido, todo e qualquer conhecimento é uma representação do real, uma interpretação do mundo dos fenômenos. Para melhor se compreender o conhecimento, devem-se, em sua concepção, considerar seus *tipos* principais de representação: *empírico, mítico, teológico, filosófico* e *científico*.

O *conhecimento empírico* pertenceria ao âmbito do senso comum, compreendendo uma interpretação do mundo que é obtida sem discussão ou questionamento prévio. Em geral, ele não explicaria por que os fenômenos são como se diz que são. Seria manifesto mais pelo inconsciente do que pelo consciente, sendo mais vivenciado do que propriamente conhecido, no sentido da atividade cognitiva.

O *conhecimento mítico* seria característico do homem primitivo, que não vivenciou outro conhecimento senão este. O mito constituiria uma fantasia acerca do real, uma crença dotada de poder explicativo limitado. É evidente que cada época, inclusive a moderna, possui seus mitos, e eles constituem forças fundadoras que movem a História humana. O conhecimento mítico, entretanto, adviria da necessidade que o homem tem de explicar seu meio e dar soluções a seus problemas ontológicos.

O *conhecimento teológico* seria relativo à fé. Dotado da religiosidade, não dependeria das especulações humanas, mas de uma experiência pessoal de vínculo com a fé. Constituiria aquele conteúdo de verdades a que o ser humano chega, não com o auxílio da inteligência, mas, especialmente, por meio da aceitação do que é chamado de *Revelação Divina*, conforme os Livros Sagrados.

O *conhecimento filosófico* observa os fenômenos, e é uma das suas características a vinculação com a vivência do ser. Ele é sistemático, elucidativo, crítico e especulativo, constituindo uma busca constante de sentido, de justificação, de possibilidades, de interpretação sobre tudo que envolve o homem. Esse *conhecimento* não é atividade que finda em dado instante, ou que pode-se dar como realizado, concluídos certos procedimentos. Ele é um interrogar constante sobre o sentido último de cada processo relacionado à vida e ao mundo dos fenômenos.

O *conhecimento científico* é rigoroso, positivo, metódico, experimental, caracterizando-se pelo distanciamento da convivência do ser. Quando um *conhecimento* se torna científico, ou se faz ciência? É quando ele indica seu objeto e fala claramente sobre ele. Esse *conhecimento* é, pelas dificuldades inerentes a seu processo de construção, privilégio de poucos, uma vez que ele é planejado, programado, sistemático, obediente a métodos, orgânico, crítico, rigoroso e objetivo, nascendo da dúvida e consolidando-se na certeza.

Ampliando a compreensão sobre esse *tipo* de conhecimento, Lakatos (1990:20) sustenta que, nos dias de hoje, é feita uma distinção relativa aos três níveis de conhecimento científico. O nível *inorgânico* compreende o campo estudado pelas Ciências Físicas. O *orgânico* abrange o que é investigado pelas Ciências Biológicas. E, no âmbito do nível *superorgânico*, estão compreendidos os estudos realizados pelas Ciências Sociais. Nesse sentido, o campo de ação das Ciências Sociais tem início quando os estudos físicos e biológicos sobre o homem e seu universo terminam. Segundo essa concepção, esses três níveis encontram-se imbricados entre si e a transição de um para o outro é gradativa. O nível de conhecimento *superorgânico* é observado no mundo dos seres humanos em interação social e nos produtos resultantes dessa interação: linguagem, religião, filosofia, ciência, tecnologia, ética, usos e costumes e outros aspectos culturais e da organização social. Ao estudar nesse âmbito, as Ciências Sociais voltam seu interesse para o homem em sociedade, elegendo-o como objeto primordial de seu conhecimento.

28 INTRODUÇÃO À SOCIOLOGIA

1.3 O HOMEM: UM SER SOCIOCULTURAL

Não existem mais controvérsias acerca da natureza social do ser humano. O estágio de desenvolvimento alcançado pelas Ciências Sociais, no início do século XXI, já admite sem dificuldades a premissa da sociabilidade humana como paradigma fundamental, acima de qualquer tendência ou corrente teórica. As observações clássicas sobre essa sociabilidade e a centralidade a ela conferida nos estudos da Filosofia, da Psicologia, da Antropologia e da Sociologia provam que a identidade humana só é reconhecida e estabelecida ante um grupo. Ou seja, o ser humano só se faz como tal diante de outro, seu semelhante, com o qual estabelece mecanismos diversos de interação constante. É essa interação, na origem entre indivíduos, no final entre grupos e sociedades inteiras, que define outra das características humanas fundamentais: a da vida social.

No início desse estudo, ficou estabelecido que a propriedade mais marcante da condição humana é a capacidade de conhecer, *de construir compreensão sobre os meios e os processos necessários para a organização e a facilitação do ato de viver*. Ora, é nesse ponto exato que está situada a necessidade da vida social.

Desde muito cedo, nos primórdios das cavernas, o homem percebeu que só, diante das forças da natureza, não iria muito longe. Os bandos e os clãs surgiram da *percepção* natural da necessidade do uso da força coletiva, único meio capaz de proteger cada um dos desafios impostos pelo meio ambiente. Esses desafios, à medida que eram superados, reforçavam a necessidade da convivência grupal e desenvolviam os processos organizadores que agregavam os grupos em torno das facilidades conquistadas para o viver cotidiano. O adágio popular *um por todos e todos por um* demonstra com simplicidade o que se afirma aqui: a capacidade de conhecer desenvolveu a vida social, e essa vida em grupo, por sua vez, ampliou o próprio conhecimento humano. Define-se assim o círculo virtuoso que trouxe o ser humano aos dias de hoje.

Esse processo civilizador milenar só poderia ocorrer em grupo, em sociedade. E seu produto é o que pode ser denominado de cultura. O homem, ao conhecer, compartilhar e registrar o produto de sua atividade pensante cria cultura. Existe um longo fio processual, que foi tecido pela capacidade cognitiva humana ao longo da História, a unir em uma totalidade cheia de sentido as naves espaciais controladas por redes computacionais à primeira roda que girou sob as mãos de um homem das cavernas. Somos, não existem mais dúvidas, seres socioculturais.

1.4 O HOMEM COMO SER HISTÓRICO

Mircea Eliade afirmou, quando mencionado anteriormente, que a diferença relevante entre o homem da Antigüidade e o moderno liga-se ao *fato de o primeiro* ter sua vida vinculada ao *Cosmo* e a seus ritmos, enquanto o *segundo insiste em vincular-se apenas com a História*. A despeito de um ser ligado à transcendência e o outro à razão dos fatos ocorridos em seu passado, ambos são seres históricos.

Admitindo-se os conceitos de *História* consagrados nas obras de referência, que a definem como,

> *"o desenvolvimento do espírito humano considerado nas suas relações sociais e nas relações com o Estado", ou "série dos acontecimentos passados no globo terrestre em que o homem tomou parte principal" (Dicionário Caudas Aulete, 1980:1972),*

e ainda, como definiu Le Goff (1990:535), a *forma científica* assumida pela *memória coletiva*, vê-se que mesmo os povos chamados primitivos e não letrados vivenciaram sua História, cujos fragmentos chegam aos dias de hoje em forma de registros compilados e interpretados pela *historiografia*. Nesse sentido, constitui equívoco afirmar-se que só os povos letrados possuem História. O registro e o compartilhar da experiência do conhecimento humano, seja pela transmissão oral, seja pela escrita, configuram outra marca essencial da humanidade: a necessidade de transferir para a descendência imediata, e para a posteridade, os frutos e os resultados conquistados na arte do viver.

Nos dias de hoje, a afirmação de que o homem é um ser histórico cabe como nunca na História da humanidade. A sofisticação das técnicas de registro da experiência humana, a partir do uso de bases de dados sustentadas pela informática, está construindo um imenso manancial de informação histórica que dará importante suporte documental aos historiadores do futuro. Eles reconstituirão nossos dias e seus processos sociais a partir desse aporte, e não de fragmentos, como os que recebemos da Antigüidade.

EXERCÍCIOS REFLEXIVOS

1. Leitura complementar

    "Trago dentro do meu coração,
    Como um cofre que não se pode fechar de cheio,
    Todos os lugares onde estive,
    Todos os portos a que cheguei,
    Todas as paisagens que vi através de janelas ou vigias,
    Ou de tombadilhos, sonhando,
    E tudo isso, que é tanto é pouco para o que eu quero" (Fernando Pessoa).

    Com base no texto poético de Pessoa e no *exercício filosófico* que foi proposto na leitura, produza uma reflexão escrita que explique e justifique a seguinte afirmação: "*... a construção do conhecimento é um processo*".

30 INTRODUÇÃO À SOCIOLOGIA

2. No tocante às diversas *formas* e *tipos* de conhecimento, está definido acima que *"um conhecimento se torna científico"*, tornando-se ciência, *"quando ele indica o seu objeto e fala claramente sobre ele"*. Justifique essa afirmação.

3. *"Foram os gregos que elaboraram a idéia do saber como atividade destinada a descobertas desligadas de uma finalidade prática imediata. Foram eles os primeiros a inventar os rudimentos do que veio a se chamar ciência"* (Costa, 1987:6-7).

   Com base na citação apresentada, redija um breve texto que defenda a idéia de que *o homem é um ser sociocultural*.

4. Segundo Oliveira (1995:22-23), *"o aspecto mais importante da interação social é que ela provoca uma modificação de comportamento nos indivíduos envolvidos, como resultado do contato e da comunicação que se estabelece entre eles"*. Por outro lado, outra das *marcas essenciais da humanidade* é a necessidade de transferir para a descendência imediata, e para a posteridade, os frutos e os resultados conquistados na arte do viver. Quais são os motivos fundamentais que fazem do homem um *ser histórico*?

2

Sociologia: História e Desenvolvimento

2.1 A SOCIOLOGIA E O DIA-A-DIA: AS RELAÇÕES SOCIAIS

Os indivíduos, dos primeiros momentos da História aos dias de hoje, estabelecem relações entre si que fazem parte de suas rotinas cotidianas. Voltadas para a resolução de problemas práticos ou abstratos, que vão da satisfação das necessidades vitais básicas à solução de intrincadas questões científicas ou filosóficas, essas relações fundam-se em interações que ora começam por impulsos originados no indivíduo, ora iniciam por influências oriundas do grupo ou da sociedade.

Constituindo um dos parâmetros fundamentais que definem a vida social, há uma tensão permanente entre os impulsos que partem das necessidades do indivíduo e as demandas que provêm da sociedade. Não é difícil confirmar essa afirmação. Nas conversas do dia-a-dia entre as pessoas, é comum o seguinte diálogo:

- *"Você agiu por impulso pessoal ou por pressão do grupo?"*

- *"Eu agi por minha conta e risco, não dou importância ao que os outros pensam!"* Ou,

- *"Eu agi de acordo com o grupo, dou muita importância ao que os outros pensam!"*

Embora haja escolhas pessoais de vida embutidas nessas interações, elas correspondem quase sempre a *circunstâncias sociais*. As questões que envolvem a teia

32 INTRODUÇÃO À SOCIOLOGIA

de relações existentes entre os indivíduos na vida coletiva configuram, portanto, o objeto de estudo da Sociologia.

Desse modo, as primeiras teorias sociológicas, surgidas em meados do século XIX na Europa, voltaram o foco de seu interesse para o problema da relação dos indivíduos entre si e com a sociedade.

Segundo Tomazi (1993:15),

> *"são essas situações sociais que interessam a sociologia. Situações cujas causas não são encontradas na natureza ou na vontade individual, mas antes devem ser procuradas na sociedade, nos grupos sociais ou nas situações sociais que as condicionam. É tentando explicar essas situações que a sociologia colocará como básico o relacionamento indivíduo e sociedade. A sociologia volta-se o tempo todo para os problemas que o homem enfrenta no dia-a-dia de sua vida em sociedade".*

Os primeiros sociólogos construíram conceitos voltados para a tentativa de interpretar por critérios científicos a realidade social. Esse foi o primeiro embate vivido por tal ciência, que é uma das marcas centrais do mundo ocidental moderno, uma vez que o passo a ser dado implicava superar, por meio da *razão*, os ditames colocados pelos ensinamentos do *senso comum*, que até então dominavam a maior parte das interpretações e explicações sobre o sentido da ação coletiva humana.

2.2 A RELAÇÃO INDIVÍDUO E SOCIEDADE: OBJETO DA SOCIOLOGIA

Os cientistas sociais, ao trabalharem com a realidade social, estavam interessados em explicar como ações vindas da motivação individual podiam ser cotejadas com ações coletivas, como normas de conduta coletiva eram incorporadas e internalizadas pelos indivíduos, e como a *práxis* coletiva determinava o comportamento de diferentes grupos sociais. Em todas essas variantes estava em jogo a necessidade de compreensão da relação indivíduo/sociedade, que se tornou o objeto central dos primeiros estudos realizados.

É relevante observar que não existe um conceito único de indivíduo válido para toda a História. Este varia de uma cultura para outra, sendo determinado por condicionantes históricas e locais específicas. As sociedades tratam a questão da individualidade de modos distintos, algumas a submetendo aos imperativos da primazia do coletivo e outras permitindo mais espaço para sua manifestação.

O conceito de *indivíduo*, tal como ainda é conhecido nos dias de hoje, é fruto da *modernidade burguesa européia*, que cunhou o *individualismo* como uma das marcas essenciais de sua expressão cultural, a partir da concepção geral de que

SOCIOLOGIA: HISTÓRIA E DESENVOLVIMENTO **33**

este é independente e não está sujeito essencialmente à sociedade da qual faz parte. Os fundamentos dessa *visão* são encontrados na maioria dos teóricos do *Estado Moderno* e na compreensão de ciência proposta por Bacon, passando pela filosofia científica de Descartes, pela física de Newton e pela teoria evolucionista de Darwin. De acordo com Capra (1987a:44).

"desde o século XVII, a física tem sido o exemplo brilhante de uma ciência 'exata', servindo como modelo para todas as outras ciências. Durante dois séculos e meio, os físicos se utilizaram de uma visão mecanicista do mundo para desenvolver e refinar a estrutura conceitual do que é conhecido como física clássica. Basearam suas idéias na teoria matemática de Isaac Newton, na filosofia de Renê Descartes e na metodologia científica defendida por Francis Bacon, e desenvolveram-nas de acordo com a concepção geral de realidade predominante nos séculos XVII, XVIII e XIX. Pensava-se que a matéria era a base de toda a existência, e o mundo material era visto como uma profusão de objetos separados, montados numa gigantesca máquina. Tal como as máquinas construídas por seres humanos, achava-se que a máquina cósmica também consistia em peças elementares. Por conseguinte, acreditava-se que os fenômenos complexos podiam ser sempre entendidos desde que se os reduzisse a seus componentes básicos e se investigasse os mecanismos através dos quais esses componentes interagem. Essa atitude, conhecida como reducionismo, ficou tão profundamente arraigada em nossa cultura, que tem sido freqüentemente identificada com o método científico. As outras ciências aceitaram os pontos de vista mecanicista e reducionista da física clássica como a descrição correta da realidade, adotando-os como modelos para suas próprias teorias. Os psicólogos, sociólogos e economistas, ao tentarem ser científicos, sempre se voltaram naturalmente para os conceitos básicos da física newtoniana".

No entendimento de Tomazi (1993:16), a existência de um mercado na sociedade capitalista, no qual os proprietários individuais produziam e comerciavam suas mercadorias, criou as condições para que se *reduzisse* toda a sociedade apenas ao conjunto de interesses individuais daqueles agentes privados.

Pelo lado dos cientistas sociais foi aceito o paradigma que definiu o indivíduo como um ser sócio-histórico, livre em certo sentido, ou seja, até o ponto em que o exercício dessa liberdade não afetasse a ordem estabelecida pelo alto para a coletividade.

A Sociologia, ainda segundo Tomazi, sem ser essencialmente antagônica ao que estava estabelecido pela *ordem burguesa*, nasceu como uma tentativa de reação ao *individualismo* predominante na Europa capitalista. Ela opôs ao primado da *ação individual*, no qual se baseava grande parte da teoria econômica liberal da época, a *ação coletiva e social*. O homem passou a ser visto, do ponto de vista sociológico, a partir de sua inserção na sociedade e nos grupos sociais que a compõem.

34 INTRODUÇÃO À SOCIOLOGIA

Nesse sentido, produto dessa *modernidade*, os estudos clássicos da Sociologia ora enfatizam a *ação individual*, ora a *ação coletiva*. Alguns autores privilegiam o papel ativo do indivíduo na escolha das *ações sociais*, enquanto outros enfatizam o *papel da sociedade e de suas instituições*, e outros, ainda, ressaltam importância ao *conjunto das práticas* que definem as próprias relações entre indivíduo e sociedade.

2.3 SAINT-SIMON: O PRECURSOR MODERNO DA SOCIOLOGIA

Uma das ocupações originais da Sociologia foi relativa aos conflitos entre as classes sociais. As freqüentes crises no âmbito das relações econômicas e as incompatibilidades decorrentes das transformações provocadas pela Revolução Industrial engendraram preocupações nos estudiosos voltadas para o entendimento do processo desses conflitos, compreensão que seria voltada para a tentativa de soluções que não implicassem a transformação essencial do sistema econômico e social recém-estabelecido na Europa. Essas circunstâncias vieram

> *"possibilitar uma nova forma de pensar, que se caracterizou como positivismo, cuja preocupação básica consistiu na tentativa de organização e reestruturação da sociedade, buscando a preservação e manutenção da nova ordem capitalista"* (Bedone, 1989:29).

Está dada a conjuntura histórico-política que abriu espaço para a atuação intelectual do pensador que foi o *precursor moderno da Sociologia*. Claude-Henri de Rouvroy, Conde de Saint-Simon (1760-1825), contava 29 anos no momento de eclosão da Revolução Francesa e viveu, em sua vida pessoal, a transformação política que acontecia com o fim do Antigo Regime e a ascensão da burguesia. Rompeu com sua condição nobilitária aos 40 anos, pregando o fim absoluto dos resquícios da sociedade feudal, no momento em que vivia intensa inquietação intelectual motivada por seu encontro com a racionalidade científica.

Seu pensamento, que foi influenciado pelas idéias revolucionárias burguesas e pelo aparato teórico desenvolvido pelos filósofos iluministas, pode ser considerado como um ponto de partida de duas formas opostas de compreensão da sociedade: a *positivista* e a *socialista*. Uma das temáticas centrais de sua obra decorreu de sua crença de que, na nova sociedade que nascia, a racionalidade econômica burguesa suplantaria a dominação política da nobreza, ensejando a eliminação definitiva da antiga ordenação social oriunda do feudalismo. O motor dessa racionalidade era, para ele, a indústria, ou o que ele chamou de *sistema industrial*. Sua profissão de fé criou doutrina e fez seguidores: ela, o *industrialismo*; eles, os *saint-simonistas*.

Os princípios *industrialistas* eram tecnocráticos e fundamentados no *esclarecimento* motivado pela *razão* científica. Considerando a *nação* uma oficina produtiva que anulava as antigas distinções originadas pela condição do nascimento, ressaltava, em outra medida, as diferenças de capacidade entre os integrantes dessa fábrica social. Para a indústria, não interessava a origem familiar de sua mão-de-obra, mas interessava muito sua estratificação a partir de diferentes capacitações e qualificações. Na compreensão de Saint-Simon, a sociedade industrial conquistaria algo inédito para a humanidade: transformar a natureza de forma *ordeira* e *pacífica*, de modo que os frutos do *progresso* obtido pelo avanço da produção pudessem assegurar a todos os seus membros a cabal satisfação de suas necessidades materiais e espirituais.

Esse sistema *positivo* deveria ser comandado por uma elite de substrato intelectual e econômico, os cientistas e os industriais, a quem caberia a responsabilidade de prover condições convenientes de vida à classe trabalhadora, por meio da elaboração de normas justas de comportamento coletivo e pela remuneração adequada, de maneira que os conflitos entre as classes pudessem ser atenuados, propiciando, pela acomodação, a vivência plena da *ordem*, da *paz* e do *progresso*. A não-concretização desses preceitos, por parte do processo real de desenvolvimento que ocorria nessa fase do capitalismo, arrefeceu os ânimos *industrialistas* de Saint-Simon no fim de sua vida. A continuidade da miséria, que atingia de modo atroz a classe trabalhadora, aproximou-o da nascente *visão* socialista, a ponto de alguns o considerarem um de seus primeiros formuladores.

A concepção de sociedade desse pensador determina o peso da influência que ele exerceu sobre a primeira das sociologias clássicas, a *positivista*. Para Saint-Simon (1966, t. 5:177-179):

> *"a sociedade não é uma simples aglomeração de seres vivos (...); pelo contrário, é uma verdadeira máquina organizada, cujas partes, todas elas, contribuem de uma maneira diferente para o avanço do conjunto. A reunião dos homens constitui um verdadeiro SER, cuja existência é mais ou menos vigorosa ou claudicante, conforme seus órgãos desempenhem mais ou menos regularmente as funções que lhes são confiadas".*

2.4 AUGUSTE COMTE: O PENSAMENTO POSITIVISTA E AS RELAÇÕES SOCIAIS

O *positivismo* voltado para a análise social teve em Auguste Comte (1798-1857) um dos principais formuladores. Ele foi assistente de Saint-Simon e construiu sua obra a partir do embasamento teórico vindo das idéias *simonianas*, conferindo-lhes um corpo sistematizado que o primeiro não logrou organizar.

36 INTRODUÇÃO À SOCIOLOGIA

Comte[1] iniciou suas reflexões partindo da realidade histórica de seu tempo, percebendo a emergência de uma *crise*, que era, a seu ver, resultante do confronto histórico entre a antiga *ordem feudal* e a nova *ordem* capitalista, fundada na indústria e na ciência. Esse confronto estaria a provocar o que ele entendeu como desagregação moral e intelectual da sociedade do século XIX, gerando um estado de *caos*, no qual ele acreditava encontrar-se a Europa após as revoluções francesa e industrial.

Para ele, o sustentáculo fundamental da sociabilidade humana, ponto de apoio para a unidade social, era constituído por um conjunto de princípios admitidos em consenso pela coletividade, que configuravam os modos de pensar, as representações de mundo e as crenças. Era esse conjunto consensual que se desagregava diante do surgimento da nova ordem social burguesa. Essa *crise* só seria superada por meio da construção de uma nova coesão de pensamento que fosse capaz de reconstituir a *ordem* a partir da modernização industrial e científica. O que Comte propôs não se limitava ao ato de compreender as relações sociais, seu intuito era entender para interferir diretamente na ordem social, no sentido de acelerar e otimizar seu desenvolvimento.

Ele acreditava que o espírito *positivo* conquistado recentemente pela sociedade industrial levaria sua *reorganização* em novas bases consensuais. Por isso, ligou a nova ciência, por ele definida em 1839 como *Sociologia*, ao *positivismo*, denominando-a de *Física-social*. Em sua concepção, essa disciplina deveria adotar os paradigmas do *método positivo* das ciências naturais, uma vez que *"há leis tão determinadas para o desenvolvimento da espécie humana como há para a queda de uma pedra"*. Comte aceitava plenamente os pontos de vista mecanicista e reducionista da física newtoniana como modelos capazes de promover a descrição correta da realidade social, por isso os adotou como fundamentos para suas teorias. Assim, o surgimento da *Física-social* não significava apenas uma adoção do *método positivo* a um novo ramo do conhecimento. Com ela, o *espírito positivo* deveria alcançar a maturidade e oferecer os elementos fundadores da formação do espírito da *nova ordem burguesa*.

Assim como Saint-Simon, Comte admitia que a sociedade industrial necessitava passar por mudanças morais importantes para que seu curso fosse reajustado na direção correta. Essas mudanças seriam comandadas também pelos cientistas e industriais, para que o *progresso* pudesse ter livre fluxo, como conseqüência da *ordem* instalada. A *Sociologia*, ao estudar, explicar e intervir nos *fatos* da sociedade, seria o elo científico que ligaria a *ordem* da sociedade ao *progresso* em curso contínuo.

Comte estruturou seu pensamento a partir de uma Filosofia da História peculiar. Em sua visão, os estudos sobre a fisiologia cerebral do homem revelavam que este era dotado de uma natureza caracterizada por uma irresistível tendência social. Devido a tal sociabilidade, sua história constituiria no percurso do desenvolvimento e do progresso da natureza humana. O homem seria, portanto, um ser his-

---

[1]. SUPERTI, Eliane. *O positivismo e a revolução de 1930*: a construção do Estado moderno no Brasil, passim.

tórico porque na História, e apenas nela, é que ele realizaria sua natureza *invariável*: ser social. Para que se desenvolvesse completamente, a sociedade deveria passar por *três estágios*, ou *estados*, necessários para que o homem aprendesse a utilizar sua inteligência (razão) como fonte inspiradora de suas ações. Estava estabelecida a primeira lei *natural* da humanidade, definida pela *física social*: a chamada *Lei dos três estados*.

Segundo essa *lei*, o primeiro *estado* da humanidade foi definido como *teológico*. Nele, Deus seria o centro de todas as referências humanas, a medida de tudo na sociedade. Nesse *estágio*, o homem viveria em um *estado de aculturação* ainda incipiente, que justificaria sua íntima ligação com a divindade. Deus seria o regente da vida social, e o homem a ele diretamente vinculado, fosse por meio da relação direta ou pela mediação do Estado teocrático. Essa concepção teocêntrica da vida social era fundada na impossibilidade humana de, nesse *estado*, abalizar suas explicações na *razão*, uma vez que o *espírito teológico* era alicerçado na *fé irracional*. Esse *espírito* fornecia, outrossim, tanto às inquirições humanas quanto à organização social uma proto-idéia de *ordem*, de *sistema*, que explicava e justificava a ordenação do mundo social.

O *estado* seguinte, definido pela *lei comteana*, foi denominado de *metafísico*. Ele seria o elo intermediário entre os três, no qual a explicação da sociedade já não passaria apenas pela fundamentação na iniciativa divina. Por ser uma negação da *ordem* anterior, o *espírito metafísico* não conseguiria sistematizar seus princípios, servido apenas de transição histórica para o *estágio* seguinte. Deus não seria mais o regente absoluto da vida social, e sim uma essência onipresente a ela. Nesse *estado*, os dogmas da fé anterior seriam questionados profundamente, pondo em dúvida seus fundamentos e dissolvendo o caráter orgânico de seu saber. Se o *estágio* anterior definia-se por *ordem*, este, por ser de transição, revelava um sentido de *progresso* no percurso da civilização humana.

O último dos *estados* da Teoria da História *comteana* seria o *positivo*, ponto de chegada histórico ao qual o *espírito* humano havia, naturalmente, sempre aspirado. Esse *estágio* encontraria sua expressão na sociedade capitalista moderna. O homem, partindo de uma concepção antropocêntrica, se colocaria na condição de regente da vida social. Esse *estágio* só se afirmaria em plenitude quando seu *método*, após edificada a *física social*, passasse a coordenar todos os domínios da ciência, conferindo-lhe uma unidade lógica voltada para a explicação racional dos fenômenos naturais, resultando em um conjunto estável e coerente de leis invariáveis que, uma vez reconhecidas universalmente, deveriam ser aceitas como dogmas. Dessa forma, o *espírito positivo* forneceria os preceitos fundamentais para a concepção de uma unidade consensual para a nova *ordem*, assentada definitivamente, daquela hora em diante, na *razão*. Seu objetivo central seria conduzir o pensamento humano para a coerência racional à qual ele estivera sempre destinado. Nesse sentido é que o *estado positivo* do desenvolvimento humano só encontraria o ápice de sua maturidade racional com a *Sociologia*.

38 INTRODUÇÃO À SOCIOLOGIA

Essa nova ciência foi subdividida por seu instituidor em dois campos de estudo: *estática* e *dinâmica*, não por acaso conceitos oriundos da mecânica newtoniana. A *estática* definiu seu objeto de estudo na *ordem social*, elemento responsável pela preservação de toda a estrutura social, das instituições que mantinham a coesão e garantiam o funcionamento da sociedade: a família, a religião, a propriedade, a linguagem, o direito etc. A idéia central que sustentaria os estudos era a do *consenso*, que tornaria a pluralidade dos indivíduos e instituições uma *unidade social*. A *dinâmica*, por seu lado, deveria voltar seu interesse para o *progresso evolutivo* da sociedade, objetivando determinar suas leis e seu percurso sucessivo e inalterável. Voltado para a compreensão da passagem da sociedade para formas mais complexas de convivência, como a urbano-industrial, esse campo de estudo deveria complementar estrategicamente o primeiro, conferindo uma abordagem completa à investigação sociológica.

Comte relacionou teoricamente esses dois campos de forma a privilegiar o *estático* sobre o *dinâmico*, ou seja, a *conservação* sobre a *mudança*, sinalizando com isso que o *progresso* destinava-se a aperfeiçoar os elementos da *ordem*, e não destruí-los. Aqui, revela-se o conteúdo conservador, não revolucionário, da teoria *comteana*.

O *positivismo* deveria, após afirmar-se em plenitude, tornar-se a expressão do *poder espiritual* da sociedade moderna, com a função de governar e manter os preceitos reguladores das relações sociais. Esse poder seria exercido pelos filósofos e cientistas, que substituiriam, portadores da *razão* que eram, os antigos sacerdotes do *estágio teológico*. A teoria *comteana* desenvolveu-se ao ponto de propor a criação de uma *religião positivista*, que representaria de fato esse novo *poder espiritual*. O *poder temporal*, por sua vez, seria exercido pelos industriais, uma vez que era *natural* que os ricos detivessem, por estar no *topo da hierarquia das capacidades*, o controle da autoridade econômica e social.

Para Comte, a nova *ordem industrial*, fundada na expropriação e na organização científica do trabalho social, concentradora de capitais e meios de produção nas mãos da burguesia, era uma decorrência positiva do progresso material e espiritual da natureza humana. O confronto de interesses entre trabalhadores e empresários era, a seu ver, produto de uma organização equivocada da sociedade e poderia ser superado com *reformas* que não alterassem a *ordem* maior. Elas aconteceriam em conseqüência de um movimento de opinião pública liderado pelo *poder espiritual positivista*, que demonstraria aos donos do capital a origem e o objetivo social deste, impedindo, pela conscientização dos de cima, que a riqueza social fosse administrada em prejuízo dos trabalhadores, que deveriam, por seu turno, limitar suas pretensões e reivindicações materiais às possibilidades de cada momento.

O pressuposto era de que a incorporação do mundo do trabalho à nova *ordem social* dependia de mudanças na concepção política e econômica que servia de paradigma para a sociedade industrial. Os estatutos da propriedade, da posse e da gestão do capital e da organização do trabalho deveriam mudar, sem rupturas revolucionárias. A inclusão dos trabalhadores à *ordem industrial* compreendia sua transformação em *agentes morais*, sem, contudo, alterar substancialmente as condições concretas de sua existência. Resolver *moralmente* dificuldades de ordem material, este o conteúdo social do positivismo *comteano*.

No tocante à economia, sua compreensão opunha-se à concepção liberal do Estado, que o encara como um *mal necessário*, o que torna sua ingerência na gestão econômica ilegítima, indesejável mesmo. No momento em que concebeu a economia como uma das partes do *organismo social*, ele entendeu ser necessária uma coordenação maior que impedisse a radicalização da expressão do *desejo do lucro*, preexistente de modo egoístico em cada membro da sociedade, e tendente a gerar desordem devido ao conflito de interesses. O saneamento preventivo desse problema viria por meio do poder público, que deveria, não só promover, mas também manter sob controle os rumos do desenvolvimento econômico e corrigir os desvios da economia de mercado.

Em relação à política, suas posições foram imperativas: o governo deveria ser exercido em nome de todos e sua ação se daria pelo exercício da força material, impondo seu poder coercitivamente. Governar equivalia a ditar as normas de coordenação do todo social; para isso, todo governo deveria constituir-se em uma *ditadura*, de conteúdo *autocrático* e *republicano*. O poder legislativo deveria ser extinto, uma vez que sua função perderia sentido. Em seu lugar, existiria um *colegiado eletivo* com funções estritamente financeiras, dedicado apenas ao controle rígido da ação administrativa relacionada ao erário público, objetivando o exercício do governo de acordo com os princípios do equilíbrio orçamentário, não se admitindo ações de *despesa sem receita* correspondente. Tais condutas no exercício da política deveriam levar a sociedade no sentido da manutenção da *ordem* e da continuidade do *progresso*.

Produto teórico de uma época de transformações sociais importantes, na qual a burguesia consolidava seu poder econômico e o assumia politicamente, a filosofia proposta por Comte sinalizava a possibilidade de enquadramento do mundo industrial em uma *ordem* que seria *organicamente harmônica* e de *fundamento exclusivamente moral*. Seu *positivismo* aceitava como *natural* a ordem de dominação burguesa em processo de consolidação, buscando contrapor a ela um *poder espiritual regulador* que, ao influenciar moralmente os homens e reformular suas representações sociais, ofereceria um discurso sobre o social no qual o ponto de vista da burguesia apareceria como universal a todos os sujeitos, uma vez que apenas esse ponto de vista garantiria a manutenção da *ordem*. Nesse sentido, o Estado absorveria e ocultaria tanto a divisão quanto a *luta de classes*, configurando-se como elemento aglutinador e homogeneizador das relações sociais. A liberdade era válida e aceita nesse contexto até o ponto em que não se tornasse ameaça ou desafio à dominação burguesa, expressão final da *ordem pública*.

40 INTRODUÇÃO À SOCIOLOGIA

O pensamento sociológico[2] *comteano* exerceu marcante influência sobre inúmeros autores em diversas áreas do pensamento social do século XX, entre eles Spencer, Espinas, Ward, Durkheim e seus seguidores, Raymond Aron e Claude Lévi-Strauss, por meio de Mauss. Sua filosofia social e política exerceu notável presença em alguns países latino-americanos, como México, Chile e Brasil, em especial. Aqui, foi um dos fatores determinantes na proclamação da República, na definição do atual pavilhão nacional – ver o lema *Ordem e Progresso* –, em diversas diretrizes constitucionais republicanas e no *espírito* da legislação trabalhista legada pelo governo de Getúlio Vargas.

As idéias de Comte ganharam, no Brasil (Superti, 1998:32, 141 e 143), realidade prática no embate político-ideológico que marcou o nascimento da República. Por trazer em seu bojo uma proposta de reformulação moral da sociedade, na qual *ordem* e *progresso* se compunham como partes de um processo único de realização da natureza humana, o *positivismo* atraiu seguidores em virtude do conteúdo *progressista* que continha, quando do final do período imperial brasileiro. Nesse sentido, suas teorias participaram ativamente da construção do Estado moderno no Brasil.

EXERCÍCIOS REFLEXIVOS

1. Um dos objetivos centrais da Sociologia é constituir um conhecimento científico sobre a *realidade social*. Por isso, suas pesquisas constroem teorias que devem, necessariamente, ser confrontadas com essa *realidade*. Partindo dessa afirmação, redija um texto no qual você trabalhe sobre os seguintes pontos:

   – a relação entre a Sociologia e o cotidiano;
   – a relação entre o indivíduo e a sociedade.

2. O problema básico para os primeiros teóricos da Sociologia parece ter girado em torno da questão da *individualidade* e da *ação coletiva* e social. Produza um breve texto no qual você explique, com argumentos próprios, os motivos que fizeram os primeiros sociólogos preocuparem-se com essas questões.

3. Saint-Simon (1760-1825) recebeu influência importante das idéias revolucionárias burguesas, principalmente aquelas vindas dos filósofos iluministas. Por isso, ele falou em *"ordem, paz e progresso"*. Explique o que terá sido a *visão positiva* desse pensador social.

---

[2]. MORAES FILHO, E. *Comte*: sociologia, p. 38.

SOCIOLOGIA: HISTÓRIA E DESENVOLVIMENTO **41**

4. Comte (1798-1857) trabalhou com uma Teoria da História que ficou conhecida como *Teoria dos Três Estados*. Segundo sua compreensão, os *estágios* pelos quais a humanidade teria passado são os seguintes: *teológico, metafísico e positivo*. Explique, resumidamente, esses *estágios* e responda: qual foi sua intenção em construir essa *teoria*?

5. *"O progresso – tal como aqui é entendido – não poderia questionar a estrutura social naquilo que ela tem de permanente"* (Cuin e Gresle, 1994:34). Explique a noção de *progresso* contida na teoria *positivista* de Auguste Comte e os motivos pelos quais ele não admitia o questionamento da *ordem* estabelecida pela sociedade industrial.

Parte II

Sociologia
Clássica

3

O Positivismo Sociológico

3.1 A SOCIOLOGIA POSITIVISTA

O positivismo adotou parâmetros teóricos que pressupunham que os códigos reguladores dos âmbitos *físico* e *social* diferiam quanto a seu caráter: os primeiros seriam relativos a acontecimentos do mundo dos fenômenos exteriores aos homens; os segundos, aos *fatos* pertinentes à problemática das questões humanas ligadas à interação e à convivência social. A profissão de fé de que esses âmbitos possuíam uma origem comum, ou seja, *natural*, levou os pensadores positivistas a aproximá-los, apesar do reconhecimento de suas diferenças características. A evolução acelerada dos métodos de pesquisa das ciências naturais – Física, Química e Biologia –, que ocorria no século XIX, atraiu os cientistas sociais positivistas para a lógica dos procedimentos de investigação dessas ciências. Desse modo, a sociedade veio a ser concebida por eles como um *organismo combinado de partes integradas e coesas que funcionavam harmoniosamente*, conforme um modelo *físico* ou *mecânico* de organização. Devido à adoção desse paradigma, o *positivismo* foi denominado ainda de *organicismo*.

Ele é também definido até os dias de hoje, principalmente pelos críticos de suas concepções teóricas, como *darwinismo social* (Costa, 1987:44-45). Essa qualificação é decorrente da influência importante que as pesquisas de Charles Darwin exerceram sobre sua forma de ver a sociedade. A *visão darwinista* sobre a *evolução das espécies* estabelece, em linhas gerais, o seguinte: todos os seres vivos se transformam ininterruptamente, tendo por desígnio seu aprimoramento e o cumprimento da necessidade de garantia da sobrevivência. Decorrente desse processo, os organismos tenderiam a

46 SOCIOLOGIA CLÁSSICA

adaptar-se em níveis cada vez melhores ao meio ambiente, criando formas mais complexas e avançadas de vida, que possibilitariam, por meio da ocorrência de uma *competição natural*, a *sobrevivência* apenas dos seres mais *aptos* e *evoluídos*.

Esses parâmetros, adaptados para as análises das relações entre os indivíduos e a sociedade, ensejaram o *darwinismo social*, ou seja, a crença científica de que as sociedades mudariam e evoluiriam segundo padrões históricos permanentes. Essas transformações representariam sempre a passagem de um *estado inferior* para outro *superior* de civilização, no qual o *organismo social* se mostraria mais *evoluído*, mais *adaptado* e mais *complexo*. Como conseqüência, essas mudanças garantiriam a sobrevivência apenas dos *organismos – sociedades* e *indivíduos –* mais *fortes* e mais *evoluídos*.

Aqui está o fundamento teórico que justificou amplamente, a partir da segunda metade do século XIX e nas primeiras décadas do século XX, o argumento da chamada *superioridade cultural européia* sobre os outros povos e culturas. Essa tese, largamente difundida pelos meios de divulgação cultural em todo o mundo letrado, serviu como justificativa ideológica aos propósitos políticos e econômicos das potências européias em sua fase de expansão neocolonialista sobre os continentes africano e asiático. O imperialismo europeu encontrou na *visão positivista* o abono científico para a continuidade de sua ação de extração das riquezas pertencentes a outras regiões do planeta.

Parcela importante dos cientistas sociais europeus, antropólogos, sociólogos e juristas aceitava com tranqüilidade, e não podia ser diferente a partir da postura teórica que adotavam, a idéia de que as sociedades de *culturas tradicionais* da África, da Ásia, da América e da Oceania eram apenas exemplares de *estágios* anteriores, *primitivos* ou *teológicos*, do passado da humanidade. Essas sociedades mais *simples* e de tecnologia menos avançada deveriam dirigir-se *naturalmente* a níveis de maior *complexidade* e *progresso* na escala da *evolução social*, até atingir o *topo positivo*, em que se encontrava àquela hora a sociedade industrial capitalista européia. As sociedades que não pudessem ou quisessem atingir esses patamares de civilização estariam fadadas ao fim, por inaptidão ao avanço histórico.

De um ponto de vista teórico, a sociologia positivista foi configurada pela tentativa de seus formuladores em constituir seu *objeto* de pesquisa, pautar seus *métodos* e elaborar seus *conceitos* à luz das ciências naturais, procurando chegar à mesma objetividade e ao mesmo êxito, nas formas de controle sobre os fenômenos sociais estudados, que aquelas estavam obtendo.

Caracterizando-se pela valoração dada aos *fatos* e a suas *relações*, tal como dados pela experiência objetiva, e pelo corte *reducionista* da filosofia aos resultados obtidos pela ciência, o positivismo foi o pensamento social que aclamou o *modus vivendi* do apogeu da sociedade européia do século XIX, em franca expansão econômica. Vem daí sua tentativa persistente na busca da resolução dos conflitos sociais por meio da exaltação à *coesão*, à *harmonia natural* entre os indivíduos e ao bem-estar do *todo social* (Costa, 1987:46).

3.2 ÉMILE DURKHEIM E OS *FATOS SOCIAIS*

Esse intelectual viveu entre 1858 e 1917, período que compreendeu o ápice e a primeira grande crise interna do capitalismo monopolista europeu. De seus 59 anos vividos, em mais da metade presenciou a opulência burguesa francesa, enquanto a fase final assistiu à tensão pela disputa de mercados entre as potências européias ser levada às últimas conseqüências. Em seu país, a França, preocupou-se com o que ele chamou de *"vazio moral da IIIª República"*, com os conflitos entre o capital e o trabalho decorrentes da Segunda Revolução Industrial, com o impulso do ideário socialista e com os rumos ali tomados pelo capitalismo. No plano internacional, sua vida abrangeu do desenvolvimento do neocolonialismo à eclosão da Primeira Guerra Mundial, com seu término e o início da primeira grande revolução socialista, a Revolução Russa de 1917.

Durkheim compreendia o quadro perturbador colocado pela emergência da *questão social*, mas discordava essencialmente do conteúdo de soluções que começava a ser proposto pelo pensamento socialista. Suas convicções defendiam que os problemas sociais vividos pela sociedade européia eram de natureza *moral* e não de fundo econômico, e que estes sobrevinham devido à *fragilidade* decorrente de uma longa época de transição. A dialética da chamada *Belle Époque*[1] é instigante: este é visto pela historiografia como o momento do apogeu do capitalismo imperialista europeu. Entretanto, no interior da sociedade européia – no âmbito das relações entre a burguesia e a classe trabalhadora –, o desenrolar do processo social levava à radicalização dos conflitos que redundariam na saída *socialista* russa e no advento posterior do *Welfare State*.

No tocante ao problema da relação indivíduo-sociedade, Durkheim tomou posição a favor desta. Ele entendia que a sociedade predominaria sobre o indivíduo, uma vez que ela é que imporia a ele o conjunto das *normas* de *conduta social*. Seu esforço foi voltado para a emancipação da sociologia em relação às filosofias sociais, tentando constituí-la como disciplina científica rigorosa, dotada de *método* investigativo sistematizado, preocupando-se em definir com clareza o *objeto* e as *aplicações* dessa nova ciência, partindo dos paradigmas e modelos teóricos das ciências naturais.

Ao desenvolver a sistematização de seu pensamento sociológico, Durkheim diferenciou-se de Saint-Simon e Comte, uma vez que seu aparato conceitual foi além da reflexão filosófica, constituindo um corpo elaborado e metódico de pressupostos teóricos sobre a problemática das relações sociais. Em função desses as-

---

[1]. Segundo Azevedo (1997:56), essa é uma *"expressão francesa empregada para caracterizar um período de tranqüilidade social e de supremacia burguesa nas grandes cidades européias, durante os primeiros anos do século XX. A Belle Époque assinala também uma fase de expansão internacional do capitalismo. (...) Na realidade, sob a opulência e a riqueza, o descontentamento social não era pequeno, como pareciam demonstrar as freqüentes greves ocorridas."*

48 SOCIOLOGIA CLÁSSICA

pectos teóricos originais, os estudos de Durkheim ganharam relevância para as ciências da sociedade, tornando-se parâmetros para vários ramos de pesquisa sociológica até nossos dias.

Para ele, a Sociologia deveria ser um instrumento científico da busca de soluções para os *desvios* da vida social, tendo, portanto, uma finalidade dupla: além de explicar os códigos de *funcionamento* da sociedade, teria como missão intervir nesse *funcionamento* por meio da aplicação de *antídotos* que pudessem mitigar os *males* da vida social. Em sua compreensão, a sociedade, como qualquer outro *organismo* vivo, passaria por ciclos vitais com manifestação de *estados normais e patológicos*, ou seja, *saudáveis e mórbidos*. O *estado saudável* seria o de convivência *harmônica* da sociedade consigo mesma e com as demais sociedades, *harmonia* essa a ser obtida pelo exercício imperativo do *consenso social*. O *estado mórbido, doentio*, seria caracterizado por *fatos* que colocassem em risco essa *harmonia*, os acordos de convivência, o *consenso* e, portanto, a *adaptação* e a *evolução histórica natural* da sociedade.

Ora, se a Sociologia devia, nessa concepção, ser uma espécie de *medicina social*, ela carecia de ocupar-se de um *objeto* que lhe permitisse fornecer a chave explicativa dos códigos de *funcionamento* da sociedade: os *fatos sociais*. Esses *fatos* foram elevados por Durkheim à categoria de *objeto de estudo*, e sua busca de compreensão deles direcionada para o favorecimento da *normalidade* do curso da vida social, transformando-se, dessa maneira, em um tipo de *técnica de controle social* voltada para a manutenção da *ordem* estabelecida pelo sistema social vigente.

Em sua definição de *fato social*, Durkheim exprime-se da seguinte forma: é

> *"toda a maneira de agir fixa ou não, suscetível de exercer sobre o indivíduo uma coerção exterior, que é geral na extensão de uma sociedade dada, apresentando uma existência própria, independente das manifestações individuais que possa ter"* (1972:11).

Segundo Rodrigues (1995:52),

> *"este parentesco estreito entre a vida e a estrutura, entre o órgão e a função, pode ser facilmente estabelecido em Sociologia porque, entre os dois termos extremos, existe toda uma série de intermediários imediatamente observáveis".*

Deve-se entender que, na sociologia *durkheimiana*, a perspectiva é *holística*, ou seja, o *todo* (sociedade), apesar de ser *composto* por suas inúmeras *partes* (indivíduos), prevalece sobre elas. Desse modo, o *fato social* teria a faculdade de *constranger*, de vir de *fora* e de ter *validade* para todos os membros da sociedade.

Delimitando e dando especificidade ao conceito, os *fatos sociais* possuiriam três características fundamentais: a *coerção social* seria o influxo exercido pelos *fatos* sobre os indivíduos, induzindo-os à aceitação das regras vigentes na sociedade, a despeito de seus anseios e opções pessoais. A subordinação de todos aos estatutos das leis é o melhor exemplo dessa situação. Aqui, a medida da *coerção* seria estabelecida pelas *sanções* a que os indivíduos estariam sujeitos a partir do momento em que não se conformassem com as regras sociais. A *exterioridade* se definiria em função de os *fatos* existirem antes e *fora* das pessoas, atuando de modo autônomo em relação a seus desejos ou apoio consciente. Durkheim elucida essa característica citando os sistemas de moedas, os instrumentos de crédito, as práticas profissionais, que funcionariam *independentemente* do uso que delas os indivíduos fizessem. Por fim, a *generalidade* existiria devido ao *fato* repetir-se, pela *imposição*, na maioria ou em todos os membros da sociedade. As formas comuns de habitação, de comunicação, ou o que esse autor denominou de *"vida mais ou menos cristalizada"* constituiriam os exemplos dessa derradeira característica dos *fatos sociais*.

Durkheim defendeu uma postura de absoluto rigor e não-envolvimento frente ao *objeto de estudo* da Sociologia. Para ele, o comportamento do cientista social deveria ser de *distanciamento* e sua posição, de *neutralidade* frente aos *fatos sociais*. Apenas essa atitude é que garantiria a *objetividade* de sua análise e, portanto, suas bases científicas. Esses *fatos* deveriam ser encarados como *coisas*, *objetos exteriores* ao pesquisador. Cabia-lhe apenas a *observação*, a *medição* e a *comparação* dos *fenômenos sociais*, não importando o que o próprio pesquisador ou os indivíduos cogitassem ou afirmassem sobre sua natureza. Isso significa que tais *fenômenos* necessitavam ser levados em conta no tocante a suas *manifestações coletivas*, distinguindo-se dos eventos *individuais* ou *acidentais*. O interesse científico *durkheimiano* era inteiramente voltado para a compreensão do *funcionamento* das chamadas *formas padronizadas de conduta e pensamento*, definidas por ele como *consciência coletiva*, que configurariam a *moral* adotada pela sociedade. Nesse sentido, ele pode ser visto como o primeiro dos sociólogos *funcionalistas*.

3.3 DURKHEIM E *"AS REGRAS DO MÉTODO SOCIOLÓGICO"*

A obra de Durkheim publicada em livros corresponde a quatro trabalhos, que se tornaram marcos metodológicos para a história das ciências sociais. São eles: de 1893, *Da divisão do trabalho social*, originária de sua tese de doutorado; de 1895, *As regras do método sociológico*; de 1897, *O suicídio*; e, de 1912, *As formas elementares da vida religiosa*. Em paralelo a seu trabalho como professor universitário, fundou a revista *L'Année Sociologique*, à qual se dedicou de forma notável, tendo ali publicado uma série numerosa de artigos e resenhas voltados para a reflexão sociológica.

As regras do método sociológico foi a primeira obra voltada para a discussão e definição de um *método de pesquisa sociológica* produzida por um pensador social. Esse livro, que causou impacto importante nos meios intelectuais franceses quan-

50 SOCIOLOGIA CLÁSSICA

do de sua publicação, consiste em uma demarcação teórica do conceito de *fato social*, que, ao mesmo tempo, delimita a especificidade do campo de estudo da Sociologia, distinguindo-a das preocupações da Psicologia. Segundo Durkheim, esse *método* (Rodrigues, 1995:27) define-se a partir de três fundamentos principais: a *independência* em relação a qualquer filosofia, a *objetividade* e a *determinação* exclusivamente *sociológica*, todos a apontar que os *fatos sociais* são, antes de qualquer consideração analítica, *coisas sociais*. Suas palavras, ao final dessa obra, demarcam com exatidão aquele que seria, a seu ver, o campo da Sociologia:

> *"Fizemos ver que um fato social não pode ser explicado senão por um outro fato social e, ao mesmo tempo, mostramos como esse tipo de explicação é possível ao assinalar no meio social interno o motor principal da evolução coletiva. A Sociologia não é, pois, o anexo de qualquer outra ciência; é, ela mesma, uma ciência distinta e autônoma, e o sentimento do que tem de especial a realidade social é de tal maneira necessário ao sociólogo, que apenas uma cultura especialmente sociológica pode prepará-lo para a compreensão dos fatos sociais."*

3.4 A QUESTÃO DA *SOLIDARIEDADE*

Na concepção *durkheimiana*, a Sociologia deveria voltar-se também para outro objetivo fundamental: a *comparação* entre as diversas sociedades. Para isso, esse autor estabeleceu um novo campo de estudo, a *morfologia social*, que consistiria na *classificação* do que ele chamou de *espécies sociais*. Em seu entendimento, essa atividade só poderia ser realizada partindo de um rigoroso controle do processo de *observação experimental*. Fundamentando-se nesse parâmetro, fixou que o percurso de *passagem da solidariedade mecânica para a solidariedade orgânica* seria o motor de transformação histórica de toda e qualquer *espécie* de sociedade.

A seu ver, a divisão do trabalho concebida pela formação da estrutura de produção industrial capitalista incentivava e levava ao exercício de uma nova forma de *solidariedade* entre os homens, impelindo-os a uma *interdependência* e não aos conflitos sociais. Ele acreditava que a ciência social poderia, por meio de suas investigações, encontrar soluções para os problemas fundamentais de sua época ao largo desses conflitos. O primado da *especialização*, necessária ao desempenho das novas funções no mundo do trabalho, estabelecidas pela lógica da organização industrial, levaria os indivíduos a essa nova forma de *solidariedade*, conferindo-lhes maior autonomia pessoal e emancipando-os da tutela dos antigos costumes vigentes nas formas anteriores de organização produtiva. Essa nova *interdependência funcional* é que os afastaria dos choques sociais.

Em sua compreensão, o que ele denominou de *solidariedade mecânica* imperou na história de todas as sociedades anteriores ao advento da Revolução Indus-

O POSITIVISMO SOCIOLÓGICO **51**

trial e do capitalismo. Nelas, os códigos de identificação social dos indivíduos eram diretos e se davam por meio dos laços familiares, religiosos, de tradição e costumes, sendo completamente autônomos em relação ao problema da divisão social do trabalho, que não interferiria nos mecanismos de constituição da *solidariedade*. Nesse caso, a *consciência coletiva* exerceria todo o seu poder de *coerção* sobre os indivíduos, uma vez que aqueles laços os envolviam em uma teia de relações próximas que acentuavam o controle social direto por parte da comunidade.

A *solidariedade orgânica* se manifestaria, por sua vez, nas palavras de Durkheim, de modo *inteiramente diferente* da *mecânica*. Peculiar da sociedade capitalista moderna, em função direta da divisão acelerada do trabalho, que nessa sociedade exerceria influência decisiva em todos os setores da organização social, levaria os indivíduos a se tornarem *interdependentes* entre si, garantindo a constituição de novas formas de unidade social no lugar dos antigos costumes, das tradições ou das relações sociais estreitas, que caracterizavam a vida pré-moderna. Os antigos laços diretos da *consciência coletiva* se afrouxariam, conferindo aos indivíduos maior autonomia pessoal e cedendo espaço aos mecanismos de controle social indiretos, definidos por sistemas e códigos de conduta consagrados na forma da lei.

Se em Comte a Teoria da História pressupunha a passagem contínua das sociedades por *etapas*, ou *estágios* de desenvolvimento, que iriam do *teológico* ao *positivo*, findando a marcha histórica da humanidade neste, em Durkheim a postura *finalista* quanto ao devir do processo histórico não muda, apenas sofistica-se, uma vez que sua compreensão continuou sendo *etapista* e *fatalista*, ou seja, seguiu prescrevendo para as civilizações o percurso único e *inevitável* que as levaria dos *estágios inferiores* aos *superiores* de cultura e organização social, que findariam, necessariamente, com o advento da sociedade capitalista industrial. A *visão* de História dos positivistas padeceu de seu fascínio pela modernidade burguesa, a ponto de admitir que, além dela, restava para o homem apenas o aperfeiçoamento da *ordem* que ela fundou, por meio das revoluções liberais.

EXERCÍCIOS REFLEXIVOS

1. Produza um texto no qual você explique a forma pela qual os positivistas compreenderam as *relações sociais*. Fundamente sua resposta estabelecendo ligações entre as *visões sociológicas* desenvolvidas por Comte e Durkheim.

2. Explique a seguinte afirmação a respeito do pensamento *durkheimiano*: "*a sociedade prevalece sobre o indivíduo, impondo a ele as normas gerais de conduta social*".

3. Defina, com argumentos próprios, o conceito *durkheimiano* de *fato social*. Em seguida, discorra sobre suas três características fundamentais.

52 SOCIOLOGIA CLÁSSICA

4. Se, para Durkheim, *fato social* é *"toda a maneira de agir fixa ou não, suscetível de exercer sobre o indivíduo uma coerção exterior, que é geral na extensão de uma sociedade dada, apresentando uma existência própria, independente das manifestações individuais que possa ter"*, por quais motivos a Sociologia *durkheimiana* pode ser entendida como uma tentativa de estabelecimento de uma *técnica de controle social* que buscava a manutenção da *ordem* e do *sistema de poder* capitalista vigente?

5. O desenvolvimento de um *método de pesquisa sociológica* foi crucial para a Sociologia *durkheimiana*. Explique os fundamentos desse *método* e justifique os motivos teóricos que fizeram dele um instrumento vital para a análise sociológica desenvolvida por esse autor.

6. Segundo a compreensão de Durkheim, a *divisão do trabalho social* propiciada pela formação da produção industrial capitalista levava ao exercício de uma nova forma de *solidariedade* entre os homens, encaminhando-os mais para uma *interdependência* do que para os *conflitos sociais*. Por que ele entendeu o fenômeno *da divisão do trabalho* no capitalismo dessa forma?

4

O Pensamento Marxista

4.1 O PENSAMENTO DIALÉTICO: O MATERIALISMO HISTÓRICO

Karl Marx (Trier, 1818 – Londres, 1883) foi filósofo, historiador, sociólogo e economista. Sua formação intelectual se deu na Alemanha, seu país natal, tendo estudado Direito nas universidades de Bonn e Berlim. Defendeu seu doutorado no ano de 1841, na cidade de Iena, com uma tese de filosofia sobre *As diferenças da filosofia da natureza em Demócrito e Epicuro*, versando sobre o *materialismo* na antigüidade grega. Antes de dedicar-se ao que ele mesmo chamou de *"estudos de gabinete"*, foi redator-chefe de um jornal liberal de Colônia. Deixando a *Gazeta Renana*, estabeleceu intenso ritmo de estudos e de militância política e intelectual, que aconteceu no eixo Paris-Bruxelas-Londres, locais onde realizou a parcela mais importante de sua produção escrita. Ao lado de Friedrich Engels (1820-1903), foi responsável pela construção de uma obra monumental voltada para a análise, a crítica e a luta para a transformação radical da sociedade capitalista.

O quadro sociopolítico em que Marx viveu, primeiro em sua juventude na Alemanha, depois em sua passagem por três das principais capitais européias, é, em linhas gerais, semelhante ao que já foi delineado anteriormente. Dois diferenciais, no entanto, são importantes: no âmbito político, o processo *tardio* de unificação liberal-burguesa vivido por seu país a partir de 1830; na esfera acadêmica e intelectual, a tradição filosófica alemã vinda de Kant e Hegel, que fomentou uma atitude *antipositivista*, expressa nas diferentes posturas de Marx, Dilthey e, mais tarde, de Max Weber. A formação intelectual de fundo *hegeliano* produziu impactos importantes na estruturação do pensamento de Marx, bem como a experiência vivida posteriormente na França e na Inglaterra, países mais avançados no processo de industrialização do que a Alemanha.

Em relação ao enfoque teórico, as principais linhas de influência que atuaram no desenvolvimento do pensamento de Marx foram três. Da filosofia de Hegel, após um período de militância na *esquerda hegeliana* e de leitura crítica do *idealismo* que ele passou a apontar nesse filósofo, vieram a assimilação e a aplicação própria do chamado *método dialético*. Do pensamento socialista francês do século XIX, representado principalmente por Saint-Simon, Fourier e Proudhon, foi construída a crítica severa ao que ele denominou de *socialismo utópico*, que constituiu a base de sua proposta do *socialismo científico*. E, por fim, da leitura da obra dos economistas clássicos ingleses, Adam Smith e David Ricardo, veio a edificação metódica da crítica à economia política burguesa, que era fundada no pensamento econômico liberal.

Quanto aos princípios filosóficos que orientaram a estruturação do *método dialético* feita por Marx, faz-se necessária uma síntese do procedimento desse modo de *pensar a realidade* e de sua postura frente aos objetos de conhecimento. Deve-se notar *a priori* que, como diz Ianni (1996:111), Marx *"compreendia que o objeto e o método de seu trabalho eram elementos necessários e encadeados do mesmo processo de conhecimento".*

O ponto de partida do processo de conhecimento consiste na *definição do objeto*, ou da *totalidade-realidade* a ser estudada. Definido o *objeto*, deve-se passar à construção de um processo de formulações teóricas a seu respeito, ou seja, ao estudo do *objeto* até suas *determinações mais simples*, o que conduziria à compreensão de suas *partes constituintes*. Esse passo levaria à conquista do entendimento, por parte daquele que estuda, da *totalidade real* do *objeto de estudo*. Em seguida, faz-se necessário realizar uma *volta* ao *objeto* inicial: nesse *retorno*, o *objeto* já não seria o mesmo do início do estudo, pois ele estaria agora compreendido em sua *totalidade*, configurando, portanto, outro *objeto*, embora ainda fosse, simultaneamente, o mesmo do início do estudo. O *objeto*, a *realidade* estudada, estaria, assim, compreendido em sua *totalidade*, o que faria o estudioso buscar um novo ponto de partida, determinante para o avanço do processo de construção do conhecimento.

Por esse caminho, conhecer é atribuir um predicado (*qualidade*) ao *objeto*, é formular um *juízo crítico* acerca dele. O *marxismo* trabalha por um processo de sucessivas aproximações do *objeto de conhecimento*. Daí Marx propor uma *filosofia de ação* no lugar dos grandes *sistemas filosóficos especulativos*, dizendo que *"até então os filósofos sempre tinham tentado interpretar o mundo em vez de tentar modificá-lo".* Por isso, o pensamento de Marx constituiu-se com objetivos práticos e políticos, voltado para a crítica e para a transformação revolucionária do capitalismo na direção do socialismo e do comunismo.

Em sua visão, o conhecimento e a ciência deviam assumir um papel político absolutamente crítico em relação à sociedade capitalista, devendo ser um instrumento de compreensão e de transformação radical dessa realidade. Os estudos sobre a *realidade social* não deviam restringir-se apenas a sua descrição, mas à análise de como essa *realidade* se *produz e se reproduz* ao longo da História. Por isso, um dos papéis do cientista social seria o de participar ativamente dos atos de transformação dessa realidade, desempenhando uma função política revolucionária à medida que se posicionasse ao lado das lutas da classe trabalhadora, tornando-se um observador participante e militante.

Há uma *relação* entre o *geral* (*todo*) e o *particular* (*parte*) nessa forma de pensar e conhecer a realidade que é de *dupla mão*. Isso significa que entre *todo* e *parte* há uma relação de *circularidade*, ou seja, um *determina* o outro simultaneamente. Ao mesmo tempo, a *dialética* pensada por Marx, oriunda da filosofia de Hegel, parte dos princípios da *contradição* e do *antagonismo*. Se para Hegel as *contradições* resolvem-se na filosofia, em Marx elas só encontram resolução na ação histórica e social.

Ao estabelecer sua hegemonia, dado sistema social engendra dentro de si as *contradições* que ensejarão o processo que levará a sua derrocada posterior. O pressuposto *marxista* é de que as sociedades evoluem pela oposição sistemática entre seus pólos opostos. O sistema social hegemônico que se estabeleceu torna-se uma *tese* que gera de dentro de si uma *antítese*. Do choque *dialético* entre esses dois pólos sobrevém uma *nova* situação histórica, uma *síntese*, que ainda carrega em si elementos do *velho* (*tese*) e do *novo* (*antítese*), que se instala, por sua vez, como *tese* novamente, dando curso ao processo histórico. Essa definição filosófica levou Marx a uma concepção que via nessa *luta de opostos*, que ele denominou de *luta de classes*, o motor da História, nos sucessivos embates entre *modos de produção* distintos, o fio condutor dos processos de mudança social.

Segundo Marx, as *condições materiais* vigentes na sociedade é que determinavam nosso *pensamento* e nossa *consciência*. Ele dizia que não eram os pressupostos *espirituais* que levavam a *modificações materiais*, mas exatamente o oposto: as *condições materiais* é que determinariam, em última estância, as *espirituais*, sendo decisivas para a evolução da História. Sua posição materialista pressupõe que a *existência* precede a *consciência*.

Partindo do *pensamento dialético*, é possível expor alguns dos princípios fundamentais da teoria *marxista*. O conceito de *materialismo histórico* vem em primeiro lugar: recusando a *determinação* mecânica do *econômico* sobre o *social*, propõe um tratamento específico da questão da *dominação* na sociedade, evidenciando a *luta de classes* como motor de todas as *transformações sociais*, atribuindo aos *homens organizados* o poder de condução da sociedade e apontando o *socialismo* como fase de transição entre o *capitalismo* e o *comunismo*, tempo no qual a sociedade já não seria organizada com base em *classes sociais*, fato que eliminaria os

56 SOCIOLOGIA CLÁSSICA

conflitos sociais e ensejaria o fim da História. Segundo trecho[1] de uma carta de Engels para J. Bloch, datada de 1890, para a

> *"concepção materialista da História, o elemento determinante da mesma é fundamentalmente a produção e a reprodução da vida real. Tanto Marx quanto eu jamais afirmamos mais do que isso. Portanto, se alguém troca essa afirmação por outra em que o elemento econômico seja o único determinante, a frase torna-se sem sentido, abstrata e absurda".*

Outro desses conceitos é o de *alienação*. Vindo da filosofia *hegeliana*, refere-se à condição vivida pelo trabalhador assalariado na sociedade capitalista, uma vez que nela ele perde a posse sobre sua *força de trabalho*, que passa a ser uma mercadoria como outra qualquer, vendida no mercado conforme as leis variáveis da oferta e da procura. Ao vender sua *força* em troca de salário, ele se *aliena* em relação a seu trabalho e é *alienado* por ele, ao mesmo tempo, o que ocasiona outra *alienação* em relação a si mesmo, que levaria à perda de sua dignidade humana. Esse conceito levou Marx à constatação de que a única forma possível de emancipação dessa *alienação* seria pela tomada do controle dos *meios de produção* por parte dos trabalhadores, por meio de uma revolução proletária que expropriaria os capitalistas e aboliria o regime assalariado, resgatando o sentido coletivo do trabalho social.

O conceito de *mais-valia* também é crucial: ele compreende o saldo entre o valor criado por certa quantidade de trabalho e o valor efetivamente pago ao trabalhador pelo trabalho realizado. Ou seja, após a venda de determinada mercadoria, feitos os descontos dos custos relativos aos salários, deve sobrar um saldo em dinheiro. Essa quantia é a *mais-valia*, ou *lucro*, que é *apropriado* pelo empresário-capitalista, tomando para si um valor que foi gerado essencialmente pelo trabalho. Marx denominou esse processo de *exploração*, uma vez que ele entendeu ser a *taxa da mais-valia* a expressão concreta do grau de *exploração* a que os assalariados são submetidos em função da venda de sua força de trabalho. Esse conceito foi elaborado com base em uma definição que ficou conhecida como *teoria do valor*, que, *grosso modo*, entende por valor a quantidade de trabalho social incorporada a uma mercadoria, esclarecendo que esse tipo de trabalho refere-se ao tempo necessário para sua produção.

A idéia de *modo de produção* deu sentido à Teoria da História *marxista*. Indica, em primeiro lugar, os *modos* e as *formas* por meio dos quais são produzidos os bens materiais em dada sociedade, esclarecendo e determinando o caráter de cada regime social, ou seja, definindo as configurações assumidas pelas *forças produtivas* e pelas *relações de produção* e condicionando o modo de vida daquela *formação social*. Marx entendeu que a passagem histórica de um *modo de produção* para ou-

---

1. ENCICLOPÉDIA LAROUSSE CULTURAL. Rio de Janeiro: Nova Cultural, 1998. v. 16, p. 3863.

tro acontecia por meio de rupturas bruscas, processos revolucionários que constituíam meios de resolução de *contradições* longamente acumuladas no interior das *relações de produção* entre classes antagônicas. Por isso, para ele, a História é a resultante do desenvolvimento e da derrocada de *modos de produção* distintos, que seria movida pela ação da *luta de classes*.

A contribuição e o legado da obra de Marx para a sociedade e para as Ciências Humanas e Sociais podem ser compreendidos em dois sentidos, o político e o teórico. Após sua morte, o *movimento socialista* dividiu-se e expandiu-se, do ponto de vista político, *grosso modo*, em duas grandes vertentes principais: a *social-democracia* e o *leninismo*.

A proposta *social-democrata*, conhecida nos dias de hoje também pela denominação de *Terceira Via*, difundiu-se principalmente pelos países desenvolvidos com o propósito de encontrar um caminho paulatino e pacífico para a edificação de uma ordem social mais justa, promovendo *reformas* de conteúdo político, econômico e social voltadas para a inclusão progressiva das maiorias ao sistema, que passou também a ser designado como *Welfare State*, no intuito de não permitir a ocorrência de rupturas revolucionárias com sua lógica essencial.

O *leninismo* manteve-se na postura revolucionária que pressupunha ser a *revolução* o único caminho para combater com sucesso a *sociedade de classes* e instaurar o *socialismo*, compreendido como *etapa transitória* para o advento da *sociedade comunista sem classes*. Caracterizou-se efetivamente a partir da fundação da *IIIª Internacional*, em 1919, sob a influência direta do processo da Revolução Russa de 1917, definindo uma nova forma de atuação para os *partidos socialistas*, que passaram a autodenominar-se *partidos comunistas*. Partindo das visões de Marx e de Lênin, essa *corrente de pensamento* constituiu por todo o mundo uma plêiade de seguidores e críticos, compreendendo *stalinistas*, *trotskistas*, *maoístas*, *eurocomunistas*, entre outros, que conferiram vigor aos embates políticos do século XX e contraponto radical e permanente aos princípios defendidos pelo *liberalismo*.

Da perspectiva de sua contribuição teórica, a obra de Marx consiste, em resumo, no estabelecimento de paradigmas que até então não haviam sido colocados pelo pensamento social. A diferença essencial em relação ao avanço que foi conquistado pela abordagem positivista é de simples constatação: enquanto Comte e Durkheim elegeram os *fatos sociais* como *objeto*, Marx definiu-o a partir do conceito de *relação*. O campo aberto pelos estudos de Marx estimulou avanços teóricos importantes em todas as áreas das ciências da sociedade, colocando-se entre as principais conquistas modernas realizadas pelo conhecimento humano.

58 SOCIOLOGIA CLÁSSICA

O historiador inglês Eric Hobsbawm situa[2] os avanços e os limites dessa contribuição. Para ele,

> "o marxismo tem contribuído de algum modo para entender a História, mas, realmente, não o suficiente. Por exemplo, o marxismo vulgar diz que todas as coisas ocorrem em virtude de fatores econômicos e obviamente isso não é uma explicação adequada. Insisto que o importante é distinguir o marxismo vulgar de uma interpretação mais sofisticada do sentido da obra de Marx ou em verdade de Karl Marx por ele mesmo. Acho que o marxismo pode fazer isso. Hoje podemos falar sobre isso, como estamos fazendo, porque hoje nós podemos distinguir aqueles trechos das análises marxistas que pareciam ser válidos, mas claramente não o são. Por exemplo, se você realmente lê o Manifesto Comunista de 1848, ficará surpreso com o fato de que o mundo, hoje, é muito mais parecido com aquele que Marx predisse em 1848. A idéia do poder capitalista dominando o mundo inteiro, como também uma sociedade burguesa destruindo todos os velhos valores tradicionais, parece ser muito mais válida hoje do que quando Marx morreu. Por outro lado, por exemplo, a previsão de que a classe trabalhadora ficaria cada vez mais pauperizada não é verdade. Isso não quer dizer que a classe trabalhadora não tenha suficientes boas razões para protestos. Uma coisa interessante que faz a análise marxista bastante moderna é a análise das tendências de longa duração".

4.2 O PROBLEMA DA *IDEOLOGIA*

No livro *A ideologia alemã*, Marx e Engels definiram o conceito de *ideologia* a partir do qual operaram parte de suas reflexões teóricas. Esse conceito foi revisto[3] posteriormente por eles mesmos e por outros pensadores *marxistas*, entre eles o italiano Gramsci. Seu elemento constitutivo principal foi o que ambos denominaram de *princípio da inversão*, expressando a idéia de *inversão da realidade*.

Em uma das passagens desse livro, eles sustentam que o sistema de idéias de uma *classe dominante* configura o conjunto das idéias dominantes em cada época:

> "ou, dito em outros termos, a classe que exerce o poder material dominante na sociedade é, ao mesmo tempo, seu poder espiritual dominante. A classe que tem à sua disposição os meios para a produção material dispõe, com isso, ao

---

2. TREVISAN, Leonardo. Hobsbawm analisa mudanças na esquerda. *O Estado de S. Paulo*, São Paulo, 24 ago. 1997. Caderno 2, p. D1-2.

3. Karl MARX, no prefácio do livro *Para a crítica da economia política*, de 1859.

mesmo tempo, dos meios para a produção espiritual, o que faz com que se lhe submetam, no tempo próprio, por fim médio, as idéias dos que carecem dos meios necessários para produzir espiritualmente. As idéias dominantes não são outra coisa que a expressão ideal das relações materiais dominantes, as mesmas relações materiais dominantes concebidas como idéias; portanto, as relações que fazem de determinada classe a classe dominante são, também, as que conferem o papel dominante às suas idéias. Os indivíduos que formam a classe dominante têm, também, entre outras coisas, a consciência disso e pensam de acordo com isso. Enquanto dominam como classe e enquanto determinam todo o âmbito de uma época histórica, se compreende como seu que o façam em toda a extensão e, portanto, entre outras coisas, também como pensadores, como produtores de idéias, que regulem a produção e a distribuição das idéias de seu tempo; e que suas idéias sejam, por isso mesmo, as idéias dominantes da época" (Marx e Engels, 1958:48-50).

Esse sistema de idéias dominantes constitui, assim, a *ideologia*. De acordo com uma imagem metafórica construída pelos autores, *ela* teria a faculdade de fazer com que a vida social aparecesse para os homens como a imagem que é exibida pelo visor de uma câmera fotográfica do final do século XIX, ou seja, de cabeça para baixo, ilusoriamente invertida do sentido que *ela* apresentaria na realidade. Dessa forma, *ela* ofereceria para a sociedade uma imagem inversa do que ela própria seria e viveria no âmbito real. Essa *falsa imagem* levaria o homem e a sociedade a uma *"falsa consciência"* acerca de si mesmo e das relações concretamente estabelecidas.

Marx e Engels objetivaram demonstrar o papel de *véu* desempenhado pela *ideologia burguesa* na sociedade capitalista, qual seja o de *ocultar* a verdadeira natureza das *relações de produção* pautadas na *exploração*. Segundo Marx, quanto mais se desenvolvessem os antagonismos entre as *forças produtivas em crescimento*, mais *a ideologia da classe dominante seria penetrada pela hipocrisia*, e quanto mais a vida desvendasse *a natureza mentirosa dessa ideologia*, mais *a linguagem dessa classe se faria sublime e virtuosa*.

Como combater algo dotado do poder de mistificar a realidade para todos, pelo uso do *sublime* e do *virtuoso*? Para Marx, a solução estaria no conhecimento científico, ou *saber real*, único elemento capaz de desmascarar a *ideologia burguesa*, recolocando de volta *o mundo de cabeça para cima*, de acordo com seu sentido real, mostrando a *realidade* tal como ela é, destituída dos *véus da ideologia*. Esse *saber real* constituiria um conjunto de *verdades* capaz de desmascarar a *falsa consciência*, funcionando como ponta-de-lança na luta do proletariado contra a burguesia. A concepção *marxista* de ciência também foi instrumental, à medida que ela estaria a serviço das maiorias, da causa proletária e da revolução socialista.

60 SOCIOLOGIA CLÁSSICA

Em outro momento de *ideologia alemã*, seus autores concluem o argumento que defendem:

> "*A existência de idéias revolucionárias, em determinada época, pressu-põe já a existência de uma classe revolucionária. Com efeito, cada nova classe que passa a ocupar o posto da que dominou antes dela vê-se obrigada, para poder levar adiante os fins que persegue, a apresentar o seu próprio interesse como o interesse comum de todos os membros da sociedade, isto é, expressan-do isso em termos ideais, a imprimir em suas idéias a forma do geral, a apre-sentar essas idéias como as únicas racionais e dotadas de vigência absoluta*" (Marx e Engels, 1958:50).

4.3 O CONCEITO MARXISTA DE SOCIEDADE

A compreensão do conceito de *sociedade* é crucial para o entendimento de dois outros pontos fundamentais da *teoria marxista*: as definições de *classe social* e *luta de classes*. Segundo o pensamento *marxista*, o estudo da *realidade social* deve considerar como paradigma que *não há homem e nem sociedade ideal isolados na natureza, mas ambos conjugados concretamente a um momento histórico definido*. Isso significa que, além de ser *holística*, sua perspectiva privilegia como foco dos estudos as *relações* contidas nos processos coletivos.

Diferentemente de Durkheim, Marx considerou que não há a possibilidade de pensar a relação indivíduo-sociedade *separadamente das condições materiais em que essa relação se apóia*, não sendo possível, portanto, *estudar a sociedade e a pro-dução isoladamente*. Para ele, *a produção é indissociável da distribuição dessa produ-ção na sociedade entre os homens*. Esses parâmetros fundamentaram a *visão marxis-ta* sobre a organização da *estrutura social*, delimitando-a, em primeiro lugar, a dois conceitos: *infra-estrutura* e *superestrutura*.

No primeiro, estão compreendidas a *produção*, a *organização econômica da produção* e as *relações de produção*, dando forma à base material da sociedade e *de-terminando* os processos sociais. Sobre essa base ergue-se a *superestrutura*, que abrange as normas jurídicas, os comportamentos sociais e políticos, as manifesta-ções religiosas, a base ética, filosófica e moral, ou seja, a rede complexa de correla-ções formada entre os sistemas político e ideológico. De acordo com a compreen-são *marxista*, a *infra* e a *superestrutura* estão *indissoluvelmente* ligadas entre si, em tempo simultâneo, em constante *interação dialética*. Há uma *relação* direta de *cir-cularidade* entre esses elementos organizadores da *estrutura social*, sendo a *supe-restrutura* um *reflexo da base material* da sociedade.

Nessa *visão*, a sociedade estrutura-se com base na *forma* pela qual os homens organizam a *produção social*. Essa *forma*, por sua vez, define o *modo de produção* daquela sociedade. Nesse sentido, três elementos relacionam-se entre si: as *forças produtivas*, que compreendem as condições naturais de produção e os recursos extraídos da natureza pelo homem; os *meios de produção*, a saber, ferramentas, máquinas, equipamentos e força de trabalho humana; e as *relações de produção*, que são os diferentes modos pelos quais é organizada a atividade produtiva, envolvendo diretamente as relações de posse e distribuição dos *meios* e a divisão social do trabalho. Da interação permanente entre as *forças produtivas*, os *meios* e as *relações de produção* resulta a *estrutura* da sociedade, sua *infra* e sua *superestrutura*.

No texto *Para a crítica da economia política*, Marx (1978:129) estabelece essas relações ao comunicar o produto de seu trabalho:

> *"O resultado geral a que cheguei e que, uma vez obtido, serviu-me de fio condutor aos meus estudos pode ser formulado em poucas palavras: na produção social da própria vida, os homens contraem relações determinadas, necessárias e independentes de sua vontade, relações de produção estas que correspondem a uma etapa determinada de desenvolvimento das suas forças produtivas materiais. A totalidade destas relações de produção forma a estrutura econômica da sociedade, a base real sobre a qual se levanta uma superestrutura jurídica e política, e à qual correspondem formas sociais determinadas de consciência. O modo de produção da vida material condiciona o processo em geral de vida social, político e espiritual. (...) Em uma certa etapa de seu desenvolvimento, as forças produtivas materiais da sociedade entram em contradição com as relações de produção existentes ou, o que nada mais é do que a sua expressão jurídica, com as relações de propriedade dentro das quais aquelas até então se tinham movido. De formas de desenvolvimento das forças produtivas estas relações se transformam em seus grilhões. Sobrevém então uma época de revolução social. Com a transformação da base econômica, toda a enorme superestrutura se transforma com maior ou menor rapidez."*

Diretamente ligada a seu conceito de sociedade está a concepção de Estado que Marx desenvolveu, compreendendo-o como uma das expressões fundamentais do capitalismo. Em seu entendimento, o Estado não está acima da *sociedade civil* e não exprime a *vontade de todos*, mas é uma instância inserida no conjunto de relações estabelecidas entre pessoas, grupos e classes sociais. De acordo com Ianni (1996:30-31), é necessário que se reconheça que

> *"sob qualquer das suas perspectivas, desde os seus primeiros escritos, Marx está preocupado com as relações e determinações recíprocas entre o Estado e a sociedade, numa ótica diferente daquelas propostas anteriormente, não apenas por Hegel. Nesse processo crítico, formula a chave da sua concepção, quando diz que o Estado precisa ser compreendido, simultaneamente, como uma 'colossal superestrutura' do regime capitalista e como o 'poder organizado de uma classe' social em sua relação com as outras".*

62 SOCIOLOGIA CLÁSSICA

Por isso, diz Ianni, Marx afirma que Estado e sociedade não são politicamente distintos, que além de ser a *estrutura da sociedade*, ele não é a expressão harmônica e abstrata desta. Ao contrário, constitui-se como um produto de *contradições políticas*, sendo a primeira delas o fato de ele basear-se *"na contradição entre o público e a vida privada, entre o interesse geral e o particular"*.

Finalmente, concluindo com esse autor (1996:39), para Marx,

> *"o Estado não é apenas e exclusivamente, um órgão da classe dominante; responde também aos movimentos do conjunto da sociedade e das outras classes sociais, segundo, é óbvio, as determinações das relações capitalistas. Conforme o grau de desenvolvimento das forças produtivas, das relações de produção e das forças políticas da sociedade, o Estado pode adquirir contornos mais ou menos nítidos, revelar-se mais ou menos diretamente vinculado aos interesses exclusivos da burguesia".*

A contribuição teórica de Marx e Engels criou um conjunto complexo e coerente de novas *categorias de análise* para os fenômenos e processos sociais, de forma que é possível afirmar que esse aporte fundou uma nova escola de pensamento sociológico, hoje situada entre os clássicos paradigmáticos dessa ciência. A Sociologia de aporte *marxista* sustenta que a sociedade não pode ser estudada em compartimentos separados e estanques, pois, se assim for feito, se perderá de vista o próprio *objeto de estudo*, que é a *sociedade* enquanto *totalidade*.

Por isso, o estudo de qualquer sociedade deve partir justamente das *relações sociais* que os homens estabelecem entre si para *utilizar* os *meios de produção* e *transformar* a natureza em seu benefício coletivo. Essas *relações sociais de produção* condicionam a sociedade, sendo a raiz de toda a *estrutura social*. É importante notar que a intenção de Marx não foi a de elaborar uma *teoria geral sobre a sociedade*, mas a de *estudar a sociedade do seu tempo* – definida pelo *modo de produção capitalista*. Nessa sociedade, ele considerou que há um *conflito permanente* (*luta*) entre as duas *classes sociais* fundamentais – a burguesia e o proletariado –, *conflito* que não encontraria resolução possível dentro da continuidade desse sistema.

4.4 O CONCEITO DE *CLASSE SOCIAL* EM MARX

Uma das preocupações centrais de Marx, à medida que desenvolvia sua teoria, foi a de definir o *conceito* e o *caráter* das *classes sociais* no regime capitalista. Do ponto de vista do *conceito*, partiu do princípio do posicionamento dos indivíduos que, agrupados, ocupassem uma *condição* equivalente nas *relações de produção* vigentes na sociedade. Esse posicionamento, ou *situação de classe*, determinaria a existência e a consciência do indivíduo e sua *relação* com o conjunto da sociedade.

De acordo com o pensamento *marxista*, a existência de uma *igualdade natural* entre os homens, propalada pelo *liberalismo*, era uma falácia, uma vez que as *desigualdades reais* provocadas pela lógica das *relações de produção* sob o capitalismo inviabilizavam o exercício concreto de qualquer espécie de *igualdade*, a não ser a possível entre os *iguais*, pertencentes à mesma *classe social*. A divisão social que esse *regime produtivo* provoca, classificando os homens em *proprietários* e *não proprietários* dos *meios de produção*, constitui o fundamento primeiro da *gênese* das *classes sociais*, que são inerentes ao sistema capitalista, parte interna de sua lógica.

A *relação de exploração*, que também era evidente para Marx, existente entre os proprietários, a *burguesia*, e a classe trabalhadora, o *proletariado*, revelaria o *caráter* das duas *classes* fundamentais para a existência do sistema. A *posse dos meios de produção* por parte da *burguesia*, concretizada pela *legitimação* da *propriedade privada* sobre eles, levaria os *trabalhadores* a uma única saída, a de vender sua *força de trabalho* no mercado para assegurar a subsistência. O fato de essa *força* ser comprada a preço *vil*, caracterizando uma *apropriação indébita* do produto do trabalho proletário, demonstraria, dessa forma, o verdadeiro *caráter* da *burguesia*: explorar para acumular capital e riqueza por meio do trabalho de outrem. Do outro lado, a *situação de classe* vivida pelo *proletariado* também revelaria seu *caráter*: o de ser a *classe potencialmente revolucionária* da nova situação histórica que estava em curso germinal.

Esse quadro social demonstraria outra característica relevante da existência das *classes sociais* sob o regime capitalista de produção, qual seja a de elas serem *complementares* e *interdependentes* entre si, de uma só *existir* em *função*, por *causa* e em *relação* à outra. A lógica da interpretação marxista é simples: a existência de *proprietários* está condicionada à existência correspondente de uma *massa de excluídos da propriedade* que só possuem sua *força de trabalho*, a ser vendida em troca da subsistência. É a lógica simples do mercado: o comprador depende da mercadoria, que, por sua vez, depende do comprador.

Segundo Ianni (1996:17), Marx delineou paulatinamente sua compreensão do capitalismo como uma sociedade na qual

> "*a burguesia e o proletariado são classes sociais revolucionárias e antagônicas. Revolucionárias e antagônicas porque enquanto uma instaura o capitalismo, a outra começa a lutar pela destruição do regime no próprio instante em que aparece. Porque aparece alienado no produto do seu trabalho, ao produzir mais-valia, o proletariado lutará para suplantar essa situação. Porque aparece, desde o princípio, como a classe que se apropria da mais-valia, a burguesia começa a deixar de ser revolucionária na ocasião em que se constitui. Nesse instante, passa a preocupar-se principalmente com a preservação e o aperfeiçoamento do status quo. Por dentro da revolução burguesa começa a formar-se a revolução proletária*".

EXERCÍCIOS REFLEXIVOS

1. Explique, por meio de um texto, os procedimentos do pensamento dialético diante de uma *totalidade-realidade* a ser estudada.

2. Defina, com argumentos próprios, o conceito de *materialismo histórico*.

3. Marx, em uma de suas frases significativas, disse que *"até então os filósofos sempre tinham tentado interpretar o mundo em vez de tentar modificá-lo"*. A partir dessa afirmação, defina: qual foi o objetivo de Marx em propor uma teoria que pode ser chamada de *"filosofia de ação"*?

4. Marx compreende que *quando o homem altera a natureza, ele também se altera.* Isso quer dizer que, *quando o homem trabalha, ele interfere na natureza e deixa nela suas marcas; mas neste processo de trabalho também a natureza interfere no homem, deixando marcas em sua consciência.* Defina por que a reflexão sobre o *trabalho* foi central na construção do pensamento de Marx.

5. O *princípio da inversão* é elemento constitutivo fundamental do conceito de *ideologia*, na concepção de Marx e Engels. Explique esse conceito e estabeleça uma relação entre *ideologia* e *cultura*.

6. Marx, em seus estudos teóricos sobre o capitalismo, considerou que *não se pode pensar a relação indivíduo-sociedade separadamente das condições materiais em que essa relação se apóia.* Para ele, *não se pode estudar a sociedade nem a produção isoladamente, pois a produção é indissociável da distribuição dessa produção na sociedade entre os homens.* Explique o que Karl Marx pretendeu ao vincular a relação *indivíduo-sociedade* às *relações de produção*.

7. Defina, de acordo com a concepção *marxista*, os conceitos de *infra-estrutura* e *superestrutura*. Após defini-los, explique a relação que existe entre esses dois conceitos.

8. Segundo Marx e Engels, no Manifesto de 1848, *"a história de toda a sociedade até hoje é a história da luta de classes"*. Assim, o que é *classe social* para a teoria *marxista* e por que as *classes* estariam em luta permanente?

9. Na *visão marxista*, a *classe social* a que pertencemos condiciona, de maneira decisiva, nossa atuação social. Por que essa *situação de classe* acaba condicionando a *existência* e a *consciência* do indivíduo e sua *relação* com o conjunto da sociedade?

5

O Pensamento Weberiano

5.1 A VISÃO *WEBERIANA* E A RELAÇÃO INDIVÍDUO-SOCIEDADE

Max Weber, filósofo, historiador e sociólogo alemão (Erfurt, 1864 – Munique, 1920), era filho de uma família que lhe transmitiu o conteúdo dos ideais liberais, somados ao rigor da formação protestante. Seu pai era advogado e político, e era tido como um homem pragmático. Sua mãe era mulher culta, ligada aos valores liberais e religiosos. O ambiente familiar que viveu, pautado pelo cotidiano intelectual, fez de Weber um homem de pensamento precocemente e teve importância capital em sua formação. Seus estudos universitários foram na área jurídica, com incursões pela Economia, Filosofia e pela História. Concluiu seu doutorado em 1889, e sua tese foi sobre a história das companhias comerciais do período medieval.

Esteve, desde muito cedo, ligado às questões pertinentes à ação prática na política, sempre preocupado com o destino de seu país. Nessa área, desempenhou papéis importantes: foi conselheiro da delegação alemã na série de conferências que conduziram ao Tratado de Versalhes, em 1919, e fez parte de uma comissão de especialistas que escreveu a Constituição da *República de Weimar*, no mesmo ano. Weber foi nacionalista por convicção, mas nunca compactuou com as idéias racistas e imperialistas que nortearam a Alemanha anos mais tarde. Nesse sentido, suas posições políticas sempre foram pautadas pelos princípios liberais e parlamentaristas.

Sua postura teórica, vinda de sua formação e das heranças filosóficas *kantiana* e *hegeliana*, distanciou-o tanto do *positivismo* quanto do *marxismo*. Enquanto

66 SOCIOLOGIA CLÁSSICA

Durkheim e Marx deram ênfase, respectivamente, à analise sociológica dos *fatos sociais* e às *relações entre as classes*, Weber tomou como ponto de partida a análise centrada nos *atores (agentes) sociais* e suas *ações*, privilegiando o papel da *iniciativa do indivíduo* na vida social.

Para ele, a sociedade e seus *sistemas* não pairam acima e não são *superiores* ao *indivíduo*. As *regras* e *normas sociais* não são analisadas como *exteriores* à vontade dos indivíduos. Muito ao contrário, elas seriam o resultado de um conjunto complexo de *ações individuais*, nas quais os *agentes* escolheriam, a todo momento, diferentes *formas de conduta*. As grandes *idéias coletivas* que norteiam a sociedade, como o Estado, o mercado e as religiões, só existiriam porque muitos indivíduos *orientariam reciprocamente suas ações* em determinado sentido comum. De fundamento individualista, o pensamento *weberiano* privilegia a *parte* sobre o *todo*, uma vez que sua perspectiva pressupõe que o *coletivo* se origina no *individual*. O primado da *ação do indivíduo* sobre a sociedade é que determinaria a *relação indivíduo-sociedade*, item fundamental para os estudos sociológicos.

Sua principal contribuição metodológica para as ciências sociais foi a elaboração do conceito de *tipo ideal*. Estudou a História de um ponto de vista *comparativo* e foi um dos principais autores a analisar as problemáticas do funcionamento do capitalismo e da burocracia, além de ter levantado temas fundamentais na área da Sociologia da religião.

Seu conceito de *tipo ideal* define-se pela ênfase (Cohn, 1997:8) *"em determinados traços da realidade até concebê-los na sua concepção mais pura e conseqüente, que jamais se apresenta assim nas situações efetivamente observáveis"*. Daí esses *tipos* serem construídos, por necessidade, *"no pensamento do pesquisador"*, existindo *"no plano das idéias sobre os fenômenos e não nos próprios fenômenos"* em si. Weber, ao conceber essa ferramenta metodológica de pesquisa, partiu do pressuposto

> *"de que a realidade social só pode ser conhecida quando aqueles traços que interessam ao pesquisador são metodicamente exagerados, para em seguida se poderem formular com clareza as questões relevantes sobre as relações entre os fenômenos observados"*.

A concepção *weberiana* de História foi elaborada a partir de uma impossibilidade teórica: para Weber, um período histórico não engendra nem configura o seguinte. Como diz Cohn (1997:14-15), *"seja em termos de 'progresso' ou de qualquer noção similar, que pressuponha a presença das mesmas causas operando ao longo do tempo em diferentes configurações históricas"*. Em seu ponto de vista,

> *"não há (1997:24) uma seqüência causal única e abrangente na História e toda causa apontada para um determinado fenômeno será uma entre múltiplas outras possíveis e igualmente acessíveis ao conhecimento científico"*.

O PENSAMENTO WEBERIANO **67**

A saída encontrada por seu intelecto foi realizar a pesquisa por meio de um *exame comparativo* que permitisse o resgate das *peculiaridades* de cada período histórico. O *estudo comparativo* teria por finalidade a *caracterização* e a *compreensão* do *mundo ocidental moderno* em face dos períodos anteriores, uma vez que as *peculiaridades* de cada período revelariam as *causas* de suas *diferenças* em relação a este *mundo*, pautado pela *racionalização*. Essa seria a função principal da *análise comparativa*, ferramenta fundamental da pesquisa histórica.

Outra contribuição importante de Weber para o enriquecimento do instrumental teórico das ciências sociais foi a elaboração conceitual do que ele chamou de *"três tipos puros de dominação legítima"*. Esses conceitos encontram seu sentido no conjunto da análise social que ele estruturou ao longo de sua vida, voltada para a *compreensão* dos problemas que envolvem a *dominação* e o *poder*. Os três *tipos de dominação* são os seguintes: o *legal*, o *tradicional* e o *carismático* (In: Cohn, 1997: 128-141). No *tipo legal*, a *dominação* ocorre

> *"em virtude de estatuto. Seu tipo mais puro é a dominação burocrática. Sua idéia básica é: qualquer direito pode ser criado e modificado mediante um estatuto sancionado corretamente quanto à forma. (...) Correspondem naturalmente ao tipo da dominação 'legal' não apenas a estrutura moderna do Estado e do município, mas também a relação de domínio numa empresa capitalista privada, numa associação com fins utilitários ou numa união de qualquer outra natureza que disponha de um quadro administrativo numeroso e hierarquicamente articulado".*

A *dominação tradicional* é estabelecida

> *"em virtude da crença na santidade das ordenações e dos poderes senhoriais de há muito existentes. Seu tipo mais puro é o da dominação patriarcal. (...) Obedece-se à pessoa em virtude de sua dignidade própria, santificada pela tradição: por fidelidade".*

E a *dominação carismática* fundamenta-se

> *"na devoção afetiva à pessoa do senhor e a seus dotes sobrenaturais (carisma) e, particularmente: faculdades mágicas, revelações de heroísmo, poder intelectual ou de oratória. (...) Seus tipos mais puros são a dominação do profeta, do herói guerreiro e do grande demagogo".*

Os problemas e os desdobramentos referentes à *ética* na ciência e na política também mereceram a atenção de Weber. Sua *vocação* pessoal nas duas áreas, a paixão pela ação política e o rigor erudito para com a ciência fizeram-no refletir em profundidade sobre o comportamento exigido do cientista e do político, definindo duas *éticas*: a da *convicção* e a da *responsabilidade*. Em seu texto *"A profissão e a vocação de homem político"*, de 1919, o autor expressa sua compreensão do dilema ético:

> *"Toda atividade orientada de acordo com a ética pode ser subordinada a duas máximas totalmente diferentes e irredutivelmente opostas. Ela pode orientar-se pela ética da responsabilidade ou pela ética da convicção. Isso não quer dizer que a ética da convicção seja idêntica à ausência da responsabilidade e a ética da responsabilidade à ausência de convicção. Evidentemente, não se trata disso. Mas existe uma oposição abissal entre a atitude de quem age conforme as máximas da ética da convicção – numa linguagem religiosa, diríamos: 'O cristão faz seu dever e, no que diz respeito ao resultado da ação, remete a Deus' – e a atitude de quem age conforme a ética da responsabilidade, que diz: 'Devemos responder pelas conseqüências previsíveis de nossos atos.'"*

Munido desses parâmetros, que constituíram os fundamentos principais de sua visão de sociedade, Weber voltou o foco de seu interesse para a *compreensão* do fenômeno da *racionalidade* no mundo moderno.

5.2 MODERNIDADE E *RACIONALIDADE* NO PENSAMENTO *WEBERIANO*

O tema que permeou a maior parte do conjunto da construção teórica *weberiana* foi ligado à necessidade de *compreensão* do advento do capitalismo, e o conseqüente processo de *racionalização* da vida humana que ele, em sua forma de ver, provocou.

Weber entendeu que o fenômeno da *racionalidade* era de fundamental importância para a *compreensão* do mundo moderno, definindo-o como fundamento principal do modo de vida da sociedade ocidental contemporânea. Essa *racionalização*, entendida como processo intrínseco ao desenvolvimento do capitalismo, estabeleceria um sistema de *dependência* entre os indivíduos que os levaria à *mecanização* das relações em todos os setores da atividade humana.

Segundo Berlinck (In: Weber, 1978:10),

> *"a impressão que se tem é a de que seus estudos sobre religiões, a análise do surgimento do capitalismo, os estudos sobre poder e burocracia, os escritos metodológicos e sua sociologia do Direito são tentativas de resposta a perguntas tais como: quais as condições necessárias para o aparecimento da racionalidade?; qual a natureza da racionalidade?; quais as conseqüências sócio-econômicas da racionalidade?"*

Ainda com esse autor, Weber teria compreendido que a *racionalidade* é referente a uma espécie de *equação dinâmica entre meios e fins*. Nesse item, ele entendia que toda *ação* humana é realizada visando a certas *metas*, que constituem *con-*

cepções afetivas do desejável, ou valores. Estes, embora sejam definidos por julgamentos subjetivos (de valor) e tenham bases extracientíficas distantes da possibilidade de comprovação empírica, constituem-se em elementos determinantes da racionalidade moderna.

5.3 MAX WEBER E A SOCIEDADE: *"A ÉTICA PROTESTANTE E O ESPÍRITO DO CAPITALISMO"*

O livro A ética protestante e o espírito do capitalismo, de 1905, ao lado de sua principal obra, Economia e sociedade, de 1922, compõe o núcleo central do trabalho de Weber. Foi uma das obras paradigmáticas dos estudos da Sociologia da religião, por ter tentado compreender o universo de relações existentes entre as manifestações religiosas organizadas e a vida social. Esse livro produziu controvérsias teóricas que chegam aos dias de hoje, uma vez que tem também por objeto desvendar o que o autor denominou de *"espírito do capitalismo"*. Nele, revela-se a preocupação primeira das análises weberianas: compreender a tendência à racionalização progressiva da sociedade moderna. Para conseguir seu intento, ele procurou estabelecer o papel exercido pela ética protestante na determinação do comportamento característico dos indivíduos na sociedade capitalista.

Seu ponto de partida metodológico (Costa, 1987:66-67) consistiu na análise de informações que revelaram existir, entre os setores empresarial e de mão-de-obra especializada, muitos simpatizantes da Reforma Protestante promovida por Lutero a partir da Alemanha. Sua conclusão, após interpretação dessas informações, foi de que os valores protestantes, entre eles individualismo, disciplina, austeridade, senso do dever, inclinação e apego ao trabalho, passaram a agir fortemente sobre o comportamento dos indivíduos. Em conseqüência, procurou demonstrar que estava em curso o surgimento de uma peculiaridade histórica do mundo moderno: a formação de um novo tipo de mentalidade racional, vinculada à lógica organizacional do capitalismo e contrária ao caráter contemplativo característico do comportamento católico.

No entendimento weberiano, o relacionamento entre as esferas da religião e da sociedade não se estabelece pela via institucional. As relações entre esses âmbitos se daria por meio dos valores, que seriam internalizados pelos indivíduos e convertidos em motivação para sua ação social. Esses motivos, que mobilizariam internamente os indivíduos, seriam conscientes, e a tarefa do cientista social seria descobrir e compreender as conexões existentes entre a motivação dos indivíduos e os efeitos de sua ação no meio social.

Seguindo estes passos metodológicos, Weber comparou os conjuntos de valores do catolicismo e do protestantismo, procurando demonstrar que esses últimos revelariam uma tendência ao racionalismo econômico que viria a predominar no sistema capitalista. No intuito de definir o tipo ideal que pudesse caracterizar esse

70 SOCIOLOGIA CLÁSSICA

sistema econômico e social, Weber estudou *comparativamente* as *peculiaridades* de diversos sistemas econômicos, em épocas e culturas diferentes, antes e após o advento do mercantilismo. Sua conclusão foi de que o capitalismo, em sua forma *característica*, constituiu a única organização econômica da História das civilizações fundada na *racionalidade*, que se diferenciava das demais devido ao fato de ser estruturada logicamente sobre o *trabalho livre* e orientada de forma *coerente* para a operação de um mercado real.

Dois outros comentadores contribuíram para o esclarecimento dos objetivos dessa obra: Charles-Henry Cuin e Gabriel Cohn. Segundo Cuin e Gresle (1994:88-89), Weber não pensou que o protestantismo tivesse estado,

> "*historicamente, na origem do capitalismo, e ainda menos que tenha sido a sua causa. Ao propor um modelo (ou 'tipo ideal') que tem o mérito de simplificar – aumentando-as – as relações entre os fenômenos em questão, ele aventa sutilmente a hipótese de que o protestantismo pôde fornecer ao capitalismo diversos elementos essenciais que distinguem nitidamente o capitalismo europeu em suas origens e justificam sua superioridade intrínseca sobre os mundos concorrentes, particularmente os asiáticos*".

Cohn (1997:22-23), por seu turno, entende que Weber objetivava

> "*demonstrar a existência de uma íntima afinidade entre a idéia protestante de 'vocação' e a contenção do impulso irracional para o lucro através da atividade metódica e racional, em busca do êxito econômico representado pela empresa. Por essa via, apresentava-se a idéia de que um determinado tipo de orientação da conduta na esfera religiosa – a ética protestante – poderia ser encarado como uma causa do desenvolvimento da conduta racional em moldes capitalistas na esfera econômica. (...) O próprio Weber, respondendo a um dos seus primeiros críticos, procurou explicitar a problemática que o preocupava ao escrevê-la. Afirmava ele nessa ocasião que estava (...) preocupado com o estudo de 'aspectos da moderna conduta da vida e seu significado prático para a Economia', especialmente no que dizia respeito ao desenvolvimento de uma 'regulação prático-racionalista da conduta da vida'*".

5.4 MAX WEBER E A *AÇÃO SOCIAL*

A formulação sociológica *weberiana* é, em geral, denominada de *compreensiva* em virtude do esforço interpretativo que ela realiza, voltado para a *compreensão* do passado histórico e de sua repercussão nas características *peculiares* de cada sociedade. Do ponto de vista de Weber, o ato de definição do objeto da Sociologia implica a reconstrução do *sentido subjetivo original da ação* e o reconhecimento de que a visão do observador – o cientista – é sempre parcial. O pensamento *weberia-no* recusa as concepções que atribuem causas únicas para os fenômenos sociais e ressalta o que esse autor denominou de *adequação de sentido,* ou seja, a necessida-de da congruência da *ação* em duas ou mais esferas da vida social.

Weber definiu como objeto de estudo da Sociologia a *ação social.* Para ele, ela compreende *qualquer ação que o indivíduo faz orientando-se pela ação dos outros, sendo dotada e associada a um sentido.* Essa *ação,* a seu ver, teria sempre um *caráter subjetivo.* Dessa forma, seu objetivo é *compreender* a *conduta social humana,* forne-cendo explicações das *causas* e *conseqüências* de sua origem. Em sua concepção, seriam as *atitudes* que explicariam a *conduta social* dos indivíduos.

Segundo Weber, a *ação social* é representada por *tipos ideais* e é caracterizada de quatro modos distintos, a partir de *motivos* orientados ora pela *tradição,* ora por *interesses racionais,* ora pelos *afetos* ou *emoções.* No campo real, o conjunto com-plexo das *ações* dos indivíduos na sociedade seria configurado por uma mescla diversificada dessas quatro *características.*

A *ação tradicional* seria determinada pelos costumes e pelas ações cotidianas vinculadas aos hábitos arraigados nos indivíduos. As *ações* movidas pelos *interes-ses racionais* abririam-se em dois campos: no *racional, visando aos fins,* o indivíduo agiria conforme sua expectativa em relação à *conduta* de outros membros da socie-dade, agindo racionalmente por calcular sua *ação* de acordo com os *fins, meios* e *conseqüências.* A *ação* política exemplificaria esse *tipo* de atuação. No campo da *ação racional visando aos valores,* ela seria orientada por *princípios* ou *valores* éticos, estéticos, religiosos e morais, sem cálculos prévios ou vínculos diretos com os resulta-dos, residindo seu *sentido* na própria *ação* em si. As *condutas* ligadas às manifestações religiosas serviriam de modelo para esse *tipo* de *ação.* Finalmente, *ação afetiva ou emocional* seria ligada às *motivações* determinadas por esses estados vivenciais inter-nos, baseando-se também na própria *ação* e não nos possíveis resultados.

Vinculado ao conceito de *ação social* está o de *relação social,* que não pode ser confundido com o primeiro. Necessário para que a análise atinja o plano sociológico, esse conceito desdobra o significado da *ação individual* para o âmbito *coletivo,* buscan-do *compreender* o *sentido da ação* de grupos de indivíduos em uma direção comum.

De acordo com Gabriel Cohn (1997:30), esse conceito é concernente

> *"à conduta de múltiplos agentes que se orientam reciprocamente em confor-midade com um conteúdo específico do próprio sentido das suas ações. A dife-rença entre 'ação social' e 'relação social' é importante: na primeira a conduta do agente está orientada significativamente pela conduta de outro (ou ou-tros), ao passo que na segunda a conduta de cada qual entre múltiplos agen-tes envolvidos (que tanto podem ser apenas dois e em presença direta quanto um grande número e sem contato direto entre si no momento da ação) orien-ta-se por um conteúdo de sentido reciprocamente compartilhado".*

72 SOCIOLOGIA CLÁSSICA

Weber entende ser fundamental que o pesquisador exerça um papel *ativo* diante dos processos pertinentes a seu trabalho sociológico e à sociedade, mantendo necessariamente uma postura de *distanciamento* de seu objeto de estudo, de modo a resguardar a cientificidade da abordagem e da *compreensão* das *ações* e *relações* sociais. Esse distanciamento deve ser entendido, todavia, em uma perspectiva diversa da que foi definida pela Sociologia Positivista. Esclarecendo essas questões, Cohn (1997:28) diz ser necessário

> *"frisar que a compreensão nada tem a ver com qualquer forma de 'intuição' nem se reduz à captação imediata de vivências, mas somente é possível através da reconstrução do encadeamento significativo do processo de ação. Finalmente, fica também enfatizado que a referência à compreensão do sentido 'subjetivamente visado' nada tem a ver com processos psicológicos que ocorram no agente, visto que o que se compreende não é o agente mas o sentido da sua ação. Por isso mesmo Weber formula a exigência de que o recurso à compreensão se dê mediante um 'distanciamento' do pesquisador em relação ao seu objeto e nunca através de algum procedimento de identificação empática com o agente em questão".*

EXERCÍCIOS REFLEXIVOS

1. Produza um breve texto no qual você explique as linhas mestras do pensamento sociológico *weberiano*.

2. Na concepção *weberiana*, a sociedade não é *exterior* nem *superior* ao indivíduo. Explique a razão dessa afirmação.

3. Embora não questionem a lógica interna da sociedade burguesa em seus princípios fundamentais, as teorias sociológicas *positivista* e *weberiana* abordam de modo diverso, uma em relação à outra, o problema da relação *indivíduo-sociedade*. Escreva um texto no qual você, após definir tanto a visão *positivista* quanto a *weberiana*, demonstre como cada uma dessas concepções encara a relação *indivíduo-sociedade*.

4. Quais são os motivos que levaram Weber a entender que o estudo do fenômeno da *racionalidade* era de fundamental importância para a compreensão do *'mundo moderno'*?

5. O que Weber procurou demonstrar em seu livro *A ética protestante e o espírito do capitalismo*? Como conseqüência, a que conclusão ele chegou?

6. Quais são os motivos teóricos que fazem com que a sociologia *weberiana* seja conhecida como *sociologia compreensiva*?

7. Na sociologia *weberiana*, a análise é centrada nos *atores sociais* e suas ações. Nesse sentido, para Weber, a *iniciativa* do indivíduo é importante no processo de constituição da vida social. Assim, explique o conceito de *ação social* definido por esse sociólogo.

8. A partir de seu conhecimento da posição teórica tomada pela sociologia *positivista* frente ao objeto de conhecimento, defina e explique a *visão weberiana* em relação à postura que o pesquisador social deve ter diante de seu objeto de estudo.

Parte III

Sociologia Contemporânea

6

O Desenvolvimento da Sociologia no Século XX

6.1 A SOCIOLOGIA NA EUROPA[1]

As Sociologias francesa e alemã, de mestres e temáticas distintas e reconhecidas, constituíram o primeiro cerne dessa ciência. Existem, no entanto, outros modos de análise sociológica que não partiram dos mesmos modelos de referência e análise. Na Europa, organizaram-se outras escolas nacionais, menos voltadas para os aprofundamentos teóricos e mais centradas na descoberta de métodos de investigação que levassem a *aplicações sociais*. Entre essas escolas nacionais européias, podem ser citadas a belga, a britânica, a italiana e a russa/soviética. Nos Estados Unidos, por outra via, abriram-se perspectivas para o desenvolvimento de uma ciência social *pragmática*, que não se tornou apenas uma seqüência teórica dos paradigmas fundadores da Sociologia européia.

Na Bélgica, o primeiro impulso veio por meio de Quételet, estudioso da análise matemática dos fatos sociais. Guillaume de Greef, sindicalista e sociólogo, colocou seu trabalho a serviço da classe trabalhadora, num país em que a Revolução Industrial caminhava aceleradamente. Partindo de Proudhon, defendeu os princípios do *mutualismo* e trabalhou pelo estabelecimento de relações sociais que pudessem promover o equilíbrio entre as classes, por meio da atuação dos sindicatos. O foco de interesse nos problemas da sociedade industrial foi característica da

---

[1]. Para outras informações sobre as seções 6.1, 6.2 e 6.3, consultar: CUIN e GRESLE. *História da sociologia*, 1994. passim.

78 SOCIOLOGIA CONTEMPORÂNEA

Sociologia belga, que era sustentada e subvencionada pelo patronato liberal. A Bélgica foi, no decorrer do século XIX, um ponto de encontro e intercâmbio entre intelectuais, artistas e cientistas vindos de toda a Europa. Foi o caso de Marx e muitos outros, que ali viveram, encontrando refúgio em um lugar que não tolhia suas inquietações sociais e políticas.

Na França, pessoas e grupos preocupados com a questão social tentaram unir seus esforços para promover uma ciência social regeneradora. Para eles, era necessário unir a Engenharia Social à Filosofia Política, criando meios para a reorganização da sociedade. No lugar de propor uma *nova ordem* social, a busca era pela *reforma* da *ordem* existente. Para colocar em execução esse projeto, era necessário o sustentáculo de um quadro teórico de referência forte, que pudesse ordenar as ações empreendidas e iluminar o futuro. Esse quadro foi encontrado em Le Play, que propunha uma teoria sociológica da reforma social.

A década de 20 foi um período profícuo para a escola francesa de Sociologia. Foi restabelecida a atividade editorial, que se tornou volumosa em curto prazo. A vitalidade da Sociologia *durkheimiana* é atestada pela fecundidade de seus discípulos e pela fidelidade aos grandes temas que ela abriu: moral, religião, direito, educação, pedagogia e *morfologia social*. Ela revela-se também pelo trabalho com novos objetos de pesquisa, que haviam sido recusados por Durkheim: Psicologia, Economia e Geografia Humana. Pela ação de Halbwachs e Bouglé, dois durkheimianos, a Sociologia conservou sua presença no cenário intelectual dos anos 30. Halbwachs, pesquisador mais ativo da escola *durkheimiana*, garantiu uma produção científica de qualidade, indicando, ao mesmo tempo, um distanciamento do paradigma inicial, por meio da ancoragem da Sociologia na pesquisa empírica e por seu interesse central na realidade social contemporânea. A Sociologia *leplaysiana*, por seu turno, deveu seu papel histórico à influência que exerceu sobre outras escolas estrangeiras, principalmente nos Estados Unidos e na Inglaterra, que ignoraram os fundamentos *durkheimianos* por longo período.

Nos momentos que antecederam a Segunda Guerra Mundial, a Sociologia francesa encontrava-se em situação difícil: em 20 anos perdeu prestígio e influência, viu esgotar-se uma produção florescente e estagnar-se sua institucionalização, que ainda era frágil. A presença marcante da escola *durkheimiana* na virada do século 20 sinalizava, mais do que o triunfo de um grupo talentoso constituído por um mestre, a vitória de uma doutrina política e moral cuja hora histórica já havia passado. O fim do conflito mundial impôs uma séria constatação ao meio sociológico francês: havia um duplo atraso a ser recuperado, em relação ao nível de desenvolvimento e de reconhecimento das ciências da natureza e no tocante aos Estados Unidos, já considerados nessa hora a nova *meca* das ciências sociais.

Alain Touraine, em seu texto *Ser sociólogo em 1950*, depõe sobre esse momento e sobre a condição vivida por esses profissionais:

O DESENVOLVIMENTO DA SOCIOLOGIA NO SÉCULO XX **79**

"O grupinho dos sociólogos ficava à margem da universidade. Ser sociólogo era – e ainda é – menos decente do que ser historiador, filósofo ou latinista. Éramos marginais ou atípicos. Maucorps, que morreu muito jovem, era um oficial da marinha, ex-aluno de Escola Naval, e provavelmente um dos únicos a ter passado para a França Livre. Chombart de Lauwe vinha da etnologia, mas também da RAF. Morin correra grandes riscos e levara uma vida errante durante a guerra. Nós não éramos apenas marginais com relação à vida universitária, mas também com relação ao esquema comunista que nos cercava. Não discutíamos com os intelectuais comunistas daquela época; eu, pessoalmente, nunca o fiz. Mas os sociólogos eram acusados de ser agentes da burguesia, pois seu pensamento livre ameaçava o domínio autoritário do PC" (Touraine, 1977).

A passagem pela década de 50, com as tentativas de resolução dos problemas apontados, abriu perspectivas para o período seguinte, cuja problemática central encaminhou-se para o estudo das *condições e conseqüências sociais da modernização*. O *empirismo* passou a ser predominante na Sociologia francesa, e o deslumbramento por ele resultou em estudos nos quais os mais diversos fenômenos sociais passaram a ser objeto de investigações. Monografias locais, pesquisas sociodemográficas, análise de comportamentos políticos e outros trabalhos manifestam o interesse dos sociólogos franceses pelas questões sociais que eram candentes nessa hora: o êxodo rural, a evolução da família, o funcionamento da democracia.

A preocupação com a *cientificidade* foi marcante no desenvolvimento da pesquisa nos anos 60. Opondo-se à orientação meramente descritiva dos trabalhos publicados logo após a guerra e levados por uma ambição *praxiológica*, os pesquisadores investiram parte importante de suas energias na definição de critérios de validade para as diferentes etapas de seu procedimento investigativo. O debate sobre a visão *estruturalista* de Lévi-Strauss perpassou as décadas de 50 e 60, revelando seus frutos sociológicos, em sincretismo com o *marxismo*, no fim dos anos 60.

A Sociologia francesa adquiriu certa maturidade nessa década, atestada por seu reconhecimento social e pela qualidade de seus trabalhos empíricos. O que permaneceu de carência teórica deveu-se a sua preocupação constante em exorcizar seus antigos demônios filosóficos e pela amplitude e urgência do trabalho a realizar, numa sociedade em que a mudança acelerava-se em ritmo de difícil acompanhamento. Ela pagou caro por essa carência, por sua incapacidade de prever o movimento de maio de 1968, originado entre seus próprios estudantes, e pelas conseqüências dessa precariedade em seus caminhos futuros.

Na esteira dos acontecimentos de maio de 1968, explode outra crise na Sociologia francesa: ligada à interpretação da crise social existente nas ruas e, principalmente, sobre as concepções relativas à *natureza* do *sistema*, à *ação* dos *atores* e às *relações* entre o primeiro e os segundos. Os anos 70 presenciaram o auge e o ocaso do *estrutural-marxismo*, que dominou por breve tempo praticamente toda a Sociologia france-

80 SOCIOLOGIA CONTEMPORÂNEA

sa, e viram o surgimento das orientações teóricas que se consolidaram na década seguinte. Vale notar, em paralelo, que o referencial teórico *estrutural-marxista* manteve muitos seguidores no mundo anglo-saxão e na América Latina, nos anos 80.

O desmoronamento do *pensamento marxista* e da forma ideológica do *estruturalismo* levou a um processo de abandono rápido desses referenciais no final dos anos 70. Nos anos 80, foram desenvolvidos os quatro paradigmas que, passando pela década de 90, dividem hoje o essencial da Sociologia francesa, todos retomando explicitamente a importância do *ator*, concedendo-lhe um lugar maior ou menor na análise: com Bourdieu, o *estruturalismo genético*; após Touraine, o *accionalismo*; de Crozier, o *modelo estratégico*; e, para Boudon, o *individualismo metodológico*.

Em meados da década de 80, os sociólogos franceses estavam divididos entre o ensino, que se ampliou para os liceus, para as escolas de saúde, de trabalho social, e de arquitetura, a pesquisa pública e um grupo de *práticos*, que trabalhavam nas empresas, nas administrações e em escritórios especializados. Simultaneamente à afirmação de seu vigor intelectual, a Sociologia francesa sofreu, em proveito da História e da Antropologia, uma perda de prestígio social, devido à diminuição de sua audiência cultural como instrumento de debate ideológico e de autoanálise da sociedade. Ainda assim, ela passa hoje por um processo de crescimento e segmentação institucionais, de diversificação das referências teóricas e de *rotinização* da pesquisa aplicada. Ao longo das duas últimas décadas, o destino do trabalho sociológico parece estar mais partilhado coletivamente do que em períodos anteriores.

Por caminhos diferentes do francês, o final da Primeira Guerra Mundial demarcou na Alemanha a consolidação de uma era burguesa, e não seu declínio. A derrota de 1918 pôs fim a uma ordem política cuja transformação a maioria da *intelligentsia* alemã aguardava. É significativo o fato de Tönnies só iniciar sua carreira intelectual ao término da guerra, e a oposição conceitual por ele forjada, entre *comunidade* e *sociedade*, dominar a história da Sociologia alemã no decorrer de todo esse período. Essa problemática exprimia a inquietação alemã diante do processo de *racionalização* que atinge as sociedades modernas, colocando em xeque tanto a *organização comunitária* como seus *valores*. De todo modo, na Alemanha pré-hitleriana era mais simples identificar sociólogos do que vislumbrar uma Sociologia.

O processo de instauração do nazismo encerrou de forma brutal o movimento sociológico alemão. Sua associação promoveu um último congresso em 1934, já sob o controle dos ideólogos nazistas, sendo fechada em seguida por Freyer. As revistas de Sociologia desapareceram e os sociólogos de origem judaica emigraram rapidamente: Mannheim para a Inglaterra, Oppenheimer para os Estados Unidos, Elias para a Inglaterra. Theodor Geiger, que criticou a política racial nazista, refugiou-se na Dinamarca. Os filósofos *neomarxistas* do *Instituit für Sozialforschung* (*Instituto de Pesquisa Social*), criado em 1923 em Frankfurt pelo Estado, exilaram-se em conjunto nos Estados Unidos, onde a *Escola de Frankfurt* foi acolhida pela Universidade de Colúmbia, só retornando à Alemanha em 1950. Os austríacos Schutz e Schumpeter foram para os Estados Unidos, e o húngaro Lukács encontrou refúgio na União Soviética, voltando para Budapeste em 1944.

Os que permaneceram no país foram perseguidos, mas a Sociologia em si não foi proibida: alguns acalentavam a idéia de uma *ciência social* colocada a serviço da *revolução* alemã. Nesse ambiente, a história da Sociologia alemã prosseguiu, quanto ao essencial de seu desenvolvimento, nos Estados Unidos. Ao término da Segunda Guerra Mundial, a Sociologia européia viu-se diante de uma total falta de seguidores: frágil na Alemanha, esvaziada na França, desconsiderada na Inglaterra e ignorada na Itália.

O caso alemão é dos mais sérios: a derrota de 1945 correspondeu à da orientação sintética do período anterior, dando lugar a um ceticismo geral a respeito de qualquer sistema teórico e conceitual. O trabalho com a pesquisa empírica – ao qual a Sociologia alemã sempre se consagrou, mas que a intervenção maciça dos Estados Unidos renovou e ampliou – conseguiu preservar o desejo de fazer da Sociologia uma doutrina moral sob a forma de *teoria das condições da liberdade humana*, esperando que a pesquisa empírica fornecesse o material descritivo que permitisse fundamentar cientificamente as bases dessa *teoria*.

Na Alemanha, onde os conflitos teóricos foram agravados no decorrer dos anos por uma miríade de oposições sociofilosóficas internas, a Sociologia continua assinalada por fortes especificidades regionais que contrapõem entre si as tradições *positivista, marxista* e *fenomenológica*. É significativo o caso de Jürgen Habermas, legatário da Escola de Frankfurt, que renunciou à *crítica neomarxista* da *razão instrumental* para procurar, sob a luz dos mais diversos sociólogos clássicos, os *fundamentos lingüísticos da comunicação intersubjetiva*, sem a qual não existiria a *ação social*.

No mesmo instante em que a *corrente leplaysiana* perdia o fôlego na França, encontrava na Inglaterra nova vida, retomando a tradição de pesquisa inaugurada por Le Play, por meio de uma simbiose entre a *aritmética política* e a *estatística social* de origem britânica. Diferentemente do modelo francês, seus campos prediletos compreenderam o mundo industrial e a cidade, considerada como um *laboratório* de suma importância para a compreensão das sociedades modernas e de sua possível transformação. Foram desenvolvidas nesse momento as idéias de *planificação urbana* e de *cidade-jardim*, que seriam retomadas no entre-guerras por diversos países.

Daí a atenção que foi dada ao enfrentamento dos novos fenômenos econômicos e sociais, para os quais seria mister preparar os futuros administradores, não importando se fossem empresários ou dirigentes operários. Esse era o estado de espírito dominante na fundação da *London School of Economics,* em 1895, da qual participaram intelectuais socialistas como Sidney e Beatriz Webb, que tentaram aliar a economia clássica ao pensamento socialista, ao mesmo tempo em que se mostravam preocupados em dotar a classe trabalhadora de instrumentos de defesa, tanto doutrinários quanto práticos.

82 SOCIOLOGIA CONTEMPORÂNEA

Trilhando caminhos diversos, outros pesquisadores defrontavam-se com o polêmico problema da *melhora da população de um ponto de vista biológico*. Divididos em muitos grupos, dilacerados por ambições contraditórias, os sociólogos britânicos produziram, na falta de um consenso mínimo sobre o conteúdo de seus estudos, 61 definições de Sociologia entre 1905 e 1907. É compreensível que os sociólogos britânicos tenham demorado tanto tempo para se profissionalizarem. E isso não aconteceu antes do fim da Segunda Guerra.

No país de Spencer e de Hobhouse, a Sociologia passou por uma dificuldade crônica em ser considerada algo mais do que uma prática empírica com objetivos aplicados. Desde a guerra, foram necessários esforços tenazes de Ginsberg, Marshall, Mannheim, ou, ainda, dos Estados Unidos, de Shills, para demover as resistências acadêmicas a um reconhecimento mínimo da disciplina. Para que se tenha uma idéia dessas dificuldades, a *Associação Britânica de Sociologia* só foi criada em 1951.

Ao fim da década de 80, a paisagem sociológica anglo-saxã continuava extremamente dividida. Sua considerável segmentação institucional, intelectual e temática, que se mantém ainda hoje, certamente constitui riqueza potencial para seu desenvolvimento extensivo. Os recursos teóricos existentes não impedem, entretanto, que a pesquisa empírica continue sendo fundamentalmente *indutiva*. Embora o estatuto da Sociologia ainda permaneça muito controvertido, mesmo com inegável desenvolvimento institucional, são explorados todos os tipos de expressão teórica, acalentando-se esperanças de síntese, que ainda estão distantes do que já é visto na França.

Na península itálica, a Sociologia era diretamente identificada com o *positivismo comteano*, ao qual, no entanto, só se referiam pesquisadores isolados, como Morselli. No âmbito acadêmico, alguns elementos de Sociologia foram introduzidos por criminólogos, cujo mestre era um médico, Cesare Lombroso. Em sua *visão*, todo homem é rigorosamente condicionado por sua morfologia pessoal e pelas particularidades de sua existência. Tendo em vista que o *comportamento* de todo indivíduo seria *determinado*, ele se tornaria, portanto, *previsível*. A imaginação científica tocava, nesse momento, em fantasmas muito profundos, típicos das elites de qualquer época e lugar. Scipio Sighele, simultaneamente a Gabriel Tarde, e anos antes de Gustave Le Bon, procurava demonstrar que as seitas, assim como as multidões, caíam na delinqüência quando se deixavam subjugar por líderes irracionais ou patológicos. Os estudos sobre a psicologia das multidões ganhavam, dessa forma, um primeiro *corpus* de hipóteses na Itália.

Vilfredo Pareto fundou o que ficou conhecido como *física social paretiana*. Economista e sociólogo, Pareto não concebeu outro *modelo* para as Ciências Sociais que não fosse o das Ciências Exatas. A Sociologia seria, portanto, uma *ciência* que deveria preocupar-se com as *ações não lógicas*, cujos *fins não estariam claramente ligados a meios definidos*. A idéia que Pareto desenvolveu em seu *Tratado*, de 1916, era de que as *ações não lógicas* remeteriam à *parte obscura da natureza hu-*

O DESENVOLVIMENTO DA SOCIOLOGIA NO SÉCULO XX **83**

mana, que seria composta de *instintos,* de *pulsões,* de *necessidades* que ele chamou de *resíduos,* que *variariam* de acordo com os indivíduos e as civilizações. Sobre esses *resíduos* seriam adicionadas certas *derivações,* que corresponderiam às *construções pseudo-racionais* (*crenças, teorias,* e até *ideologias*) pelas quais as condutas humanas seriam justificadas.

Passando do estudo da *natureza humana* ao da *sociedade,* Pareto pretendeu demonstrar que os fenômenos sociais obedeciam a ciclos, e que tanto o *poder* como as *riquezas* eram desigualmente distribuídos em proveito de *elites,* que seriam obrigadas a recorrer à força ou à astúcia para defender uma dominação sempre disputada. Sob esse aspecto, ele trouxe uma contribuição original à *teoria das classes dominantes* (*circulação das elites*), tema predileto da Politologia que nascia, definida antes dele por Gaetano Mosca e Robert Michels. No fim da vida, Pareto, antigo liberal, aderiu ao fascismo *mussoliniano.* O resultado foi o descrédito de uma ambição, que pretendia construir uma Sociologia Científica baseada na *observação dos fatos,* mas que acabou caindo no *dogmatismo* e na *abstração,* seguindo os exemplos de Comte e de Spencer.

Com a queda do fascismo, a Sociologia, tal como era conhecida na Itália, desapareceu quase completamente do cenário intelectual e científico: nem a conhecida *Criminologia positivista* do fim do século passado, nem a *escola de Sociologia Política* de Pareto encontraram descendência no universo ideológico que se estabeleceu, amplamente dominado pelo *pensamento marxista.* Os pioneiros contemporâneos da disciplina orientaram-na, durante os anos 50, para uma pesquisa empírica cujo objeto era – e continuou sendo por muito tempo – o estudo das *conseqüências sociais do progresso tecnológico.*

Foi preciso esperar, entretanto, o fim dos anos 60 para que a Sociologia italiana, cujo campo se estendeu ao estudo dos fenômenos de migração, à vida política e aos problemas das sociedades de massa, se estruturasse institucionalmente. Sua evolução continuou ligada diretamente às vicissitudes da vida política italiana e sua consolidação atual só foi adquirida ao cabo de compromissos ideológicos profundos e de ampliações temáticas frutíferas, em particular na área da ação coletiva e dos movimentos sociais. Na Itália, onde hoje a Sociologia é amplamente reconhecida e ensinada, os temas de pesquisa estão estreitamente ligados às questões da evolução política e aos problemas econômicos e sociais do país.

O pensamento social russo revela-se mais marcado do que outros pelas conjunturas políticas que favoreceram seu surgimento. Parcelas importantes da classe dominante desse país buscavam outros modelos de desenvolvimento, tomando de empréstimo as idéias liberais ou socialistas que viam prosperar no Ocidente. Todas as correntes, porém, aceitavam a idéia de um progresso que a Ciência Social poderia ajudar a acontecer. A luta acirrada entre concepções diferentes, eivadas de fundamentos ideológicos, certamente impediu a formação, na Rússia, de uma Sociologia Científica despojada de bandeiras normativas ou ideológicas.

84 SOCIOLOGIA CONTEMPORÂNEA

A União Soviética e os países do Leste europeu constituem um caso característico no campo da história do pensamento sociológico. A revolução socialista de 1917 favoreceu inicialmente o surgimento de uma Sociologia relativamente livre. Sorokin foi quem dirigiu o primeiro Instituto de Sociologia, fundado em 1919, na Universidade de Petrogrado. Pouco tempo depois, em 1924, o regime soviético fechava o que foi chamado de *experiência de uma pseudociência burguesa*, que passou a ser proibida. Após 1955, no bojo do processo de *desestalinização*, a disciplina foi reabilitada e considerada pelo poder central como um instrumento político útil: em 1958, foi fundada a *Associação Soviética de Sociologia*, que ressalvava a necessária lealdade dos pesquisadores para com os princípios do *marxismo-leninismo*, ao mesmo tempo que se voltava para a crítica da Sociologia Ocidental.

Depois de breve período de liberalização no final dos anos 60, acompanhado de uma *tomada de consciência metodológica* e de uma abertura internacional, os anos 70 assistiram a uma enérgica retomada do controle da Sociologia por parte do governo: o *Instituto de Pesquisas Sociológicas da Academia de Ciências*, criado em 1968, foi rebatizado com o nome de *Instituto de Pesquisas Sociais Concretas*. Já no período da *Glasnost* e da *Perestroika*, a partir de 1985, sob a autoridade liberal de T. Zaslavskaia, ela passou por uma significativa ampliação de suas áreas de pesquisa originais, trabalho, indústria, modos de vida e cultura, para áreas até então *sensíveis ao regime*, estrutura e estratificação sociais, família, juventude e educação. Ao mesmo tempo, até os dias de hoje, estudos tradicionais são mantidos, os quais versam sobre patologia social, religião e poder.

6.2 O DESENVOLVIMENTO DA SOCIOLOGIA NA AMÉRICA DO NORTE

Para melhor compreender o terreno no qual nasceu a Sociologia norte-americana, faz-se necessário um retorno histórico à situação desse país logo após a Guerra de Secessão. De certo modo, a Ciência Social de 1870 consistia apenas na tradução acadêmica dos ímpetos sociais dos antigos abolicionistas e dos movimentos reformadores que denunciavam o vício, o divórcio, a intemperança e a depravação da juventude. Assim como na Grã-Bretanha, o moralismo protestante era ali onipotente.

Tal como alguns de seus pares europeus, como Durkheim, os pioneiros da disciplina viveram sua vocação como um *sacerdócio*. No início, todos viam a Sociologia como um modo laico – melhor adaptado ao mundo moderno – de satisfazer sua primeira vocação. Os caminhos tomados, no entanto, foram muito diversos: se todos encaravam a Sociologia como uma disciplina concreta, alguns logo se inclinaram para o *intervencionismo*, enquanto outros se mantiveram num *liberalismo* bastante restrito, intensamente inspirado em Spencer. Entre os *intervencionistas*,

Ward foi o primeiro a propor uma *visão* coerente da Ciência Social. A seu ver, o sociólogo deveria ser um técnico que estaria, sem complexos, a serviço do *progresso* e do *bem-estar social*. A maior parte dos sociólogos da época aderiu à visão *wardiana* no tocante ao papel a ser desempenhado pela disciplina.

Na Universidade de Colúmbia foram criadas as conhecidas *enquetes de comunidades* (*community social survey*), que exerceram peso decisivo no reconhecimento científico da Sociologia norte-americana no período entre as duas guerras mundiais. O início do processo de profissionalização era visível a partir do final do século XIX. Graças a recursos de fundos privados, um Departamento de Sociologia foi criado em Chicago, em 1892. Small foi seu primeiro diretor e permaneceu nesse cargo por 13 anos. Professor diligente, preocupado em dotar seus estudantes de sólidas referências teóricas e de instrumentos metodológicos diretamente utilizáveis, tornou-se um defensor e empreendedor sério da Sociologia, para a qual passou a reivindicar uma completa autonomia intelectual e acadêmica.

Diferentemente do contexto científico europeu, a institucionalização da Sociologia não se chocou, nos Estados Unidos, contra *tradições doutrinais* ou *mandarinais*, que poderiam frear seriamente sua expansão. No plano teórico, os sociólogos americanos situaram seus trabalhos na linha do *liberalismo spenceriano*, com Sumner, quando não do *darwinismo social*, por meio de Small, ou ainda no prolongamento da *psicologia tardeana*. Todavia, rapidamente os *social scientists* foram convidados a colocar-se a serviço da sociedade americana, passando a trabalhar no interior do sistema. Certamente não passaram a lidar com uma Sociologia de parâmetros críticos.

Os Departamentos de Sociologia, que se multiplicaram por todo o país, puseram-se a sondar as *necessidades sociais* e as instituições encarregadas de *satisfazê-las*. Um fato relevante demonstra a amplitude desse movimento: nos Estados Unidos, antes de 1914, a emissão de diplomas e as defesas de teses de Sociologia eram mais numerosas do que em qualquer outro país, sendo conseqüência direta de um sistema universitário organizado de modo ágil, no qual as *humanidades* não esmagavam as disciplinas novas com o peso de sua notoriedade fundada na tradição.

No fim da Primeira Guerra Mundial, os Estados Unidos estavam consolidados numa forte posição na Sociedade Industrial. O modo de vida urbano tornou-se dominante no país. Contudo, a prosperidade geral não conseguia disfarçar o desenvolvimento dos fenômenos que hoje são definidos como *subprodutos da exclusão social*: marginalidade, desvios de conduta e delinqüência sem precedentes, que foram amplamente reforçados pela crise de 1929, contribuindo para a ruína do crédito filosófico e científico do *Evolucionismo* professado pelos sociólogos do primeiro período.

O *Pragmatismo* do sistema político norte-americano pressionou os sociólogos a abandonarem a tradição especulativa de construtores de grandes sistemas teóricos em proveito da elaboração de conhecimentos realmente *positivos*, que fossem totalmente livres de ideologias políticas e sociais, e fundados na *pesquisa empírica*

86 SOCIOLOGIA CONTEMPORÂNEA

indutiva que pudesse permitir *aplicações sociais* imediatas. A crença no *progresso* continuava, portanto, fundamental na Sociologia norte-americana do segundo período, com o detalhe de que esse *progresso* não deveria passar mais pela *reforma moral* e sim pela *ação social cientificamente conduzida*.

Assim, num primeiro momento, os esforços concentraram-se no estudo da *mudança social* e dos *desarranjos* que ela acarreta, norteando-se pela necessidade da descoberta de *terapêuticas* para os *problemas sociais*, muito mais do que pela busca do entendimento dos princípios gerais de funcionamento e evolução do sistema social. Uma cisão abriu-se entre os *antigos*, ligados à tradição teórica *reformista* dos primeiros tempos de Chicago, e os *modernos*, arautos da pesquisa estatística com finalidade prática. O *Empirismo* passou a dar a tônica, portanto, da Sociologia norte-americana.

Longe, porém, de rejeitar qualquer orientação teórica, ele se caracteriza antes por sua desconfiança de um procedimento de investigação *hipotético-dedutivo*, que parta de um corpo sistematizado de postulados, preferindo estudar cada fenômeno social particular no quadro de problemáticas construídas de acordo com *Racionalidades Específicas*. Esse *Empirismo*, portanto, era naturalmente pluralista: cada escola elaborava sua problemática, buscando nas tradições científicas exteriores elementos teóricos e conceituais que ela selecionava e reinterpretava livremente. Desse modo, a *Racionalidade Ecológica* caracterizava a orientação teórica da escola de Chicago, e a *Racionalidade Psicanalítica*, a do *Culturalismo* de Colúmbia, bem como, mais tarde, o *modelo organicista* orientou o *funcionalismo* ou a *teoria dos jogos*, o *interacionismo*.

Efetivamente, estava em pauta o desejo de ruptura com o passado sociofilosófico e especulativo da disciplina. Os sociólogos europeus do final do século XIX eram parcialmente ignorados: desde a origem, preferia-se Le Play e Tarde a Comte e Durkheim, Simmel a Marx e a Weber. A Sociologia norte-americana ingressava na era de uma *metodologia estatística*, cuja sofisticação avançaria rapidamente. Por fim, uma característica notável dessa Sociologia essencialmente pragmática é o fato de ela atribuir-se a si mesma, como missão primeira, o papel de elaboração de *Tecnologias Sociais* que fossem capazes de resolver as questões e dilemas que geravam suas problemáticas.

O tratamento dos fenômenos da marginalidade, da criminalidade e da segregação social foi objeto preferencial dos *Urban Area Projects*, ao qual se ligaram os pesquisadores de Chicago. Tempos depois, os pesquisadores de Colúmbia se aprofundavam nas tecnologias pertinentes às sondagens pré-eleitorais e às pesquisas de marketing. Duas *escolas* detiveram, sucessivamente, a hegemonia do campo sociológico norte-americano: a chamada *escola de Chicago*, nos anos 20; depois, com um caráter menos institucional, a que se desenvolveu em torno da Universidade de Colúmbia, no decorrer da década seguinte.

O DESENVOLVIMENTO DA SOCIOLOGIA NO SÉCULO XX **87**

A cidade, do ponto de vista de sua constituição como fenômeno urbano moderno, foi considerada pelos sociólogos de Chicago não apenas como um laboratório privilegiado de análise da *mudança social* e dos fenômenos de *desorganização* e de *reorganização morfológicas e culturais* que ela gerava, mas também como uma *comunidade ecológica* que reunia uma miríade de elementos espaciais, sociais e culturais heterogêneos, em permanente situação de *interação*.

Segundo Park, no texto *A cidade como laboratório social*, de 1929,

> *"uma das razões que fazem da cidade um lugar especialmente propício ao estudo das instituições e da vida social em geral é que, nas condições da vida urbana, as instituições se desenvolvem diante dos nossos olhos: os processos de seu desenvolvimento são acessíveis à observação e, definitivamente, à experimentação. O que também faz da cidade um lugar favorável ao estudo da vida social e lhe confere o caráter de um laboratório social é que, na cidade, cada característica da natureza humana é não só visível, como aumentada".*

A concepção *espacializada* e *socializada* do ambiente social e do espaço físico urbano, característica da *escola* de Chicago, tem suas origens na tradição *behaviorista* e na Sociologia Formal Alemã. Os métodos privilegiados consistiam no estudo do meio, nas monografias sobre os bairros, na observação participante e na análise de histórias de vida. Na virada dos anos 30, entretanto, a estrela de Chicago começava a perder seu brilho. Essa *escola* se abrira efetivamente à diversidade metodológica; seus resultados, porém, haviam desapontado sua clientela, que esperava *soluções práticas* para os problemas urbanos. Vivendo sob o impacto da *Grande Depressão* de 1929, a sociedade americana passou a exigir mais de sua Sociologia.

Ao mesmo tempo que Park e seus pesquisadores estudavam o *fato urbano*, surgia um interesse novo na Universidade de Colúmbia, os *estudos de comunidades*. Se é possível, no caso dessa tradição de pesquisa, denominar essa *escola* de *culturalista*, é porque sua problemática original consistia nos *efeitos do ambiente cultural* e, particularmente, das *subculturas de classes*, sobre a *formação das personalidades sociais* e dos *comportamentos individuais*. Colúmbia tornou-se, por esse motivo, uma espécie de baluarte da Escola de Antropologia Cultural norte-americana. Surgiu ali uma definição de *estrutura social* em termos de *hierarquia estratificada de status*, por meio da qual a dimensão do *prestígio* prevaleceria sobre a da *riqueza*. Esse conceito marcou a Sociologia norte-americana, estabelecendo que uma *classe social seria constituída por todos os indivíduos que declarassem dela fazer parte e fossem reconhecidos como tais*.

O fundador do Departamento de Sociologia de Harvard foi Sorokin, que mudou-se para os Estados Unidos em 1924, passando a ocupar um lugar original na Sociologia norte-americana, especificamente até a Segunda Guerra Mundial. Marcado por sua experiência política, por ter sido banido da União Soviética após ser secretário de Kerensky, Sorokin empreendeu uma reflexão profunda sobre os *processos de*

88 SOCIOLOGIA CONTEMPORÂNEA

mudança histórica, que ele analisou sob três aspectos: *social, cultural* e *psíquico*. O conceito de *civilização* desempenhou para ele um papel crucial, designando um *grupo de sociedades de orientações culturais e de instituições sociais semelhantes, que passam por uma história cíclica, ao longo da qual sua civilização desenvolve-se, declina e desaparece, ao mesmo tempo que se exacerbam o hedonismo e a violência.*

Sua oposição a qualquer espécie de evolucionismo, suas preocupações macrossociológicas e históricas, suas constantes referências aos autores europeus, bem como suas críticas ao *Empirismo* dominante, explicam sua posição marginal na Sociologia norte-americana, que no entanto lhe deve seu primeiro estudo teórico na área da *mobilidade social*. Em 1944, ele foi substituído na Universidade de Harvard por Talcott Parsons, que continuou a manifestar pouco interesse pelas pesquisas de campo e a desdenhar, não menos do que seu predecessor, os luminares clássicos norte-americanos.

Parsons definiu o que ele chamou de *estrutura da ação social* com base no seguinte: seriam *modelos culturais de significações, institucionalizados no sistema social e na cultura e interiorizados por indivíduos, que os atualizam em seus comportamentos, em função das situações com que se deparam.* Foi depois da Segunda Guerra, no entanto, que Parsons desenvolveu sua teoria geral, que logo se tornou dominante na Sociologia norte-americana. Enquanto isso, Harvard se preparava para tornar-se o epicentro dessa Sociologia, que se reconciliaria posteriormente com as preocupações teóricas de seus *pais fundadores*.

O período que se abriu em 1945 e seguiu até 1968 foi dos mais importantes para essa disciplina nos Estados Unidos. A Sociologia conseguiu superar interrogações epistemológicas paralisantes e começou, ainda que timidamente, a inscrever imponentes pesquisas empíricas partindo de quadros teóricos novos. Dali por diante, o debate incidiu menos sobre a legitimidade dos métodos do que sobre sua eficácia. A Sociologia norte-americana alcançou um estágio de maturidade que, seja qual for o modo com que seja julgada, lhe permitiu nutrir, para si mesma e para o destino internacional da disciplina, ambições maiores.

Não mais se tratava de analisar e conjurar os fenômenos sociais de *desvio* e de *desorganização*, mas de estudar as possibilidades de uma *mudança social* sob condições de estabilidade: considerou-se que todas as sociedades industriais convergiam para um mesmo tipo de organização, cujas características culturais, sociais e políticas dependeriam estreitamente dos chamados imperativos técnicos e organizacionais ligados ao processo de industrialização. O olhar sociológico voltou-se para os determinantes sociais dos comportamentos individuais em todas as suas variantes, eleitorais, profissionais, de consumo, familiares, sexuais, de vizinhança etc. Sua finalidade era discernir as exigências que obstruíam a realização dos ideais de *universalism* (*igualdade formal*) e de *achievement* (*sucesso*), que deviam caracterizar a *ordem social industrial* e nortear os comportamentos de seus agentes.

O DESENVOLVIMENTO DA SOCIOLOGIA NO SÉCULO XX   **89**

A nova geração de pesquisadores distinguiu-se da anterior por uma orientação decididamente *individualista, quantitativa* e *nominalista*. As razões para tanto eram econômicas, uma vez que os financiadores exigiam resultados concretos e aproveitáveis, e pragmáticas; a Sociologia só poderia tornar-se *positiva* se suas asserções fossem empiricamente verificáveis. Apenas os *dados quantificáveis* poderiam ser objeto de pesquisa, graças aos instrumentos estatísticos, às análises rigorosas e aos testes de verificação; e os únicos *fatos* que se podiam, ao mesmo tempo, quantificar e testar seriam os diretamente observáveis, e em grande quantidade.

O indivíduo passou a ser considerado como um meio de acesso privilegiado do pesquisador às *estruturas sociais* que, por um lado, *determinariam* seus comportamentos e, por outro, resultariam da *reunião* desses mesmos comportamentos. A explicação dos comportamentos, tanto quanto dos fenômenos coletivos estruturais que eles produziriam, passaria, portanto, pela *identificação de variáveis* – individuais ou coletivas – em correlação com as atitudes que estivessem subjacentes a esses comportamentos. O instrumento de observação privilegiado passou a ser a pesquisa por questionário, junto a populações cuidadosamente selecionadas por critérios de amostragem. Os conceitos extraídos eram meramente nominais, como ficou demonstrado pela multiplicação de *tipologias* originárias da combinação de medidas variadas. Essa *Sociologia Empírica* jamais pôde negar seu parentesco com uma Psicologia Social de inspiração *behaviorista*.

Baseada em Parsons, a Sociologia passa a dedicar-se a dois problemas: o das condições efetivas de *manutenção e funcionamento do sistema social* e o das *modalidades da própria ação social*. Ambos o levaram à elaboração do paradigma teórico do *estrutural-funcionalismo*. Nessa concepção, a Sociologia tornou-se apenas uma ciência da *ação social*, entre outras, como a Economia, a Ciência Política e a Psicologia Social, devendo colaborar com as outras Ciências Humanas no cumprimento das finalidades propostas por seu paradigma *funcionalista*.

Em Colúmbia, o trabalho de Merton, discípulo de Parsons, diferenciou-se, levando-o ao paradigma da *análise funcional*, que consistiu em propor para o procedimento empírico um programa de pesquisa operacional e, assim, permitir a integração entre teoria e prática sociológicas, cujo divórcio na Sociologia norte-americana da época ele denunciou. O modelo *funcionalista* da Antropologia anglo-saxã, estabelecido por Malinowski e Radcliffe-Brown pareceu-lhe capaz, feitas importantes modificações de adaptação, de fornecer um método adequado de interpretação dos fenômenos sociais.

No final dos anos 50, a hegemonia *parsoniana* e a *funcionalista* passaram a sofrer fortes ataques teóricos, vindos principalmente de Wrigth Mills, que também trabalhava em Colúmbia e foi o principal inspirador do que passou a ser chamado de Sociologia *crítica* na década seguinte. Mills inaugurou uma corrente que cresceu e radicalizou posições no final dos anos 60, juntamente com os movimentos universitários de 1968.

90 SOCIOLOGIA CONTEMPORÂNEA

Com todas essas idas e vindas teóricas, próprias do processo de construção de seu conhecimento, no princípio da década de 70 era inegável o reconhecimento internacional da Sociologia, não existindo sociedade industrializada que a ignorasse, como também muitos dos países em vias de desenvolvimento, que a reconheciam com crescente importância. Nesse sentido, num primeiro momento, o papel desempenhado pela Unesco foi decisivo, tanto para permitir a retomada da disciplina ao final da última guerra, quanto para garantir sua promoção em inúmeros países do *Terceiro Mundo*. Sob seus auspícios, foi criada, em 1949, a *Associação Internacional de Sociologia*.

Aconteceu também, sob seu patrocínio, a criação de diversos institutos universitários de Ciências Sociais, em Colônia, no ano de 1952, em Atenas e em Teerã, no início dos anos 60, do *Centro de Pesquisas sobre o Desenvolvimento Econômico e Social na Ásia Meridional*, instalado em Calcutá em 1956, sem falar de importantes instituições internacionais de ensino e de pesquisa na América Latina: o Centro brasileiro e a Flacso, em Santiago do Chile, e na África, o Cafrad, de Tânger. A partir de 1964, a Unesco instalou o Centro de Viena, cuja missão era coordenar pesquisas comparativas sobre o desarmamento, o desenvolvimento e a planificação, na Europa ocidental e do leste, e no resto do mundo. Enfim, ela não deixou de promover, desde sua criação, numerosas e importantes pesquisas internacionais sobre mentalidades, conflitos internacionais, imigração e, principalmente, o racismo.

Diversos países ocidentais contaram também, por parte de grandes fundações norte-americanas e com o apoio de seu governo, com ajudas financeiras consideráveis, que foram concedidas antes mesmo de qualquer solicitação, voltadas unicamente para o desenvolvimento da *pesquisa empírica*. Isso significava que estavam politicamente concluídas as finalidades econômicas estabelecidas pelo plano Marshall, cujo *intervencionismo* visava

> *"substituir por abordagens empiristas racionais as tradições ideológicas dos europeus e as tentativas globalizantes e, com isso, fortalecer a propensão ao pragmatismo e à investigação das possibilidades de compromisso entre forças sociais opostas, o que, a longo prazo, devia contribuir para aproximar os sistemas políticos europeus, considerados autoritários e hierarquizados demais, do 'ideal' americano".*

Inspirado por uma concepção *utilitarista* do comportamento humano fundamentada na economia clássica e no *behaviorismo* de Skinner, George Homans propôs encontrar os fundamentos *infra-institucionais* dos comportamentos dos indivíduos. Sua *teoria do intercâmbio social* reduziu a *realidade social* a um conjunto de *transações* entre indivíduos, que seriam guiados unicamente por um *cálculo racional de perdas e ganhos*: a *ordem social* nasceria da *satisfação* sentida por indivíduos que *julgassem* que suas *retribuições* equilibrariam suas *contribuições*; e os *conflitos sociais*, da *frustração relativa* nesse jogo de *transações*.

O DESENVOLVIMENTO DA SOCIOLOGIA NO SÉCULO XX **91**

Esse paradigma, que retomou concepções *pré-sociológicas* da *ação social*, obteve vasta descendência em todo o mundo ocidental, sob a forma de teorias *neoutilitaristas* da *escolha racional* ou do *individualismo metodológico*, para as quais as *preferências* e/ou as *coerções* dos *atores* explicam seus *comportamentos*. Enriquecidas pelos fundamentos da *teoria econômica* e pela *teoria dos jogos*, elas penetraram até os dias de hoje no campo da Sociologia Política, da Sociologia da ação coletiva e até mesmo da Sociologia de inspiração *marxista*. Concomitante a esse processo, assiste-se a um trabalho de recuperação e renovação da Sociologia Histórica, juntamente com um novo desdobramento da tradição empírico-analítica.

As tendências gerais que se depreendem da observação do caso da Sociologia norte-americana servem para caracterizar a evolução recente da disciplina em quase todo o mundo: ocorre também, como na França, um crescimento e uma segmentação institucional, observa-se uma diversificação das referências teóricas e um avanço sem precedentes da pesquisa aplicada e compartilha-se, de forma mais coletiva, o destino científico do empreendimento sociológico.

6.3 A SOCIOLOGIA LATINO-AMERICANA

A América Latina delineia, desde o começo do século XX, uma tradição sociológica que vem sendo alimentada ao longo do tempo por contribuições vindas das escolas norte-americana e européia, particularmente a francesa, que continuam oferecendo fundamentos e propostas para o encaminhamento de um processo vivo de pesquisa, que ocorre dentro de instituições internacionais fundadas e mantidas pela Unesco e de universidades. No decorrer das décadas de 50 e 60, a reflexão dominante foi centrada no tema do *desenvolvimento nacional* e da *modernização social* e *política*.

Outro acontecimento relevante para o desenvolvimento das Ciências Sociais nesse continente, embora não ligado diretamente ao caminho que vinha sendo percorrido pela Sociologia, foi a fundação, por parte da ONU, em 1948, da Comissão Econômica Para a América Latina (Cepal), sediada em Santiago do Chile. Essa instituição internacional abrigou em seus quadros, além de economistas, sociólogos de quase todos os países latino-americanos, que ali puderam expandir suas pesquisas e formular novas propostas de desenvolvimento econômico e político.

A Cepal (Ferreira, 2001:17-18), ao ser criada, tinha por finalidade desenvolver estudos que demonstrassem os *obstáculos* e as *possibilidades* que se antepunham ao *desenvolvimento regional*. Esses estudos, *grosso modo*, fundamentaram-se no binômio *planejamento econômico/nacionalismo*, gerando elementos teóricos substanciais que estimularam debates amplos e calorosos sobre as condições em que se processava o *desenvolvimento* na América Latina.

92 SOCIOLOGIA CONTEMPORÂNEA

A tese central dos *cepalinos* era, em linhas gerais, a seguinte. A economia dos países *subdesenvolvidos* encontrava-se segmentada em dois *setores*, opostos por suas origens: o rural, *estagnado* e *atrasado*, e o industrial, *dinâmico* e *moderno*. Assim, o estágio de desenvolvimento latino-americano era decorrente dessa *oposição interna* e da *dependência* dos *países periféricos* em relação ao *centro* desenvolvido do sistema capitalista. Isso significava, na conclusão da tese, que o *subdesenvolvimento* existia como resultado lógico da *subordinação* aos países capitalistas *desenvolvidos*. Daí a proposta: a *superação* da *dependência* deveria apoiar-se na industrialização, conduzida pelo *setor moderno* da economia, acompanhada de outras mudanças profundas na estrutura econômica e social, sendo crucial a reforma agrária, implicando a ruptura com a *estagnação* e o *atraso*.

O pensamento *cepalino* foi influente e fez escola em todo o continente latino-americano, formando gerações de estudiosos que levaram e aplicaram suas idéias em programas de governo de diversos países. Neles, fundamentou as formulações *nacional-desenvolvimentistas* e conquistou largas correntes de opinião pública, nas décadas de 50 e 60. Os *movimentos nacionalistas* usaram como modelos, por exemplo, os paradigmas de *industrialização* e *interferência* do Estado na vida econômica. Enquanto isso, intelectuais de esquerda, vinculados aos Partidos Comunistas, valiam-se dos estudos *cepalinos* para justificar teoricamente a correção da tese da *luta contra o imperialismo*.

Vários setores do mundo acadêmico, bem como políticos, empresários e militares passaram a ocupar-se com a necessidade do *planejamento econômico*. O pensamento *cepalino*, em conclusão, fortaleceu e justificou a ascensão das tecnocracias como instrumento de concentração do controle do Estado sobre os núcleos de gestão de política econômica, acarretando um processo de centralização do poder político, no sentido da tentativa de impulsionar nesses países o *desenvolvimento* do capitalismo em *bases nacionais*.

Ao período de vigência dos regimes militares somou-se o da crise econômica, que provocou, por um interregno de tempo que variou em cada país, o abandono da problemática do *desenvolvimento* para dar lugar a análises fundadas nos termos da *dependência*, algumas delas inspiradas em interpretações *marxistas* mais ou menos ortodoxas, e outras em *visões* de cunho *liberal*. Em seguida, desenvolveu-se uma Sociologia *crítica* voltada para o estudo das *condições* de *constituição de atores sociopolíticos*. Nos dias de hoje, o fenômeno da diversificação dos referenciais teóricos e temáticos já apontado também pode ser observado, com a ressalva relativa às diferenças profundas que existem, comparativamente à Europa e Estados Unidos, quanto ao aporte de recursos, privados ou públicos, para o financiamento da atividade de pesquisa.

EXERCÍCIOS REFLEXIVOS

1. Leitura complementar:

TENDÊNCIAS GERAIS E PERSPECTIVAS

Charles-Henry Cuin e François Gresle.
História da sociologia. p. 278-282.

"Configurações culturais, orientações e natureza do poder político e dos conflitos sociais, situação geopolítica, nível de desenvolvimento científico, organização universitária, natureza dos *problemas sociais* dominantes, modalidades de inauguração da disciplina são outros tantos parâmetros da equação histórica da Sociologia. (...)

No plano epistemológico, notamos uma vontade geral de ruptura da Sociologia com a Filosofia social. Essa ruptura, porém, está longe de estar consumada e sem dúvida não pode sê-lo totalmente, a acreditarmos em Weber, que distinguia entre o caráter científico possível de um procedimento de interpretação ou de explicação e o caráter inevitavelmente *ideológico* (ou, de um modo mais amplo, socialmente orientado) da problemática que o suscitou e construiu o seu objeto. Correlativamente, os sociólogos parecem cada vez mais convencidos tanto das possíveis interferências de seu estatuto de atores sociais com seu papel de pesquisadores, quanto do caráter sempre parcial e provisório de seus resultados. É cada vez maior o seu desejo de respeitar critérios de cientificidade; infelizmente, esses critérios são objeto de definições múltiplas, não raro contraditórias, como prova, por exemplo, a oposição entre fenomenólogos e positivistas.

No terreno teórico, a tendência mais significativa é para a decomposição do modelo clássico, segundo o qual o sistema social e os indivíduos se corresponderiam como o todo e as partes, a causa e o efeito. A *volta ao ator* é geral depois do fim do estrutural-funcionalismo: o *holismo* é o inimigo e a *interação*, a célula germinal do social. Esse *aggiornamento* assume formas radicais em certas correntes do interacionismo simbólico e do individualismo metodológico, a ponto de decretar a inexistência do *sistema*. Sem dúvida, podemos então aguardar o surgimento de modelos mais complexos e matizados do que os propostos até agora.

No plano da metodologia, as tendências observadas ganham o aspecto de verdadeiros progressos. Em primeiro lugar, se a distinção entre métodos qualitativos e quantitativos continua valendo, esses dois tipos de procedimento tendem a se completar mutuamente nos trabalhos empíricos. Em segundo lugar, os métodos quantitativos penetram nas pesquisas de nível macrossociológico, que durante muito tempo lhes foram hostis (exceto no caso de análises estatísticas secundárias). Enfim, as técnicas e instrumentos de coleta e de processamento de dados atingiram, graças aos progressos da estatística e do cálculo informático, um alto grau de

94 SOCIOLOGIA CONTEMPORÂNEA

performance e de precisão. Ao mesmo tempo, os métodos qualitativos se diversificaram e tecnicizaram. No entanto, essas capacidades, com sua sofisticação, muitas vezes, contrastam com a modéstia das hipóteses de que devem tratar – como provam os estudos anglo-saxões dos anos 60 e 70, na área tão facilmente quantificável da mobilidade social.

Quanto à definição do terreno da Sociologia, ela depende de um processo complexo de interação entre a oferta e a demanda, assim como do nível de institucionalização da disciplina. A demanda social explícita conduz sobretudo a trabalhos empíricos nos campos que constituem objetivos sociais ou políticos e cuja definição é por natureza conjuntural. Mas a própria instituição sociológica desempenha um papel decisivo ao mesmo tempo na mobilização e na promoção de novos campos. A Sociologia torna-se então um instrumento de *problematização* do social e suscita as questões que a sociedade se coloca a si mesma. Alguns períodos de *crise* são particularmente favoráveis a esse desabrochar da atividade sociológica; o risco, então, é que a Sociologia se torne um instrumento de racionalização ideológica das atitudes e dos comportamentos dos atores (como na Alemanha do Entre-Guerras, nos Estados Unidos ou na França do final dos anos 60). Não se produziria a *melhor* Sociologia quando ela, em posição forte, consegue controlar uma demanda social mais ou menos explícita através de seus próprios esquemas teóricos (Chicago nos anos 20, a Sociologia americana do pós-guerra, ou francesa dos anos 80)?

Enfim, é preciso constatar o quanto, ainda hoje (e talvez mais do que antigamente), o debate teórico permanece estreitamente local e os intercâmbios internacionais, desiguais. Assim, os resultados das pesquisas anglo-saxãs só lentamente atingem uma Sociologia francesa cujos aspectos principais eles, em compensação, parecem ignorar. E se a Sociologia alemã continua, por razões históricas, aberta ao marxismo e à fenomenologia, o primeiro não tem mais curso na França e a segunda ainda tem uma acolhida restrita. Em contrapartida, a pseudo-sociologia francesa *da suspeita* (Althusser, Foucault) é considerada chiquérrima na Inglaterra do final dos anos 80. No conjunto, reconheçamos que muitos trabalhos de história ou de apresentação da disciplina ignoram mais ou menos totalmente os trabalhos estrangeiros à nação de seu autor.

Fenômeno social, a Sociologia continua sendo um *indicador* poderoso das orientações profundas das sociedades que a acolhem, e a *fortiori* das que a rejeitam. Instrumento de conhecimento da sociedade por parte dela mesma, ela só se mostra possível quando esta deseja realmente se conhecer, ou seja, quando reinam a liberdade intelectual e a democracia política.

A PRODUÇÃO SOCIOLÓGICA NO MUNDO EM 1990

Uma sondagem do número de agosto de 1990 dos *Sociological Abstracts*, que faz o recenseamento das publicações sociológicas no mundo (livros e artigos), mostra as seguintes porcentagens:

ORIGEM GEOGRÁFICA			
América do Norte:	59,91	Japão:	0,38
Europa ocidental:	18,16	Ásia (outros):	0,32
Reino Unido:	11,46	Caraíbas:	0,21
Europa do leste:	3,38	Oriente Médio:	0,21
Índia:	1,87	China:	0,12
URSS:	1,63	América Central:	0,07
Pacífico:	1,18	África:	0,06
América do Sul:	0,62	Oceania:	0,03

Fonte: *Current Sociology*, 39 (1), p. 14, 1991.

LÍNGUAS			
Inglês:	79,17	Português:	0,36
Francês:	5,93	Europa (outras):	4,56
Alemão:	3,19	Japonês:	0,18
Espanhol:	2,14	Chinês:	0,06
Italiano:	2,09	Árabe:	0,01
Russo:	1,57		

Fonte: *Current Sociology*, 39 (1), p. 14, 1991.

7

A Construção do Pensamento Sociológico no Brasil

7.1 ORIGENS DO PENSAMENTO SOCIAL BRASILEIRO

Iniciando o caminho que levou ao encerramento do período do Segundo Reinado, o Brasil, após 1870, começou a sentir as pressões e os efeitos do processo sociopolítico e econômico da Segunda Revolução Industrial, que começava seu curso na Europa. Esse processo, além de alterar fundamentalmente o rumo tomado pelo capitalismo desde o seu advento, apressou mudanças importantes em algumas das regiões do mundo que haviam sido colônias européias entre os séculos XVI e XIX. O Brasil, sensível em todos os sentidos a tudo o que sucedia na Europa, estava diretamente inserido nesse contexto: estruturava-se aceleradamente uma vida urbana, decorrente do crescimento populacional, que começava a ensaiar um aumento da demanda por inclusão e participação política; no âmbito econômico, a expansão do cultivo do café gerava um acúmulo de capitais, que seriam gradativamente investidos nas áreas financeira, de transporte e industrial, ainda carentes de volumes maiores de recursos.

Esse conjunto de mudanças da conjuntura mundial, característico da nova fase monopolista do capitalismo, causou impactos profundos em todos os setores da vida nacional, fazendo-se sentir e repercutir também nas áreas da intelectualidade que articulavam a produção literária, o estudo e a crítica à organização social brasileira da época. Intelectuais ou escritores como Joaquim Nabuco, Rui Barbosa, Machado de Assis, Castro Alves, Aluísio de Azevedo, entre muitos outros, registraram as marcas da sociedade de seu tempo em suas obras.

A CONSTRUÇÃO DO PENSAMENTO SOCIOLÓGICO NO BRASIL **97**

Por seu turno, o pensamento social brasileiro começava a apresentar e a sistematizar um trabalho que pode ser definido como precursor da Sociologia que veio a ser desenvolvida no século XX. Sílvio Romero, crítico literário, ensaísta e historiador, fez sua obra sob a influência assumida do *positivismo organicista* do inglês Herbert Spencer; Paulo Egídio de Oliveira Carvalho, jornalista, político, sociólogo e fundador (1898) do Instituto de Sociologia de São Paulo, trabalhou como pioneiro dos fundamentos de Durkheim; Euclides da Cunha, militar, engenheiro e escritor, recebeu influência de Spencer e do etnógrafo alemão Ratzel, produzindo uma obra literário-sociológica cuja marca é *Os Sertões*, de 1902, sobre a revolta de Canudos; e Oliveira Viana, historiador e sociólogo de posições francamente conservadoras, pensou e escreveu sobre a sociedade brasileira com base em Ratzel e outros teóricos preocupados com o problema da superioridade racial.

O aprofundamento das pressões *modernizadoras* externas e internas, por exemplo, o exercício do poder britânico para que se estancasse o tráfico de escravos e a campanha abolicionista brasileira, que provocaram a Lei Áurea de 1888, abriram as portas em seguida para um processo migratório vindo da Europa e do Japão; o Partido Republicano, que havia sido fundado em 1870, radicalizou progressivamente sua campanha pelo fim da Monarquia, resultando na proclamação da República, sob a influência *positivista*, em 1889. Esses, e mais uma série de fatores conjunturais, foram parte do processo de constituição da *classe burguesa* no Brasil. Nos anos de passagem do século XIX para o XX e no decorrer de seu primeiro decênio, assistia-se a um incremento do comércio interno e exportador e da atividade financeira, que indicavam um caminho de expansão capitalista efetivo e já em curso.

Na Europa, abriu-se uma crise de hegemonia imperialista entre as potências que resultou na Primeira Guerra Mundial, levando a acumulação de capitais, nos Estados Unidos, a níveis sem precedentes na História e apresentando efeitos semelhantes no Brasil em menor escala. A burguesia brasileira viu-se fortalecida política e economicamente no bojo desse processo e começou a pensar em *nação*. As idéias de *modernização nacional* e a necessidade *protecionista* em relação à nascente produção industrial levaram ao surgimento de um *pensamento nacionalista burguês* brasileiro, com o qual diversos pensadores sociais e literatos contribuíram, que espelhou necessidades que se tornavam urgentes: conhecer a *nação* e seu *povo* e criar as bases efetivas de uma *identidade cultural nacional*.

Em síntese, estudos históricos e literários, juntamente com análises sociológicas voltadas para a *problemática nacional*, fazem parte da bibliografia sobre as três primeiras décadas da vida brasileira no século passado e configuram com segurança o quadro histórico e social que deu origem à reflexão sociológica no Brasil. Aqui também, a Sociologia veio à busca de respostas para as demandas decorrentes de um processo interno ao capitalismo, que alguns convencionaram denominar pelo conceito de *modernização*.

7.2 O ADVENTO DA SOCIOLOGIA NO BRASIL

Como conseqüência da reforma do ensino brasileiro, promovida em 1925 pelo médico Juvenil da Rocha Vaz, a disciplina sociológica passou a ser uma das cadeiras da formação clássica; a primeira delas foi instituída no Colégio Pedro II, do Rio de Janeiro, e entregue ao geógrafo e cientista político de formação européia Carlos Miguel Delgado de Carvalho. Surgiram, em seguida, outras cadeiras de Sociologia no país: ainda no Rio de Janeiro, na Escola Normal, empreendimento de Fernando de Azevedo; e em Recife, também em sua Escola Normal, a partir de Antônio Carneiro Leão e sob o incentivo de Gilberto Freyre. A Sociologia havia chegado, portanto, ao que hoje consiste no *ensino médio* brasileiro. O próximo passo da formação universitária de pesquisadores e professores ainda estava por ser dado.

E ele só aconteceu, iniciando um trabalho de formação e reflexão sistematizada sobre a problemática das relações sociais, no decorrer da década de 30, com a fundação de dois centros de estudos universitários em São Paulo e um no Rio de Janeiro: a Escola Livre de Sociologia e Política de São Paulo, em 1933; a Faculdade de Filosofia, Ciências e Letras da Universidade de São Paulo, em 1934; e a Faculdade de Filosofia, Ciências e Letras do Distrito Federal, em 1935. Simultaneamente, os resultados do trabalho de intelectuais como Gilberto Freyre, Caio Prado Júnior, Fernando de Azevedo e Sérgio Buarque de Holanda começaram a aparecer no cenário nacional nesse momento, trazendo as marcas da crítica social agora sistematizadas pelo rigor da análise histórico-sociológica, buscando no conhecimento científico o meio maior para conhecer e explicar a realidade do país, e procurando materializar uma aspiração já histórica: agir para a *mudança* e *modernização* de uma estrutura social arcaica.

Gilberto Freyre deveu sua formação intelectual à Sociologia norte-americana. Fez graduação na Universidade de Baylor e pós-graduação em Ciências Políticas, Jurídicas e Sociais na Universidade Colúmbia, nos Estados Unidos, recebendo a influência teórica da visão antropológico-cultural de Franz Boas. Publicou sua tese de mestrado em 1933, com o título *Casa-Grande & Senzala*. Esse trabalho acadêmico, denominado inicialmente de *A vida social do Brasil no século XIX*, repercutiu intensamente e tornou-se obra de referência para os estudos sociológicos sobre o Brasil, juntamente com *Sobrados e Mucambos* e *Ordem e Progresso*. Suas concepções de *nação, miscigenação* e *identidade cultural brasileira* estigmatizaram-no junto a diversas correntes do pensamento de esquerda por longo período, que o qualificaram no rol dos pensadores conservadores.

Caio Prado Júnior, após sua formação jurídica, buscou na teoria marxista os fundamentos que deram sustentação ao conjunto de sua obra que, por sua abrangência, tornou-o um dos pilares do pensamento marxista brasileiro. Sua contribuição para os estudos da História Econômica do Brasil também foi relevante, visto que trabalhou com a noção de processo de *formação*. Nela, além de aplicar a *meto-*

dologia marxista para a análise histórica, buscou partir para a construção de uma historiografia de postura social, que pudesse compreender o *sentido* do processo de *colonização* que ocorreu no Brasil. Alguns de seus críticos à esquerda consideram que sua *visão marxista* é enviesada por um *caráter idealista hegeliano*, tal como teria acontecido com o próprio Marx em sua juventude.

Fernando de Azevedo também teve nos estudos jurídicos a base de sua formação. Trabalhou como docente e na burocracia educacional brasileira por longo período, tornando-se referência na renovação do ensino a partir dos anos 30. O produto de seu trabalho intelectual deixou uma obra voltada para a Educação e a Sociologia, ao mesmo tempo em que se dedicou com afinco em campanhas pelo ensino laico e pela causa da escola pública e gratuita. Azevedo cumpriu ainda papel relevante na fundação da Universidade de São Paulo, na qual foi um dos primeiros professores brasileiros de Sociologia, entre 1938 e 1941, além de ter sido diretor da Faculdade de Filosofia, Ciências e Letras, entre 1941 e 1943.

Sérgio Buarque de Holanda formou-se em Direito no Rio de Janeiro, mas seguiu os caminhos do Jornalismo, da História e da Sociologia. Além de ter-se tornado referência obrigatória nos estudos históricos e sociológicos, principalmente por sua obra *Raízes do Brasil*, de 1936, caracterizou-se no cenário intelectual nacional por ter sido pioneiro na utilização do aporte teórico weberiano em seu trabalho e por sua experiência docente internacional, que incluiu diversas universidades na Europa e Estados Unidos.

A Revolução de 1930 levou para o exercício do poder, por meio de Getúlio Vargas, uma concepção burguesa de sociedade que representava o coroamento do processo político que vinha desenvolvendo-se no país desde 1870. O golpe de Estado efetivado pelo próprio Vargas, em 1937, significou a realização das necessidades de centralização e fortalecimento do poder político nas mãos do Executivo, para que se acelerasse a implementação das políticas necessárias ao aprofundamento da *modernização capitalista* do país. Esse foi o quadro conjuntural que envolveu a fundação dos primeiros cursos superiores voltados para a formação de pesquisadores e professores na área sociológica.

Nos atos de fundação das duas primeiras escolas superiores buscou-se no exterior, Estados Unidos e França, os professores que viriam a preparar os primeiros sociólogos brasileiros formados aqui. A Escola Livre de Sociologia e Política recebeu orientação da Sociologia norte-americana, por meio dos Profs. Donald Pierson, Radcliffe-Brown (britânico), Horace Davis, Samuel Lowrie, entre outros; e a Faculdade de Filosofia, Ciências e Letras da USP iniciou-se baseada na tutoria francesa, que veio pelos Profs. Roger Bastide, Lévi-Strauss, Fernand Braudel, Georges Gurvitch, Paul Arbousse-Bastide, Jacques Lambert, entre outros.

Esses professores formaram, em São Paulo e também no Rio de Janeiro, entre os anos 30 e 40, a primeira geração de sociólogos que, além de consolidar a atividade no Brasil, definiu seus rumos e atuou de forma importante na formação das

100 SOCIOLOGIA CONTEMPORÂNEA

gerações seguintes, de meados da década de 40 em diante. Dessa primeira geração de intelectuais destacaram-se, entre outros, Florestan Fernandes, Maria Isaura Pereira de Queiroz, Aziz Simão, Antonio Candido, Gilda de Mello e Souza e Rui Galvão, em São Paulo, e Guerreiro Ramos e Hélio Jaguaribe, no Rio de Janeiro. Estava dado, dessa forma, o passo fundador da Sociologia brasileira contemporânea. Os passos seguintes seriam de sua consolidação teórico-científica.

7.3 A SOCIOLOGIA MILITANTE DE FLORESTAN FERNANDES

O processo de desenvolvimento das ciências da sociedade, que ocorreu no Brasil entre o início dos anos 50 e 1964, seguiu com base em dois centros de interesse intimamente relacionados, a Economia e a Sociologia, principalmente no eixo geográfico Rio – São Paulo. A Ciência Econômica voltava-se para o estudo da problemática do *desenvolvimento*, por meio de Celso Furtado e outros estudiosos. A Sociologia, por seu turno, caminhava por duas vertentes principais, a da *experiência paulista*, como denominou Florestan, e a da *visão nacionalista*, com suas bases fincadas no Rio de Janeiro e no Instituto Superior de Estudos Brasileiros (Iseb).

Os estudos e a pesquisa sociológica brasileira, a partir da década de 50, foram marcados definitivamente pela presença de Florestan Fernandes. Sua atuação intelectual e política na Universidade de São Paulo fez dele um formador, no sentido amplo da palavra. Florestan constituiu um verdadeiro elo entre os professores estrangeiros, que foram seus mestres, e um novo grupo de estudantes, que se tornaram intelectuais atuantes no cenário brasileiro do final dos anos 50 em diante.

Em São Paulo, esse grupo de novos intelectuais organizou-se paulatinamente na Faculdade de Filosofia, Ciências e Letras da USP e, juntamente com Florestan, Fernando Henrique Cardoso e Octavio Ianni, iniciaram um processo de trabalho que resultou em efetivo avanço na pesquisa sociológica do país. Seus estudos giravam em torno de problemas estruturais, tais como formação das *classes sociais*, advento e efeitos do capitalismo monopolista e *evolução histórica da sociedade brasileira*. Entre os que vieram a juntar-se a esse grupo, destacaram-se, em momentos diferentes, Luiz Pereira, Maria Sylvia Carvalho Franco, Francisco Weffort e Juarez Brandão Lopes.

Essas pesquisas refletiam, ao mesmo tempo, o conjunto de forças reais que estavam em luta no cenário político daquelas duas décadas. O livre embate de idéias por meio do trabalho em equipe, que Florestan sempre incentivou e praticou, buscava tocar e transformar, com a *crítica sociológica*, as contradições profundas da sociedade brasileira. Esse debate, tal como estava colocado e institucionalizado, teria, entretanto, um fim em 1964.

A CONSTRUÇÃO DO PENSAMENTO SOCIOLÓGICO NO BRASIL **101**

Florestan Fernandes foi aluno de Fernando de Azevedo e Roger Bastide. Sua formação deu-se inteiramente em São Paulo, e sua experiência docente internacional aconteceu em virtude de sua aposentadoria forçada pelo regime militar. Florestan foi daqueles trabalhadores intelectuais raros, que conseguiu vincular trabalho *teórico-científico* rigoroso à *prática* política, tendo-se colocado sempre, mesmo diante de seus alunos e orientandos, como um *sociólogo militante*. Sua obra recebeu influências de Marx, Lênin, Dobb, Baran e Sweezy. Essas influências, contudo, não podem ser entendidas, segundo Miriam Limoeiro Cardoso (1997:6), como recebidas *em bloco*, mas absorvidas após o *exercício de uma crítica muito meticulosa*.

Para Florestan, os pontos de partida para a análise crítica da sociedade eram seus *padrões ou estruturas*, ou seja, os chamados *fundamentos da organização social*. Também seus *dilemas*, que seriam configurados pelas *contradições* engendradas pelo movimento dinâmico interno das *estruturas*, deviam ser encarados com rigor. Esse o motivo de sua concepção de análise ser definida como *histórico-estrutural*. Seus principais centros de interesse na Sociologia foram os seguintes: análise crítica do *capitalismo dependente* no contexto do capitalismo monopolista, *relações sociais, estrutura de classes* da sociedade brasileira, Estado, ideologia e *papel do intelectual* nos embates sociais e políticos.

O objeto nuclear que perpassa o conjunto de sua obra está relacionado com a *dominação burguesa* e a possibilidade de construção de alternativas de *emancipação* a essa *dominação*. O percurso de seu movimento teórico caminhou da *razão* para a *utopia*, e sua principal contribuição para a Sociologia refere-se à criação (1959) do conceito de *capitalismo dependente*, que se define por um *modo específico de desenvolvimento capitalista dentro do capitalismo monopolista*. Buscou em Lênin o conceito de *dependência* e, após trabalhá-lo criticamente, elaborou sua concepção (Limoeiro Cardoso, 1997:2), que não deve ser confundida com a *Teoria da Dependência*, proposta anos depois (1967) por Fernando Henrique Cardoso e Enzo Faletto. Nesse sentido, seu objeto de estudo pode ser definido como *macrossociológico* e *estrutural*.

No entendimento de Francisco de Oliveira, Florestan desenvolveu em seu livro *A revolução burguesa no Brasil*, no qual ele estudou a *forma como se realizou a objetivação do capitalismo numa sociedade colonial*, uma *radicalização* da *teoria do subdesenvolvimento* que foi proposta por Celso Furtado, entendendo que o *subdesenvolvimento seria uma formação histórica peculiar e não uma etapa para o desenvolvimento*.

Na visão *florestaniana*, por ser *uma formação histórica peculiar*, o *subdesenvolvimento* caracteriza, *com traços nítidos e talvez definitivos*, a sociedade brasileira. Nesse sentido, interpretando a compreensão de Florestan, Celso Frederico afirma que, para ele, *"a peculiaridade da formação social brasileira deixou de herança 'uma sociedade civil não civilizada', uma burguesia débil, incapaz de propor um projeto nacional e ampliar a democracia"*. Por isso, *"o modelo clássico de revolução burguesa foi*

102 SOCIOLOGIA CONTEMPORÂNEA

substituído pela acomodação da classe dominante com o imperialismo e a manutenção de uma 'democracia restrita' com todos os seus subprodutos (patrimonialismo, mandonismo, paternalismo, clientelismo e fisiologismo político)". [1]

Enquanto Celso Furtado e os *nacionalistas* parecem ter vislumbrado, nas décadas de 50 e 60, a possibilidade do desenvolvimento econômico nacional em moldes capitalistas como *saída* para o subdesenvolvimento – *"a ação do Estado seria a alavanca da superação do atraso"* –, [2] Florestan pensou essa *saída* de forma *radicalmente diversa*, segundo Celso Frederico. [3] Para ele, *"o movimento popular deveria manter a sua autonomia"* em relação aos arranjos políticos da burguesia, *"para, assim, impulsionar o processo revolucionário, transformando a etapa democrática em revolução socialista"*. Nesse sentido, Florestan foi *"um caso raro de intelectual brasileiro que nunca se reconciliou com a nossa miserável realidade"*, diz Frederico.

Para Miriam Limoeiro Cardoso (1995a:30-31), estudiosa da obra *florestaniana*, ele *"entendia que ciência e ordem social iníqua são eticamente incompatíveis e, portanto, que a liberdade, a crítica e o compromisso social são condição da atividade intelectual e científica"*. Daí ele ter buscado

> *"sempre uma prática intelectual/política que lhe permitisse produzir o máximo de conhecimento rigoroso necessário à transformação da sociedade, conhecimento capaz de oferecer suporte 'para abrir ou aprofundar rupturas com a ordem', procurando ampliar tanto quanto possível o alcance desse conhecimento para despertar consciências, no rumo da construção de uma sociedade nova e de homens comprometidos com essa construção. (...) Crítico severo do capitalismo, não acreditava que as injustiças e a opressão geradas pela ordem capitalista pudessem ser equacionadas e resolvidas dentro dessa mesma ordem".*

O processo de crise estrutural que o *capitalismo dependente* brasileiro passou a viver, a partir do fim do governo de Juscelino Kubitschek, atravessou os governos de Jânio Quadros e João Goulart e encaminhou o país rapidamente para o golpe militar de 1964. A instauração do regime militar significou uma opção tomada pelo *desenvolvimento com segurança para o capital*, e isso causou impactos profundos na produção sociológica brasileira posterior a esse período: passou a não convir mais discutir, muito menos rumos próprios, voltados para a *emancipação* e a *autonomia*. Dava-se início a uma postura que, nos dias de hoje, torna-se voz corrente: *"... não se pode discutir, pois no ato da discussão os mercados ficam nervosos"*.

---

[1]. *Folha de S. Paulo*, São Paulo, 12 set. 1998. Jornal de Resenhas, coluna 2. p. 3.

[2]. SCHWARTZ, Gilson. *Folha de S. Paulo*, São Paulo, 16 ago. 1998. Caderno Mais!, coluna 3, p. 5.

[3]. Idem, ibidem.

A CONSTRUÇÃO DO PENSAMENTO SOCIOLÓGICO NO BRASIL **103**

EXERCÍCIOS REFLEXIVOS

1. Leitura complementar:

Florestan Fernandes.
A natureza sociológica da Sociologia. Introdução. p. 16-17

"Em termos dos sociólogos que brotaram da chamada experiência paulista, a evolução mencionada envolve três etapas de desenvolvimento histórico-socio-lógico da Sociologia. Em um dado momento, o essencial era *'fazer ciência'*: implantar a Sociologia e a investigação sociológica em nosso meio, segundo os cânones mais rigorosos do raciocínio científico. Ora, essa realização acarretava um desdobramento: ao fazer isso, chegamos a um novo patamar. A *'ciência'* e a *'investigação sociológica'* exigiam reflexão crítica – e reflexão crítica metódica, sistemática, pela qual submetíamos a sociedade brasileira a um novo crivo crítico. Portanto, o fim da década de 50 e o começo da década de 60 marcam a existência de um pensamento sociológico propriamente dito no Brasil. Ligado com a Sociologia Clássica e com as correntes contemporâneas da Sociologia; mas, centrado, como pensamento crítico e negador, na análise da sociedade de classes do capitalismo periférico, dependente e subdesenvolvido. Estávamos atingindo o apogeu desse segundo momento, quando se abateu sobre o Brasil a vitória da reação e da contra-revolução. Fomos repudiados e postos na periferia de uma periferia. Contudo, a Sociologia que havíamos construído servia-nos, agora, como escora: com o pensamento crítico e negador tínhamos uma posição militante. De 64 a 69, e mais tarde, refinamos e consolidamos essa escora. A Sociologia passa, pois, de autoconsciência crítica à condição de arma de combate. Isso não abrangia a todos, nem era para todos. As correntes 'conservadoras' e 'neutras' ficaram à margem. Esse terceiro momento pressupõe um pensamento sociológico maduro e, ao mesmo tempo, submetido à compressão contra-revolucionária. (...)

Os dois primeiros momentos foram diluídos, absorvidos, reorientados pelo último. Não se trata de uma Sociologia crítica e militante ligada ao funcionamento de um partido revolucionário ou incrustada em um movimento político revolucionário *in flux*. A sociedade brasileira revelou-se débil demais para tal transformação institucional. Contudo, ela foi bastante forte para alimentar esse complexo processo intelectual, que tem uma dimensão e uma saliência políticas evidentes, em contradição com a ordem e em confronto direto com a repressão. A Sociologia emerge – além de 'ciência' e de 'pensamento crítico e negador' – como arma de combate com uma direção precisa, voltada contra um regime de exceção e as forças sociais que o sustentam politicamente, a partir de dentro e a partir de fora."

2. Florestan relata, nesse fragmento de texto, sua perspectiva diante do desenvolvimento da Sociologia brasileira com base no que ele chamou de *experiência paulista*. Elabore um texto no qual você estabeleça relações objetivas entre essa fala *florestaniana* e as conjunturas políticas que o Brasil viveu entre os anos 50 e 1964.

8

A Sociologia Brasileira

8.1 A *TEORIA DA DEPENDÊNCIA*: FERNANDO HENRIQUE CARDOSO

O recurso ao *autoritarismo militar* foi voltado para dar seguimento ao *processo de modernização capitalista* que, a partir daquele momento, devia ser implementado *sob qualquer custo*. O *populismo* havia esgotado, na visão dos mentores políticos, militares e empresariais do golpe, suas possibilidades de encaminhar tal *modernização*. Para essa concepção, *desenvolvimento* e *insegurança* eram incompatíveis; daí a imposição do novo lema ao país, que vinha sendo elaborado pela Escola Superior de Guerra desde 1949, *desenvolvimento e segurança*. Como já disse Fernando Henrique Cardoso,[1]

> *"os militares, apesar do autoritarismo e da truculência, modernizaram o país e instauraram em definitivo o capitalismo, inaugurando uma nova ordem capitalista que gerou transformações agudas na sociedade brasileira, integrando o país ao sistema de produção internacional, produzindo, para o bem e para o mal, conseqüências sociais profundas".*

Retomando as duas décadas anteriores ao golpe militar, Celso Furtado foi um dos mentores maiores da reflexão econômica brasileira e latino-americana. Foi diretor (1949) da Divisão de Desenvolvimento Econômico da Cepal e ajudou na cria-

---

[1]. CASTELO, José. A república do Cebrap. *O Estado de S. Paulo*, São Paulo, 1º jan. 1995.

ção da escola *cepalina* de pensamento econômico. A proposta teórica de Furtado baseou-se, em termos gerais, em uma *interpretação histórica da realidade econômica* latino-americana e mundial, que definiu o *subdesenvolvimento* como *fruto das relações internacionais*. Dessa forma, a saída da *condição do subdesenvolvimento* passaria pelo incremento acelerado de um processo de *"industrialização com protecionismo, planejamento e forte influência do Estado"*.[2] Juntamente com o economista argentino Raúl Prebisch, foi responsável pela elaboração do *conceito cepalino de subdesenvolvimento*, fonte primeira dos debates que norteiam, ainda nos dias de hoje, parte das discussões sobre os obstáculos, as possibilidades e os caminhos do desenvolvimento econômico brasileiro.

Essa é, em resumo, a base teórica sobre a qual foi alicerçada a *teoria da dependência*, formulada por Fernando Henrique Cardoso e pelo sociólogo chileno Enzo Faletto. De acordo com Francisco de Oliveira, a *teoria da dependência* consiste, na verdade, em *"um epígono da teoria do subdesenvolvimento cepalino-furtadiana"*, ou seja, existiria uma relação de descendência direta entre a formulação de Cardoso e Faletto e as concepções *furtadianas*. No entender de Celso Furtado,[3] essa relação tem outra dimensão. Para ele, *"o conceito de dependência foi vulgarizado nos anos 60 por sociólogos latino-americanos e só indiretamente se liga à teoria do subdesenvolvimento"*.

Fernando Henrique Cardoso é sociólogo formado pela Escola de Sociologia e Política de São Paulo e iniciou sua carreira acadêmica como professor-assistente de História Econômica na Universidade de São Paulo (USP). Tornou-se doutor nessa universidade sob orientação de Florestan Fernandes; é um estudioso do marxismo e crítico de suas posições ortodoxas. Afastado da Universidade em 1969 pelos militares, foi um dos fundadores do Centro Brasileiro de Análise e Planejamento (Cebrap).

Seu pensamento sociológico e político traz, como não poderia deixar de ser, as marcas de sua formação: resultante da orientação acadêmica que recebeu e do estudo da *teoria marxista*, uma postura teórica eclética e não dogmática; de Weber, o aporte metodológico e os apelos à *ética da responsabilidade* no exercício da política; e dos clássicos da Ciência Política, as menções constantes às reflexões de Tocqueville. No âmbito político, destacou-se na oposição ao regime militar de 1964, participando como um dos principais articuladores do longo processo de negociações que resultou na volta da democracia política ao país. Foi membro do MDB, do PMDB, e fundador do PSDB. Foi ainda senador por São Paulo e Presidente da República, sendo eleito em 1998 para seu segundo mandato.

---

2. TOLEDO, Roberto Pompeu de. *Veja*, p. 40-50. 28 jul. 1993. Edição especial.

3. FREIRE, Vinícius Torres; SILVA, Fernando de Barros e. A teoria que saiu do *freezer*. *Folha de S. Paulo*, São Paulo, 28 maio 1995.

106 SOCIOLOGIA CONTEMPORÂNEA

O conceito de *dependência*,[4] uma de suas principais contribuições para a Sociologia, fundamenta-se em uma *relação de subordinação* entre as partes componentes do sistema capitalista, ou seja, entre as chamadas *economias centrais* (países desenvolvidos) e *periféricas* (países subdesenvolvidos). Nessa concepção, os países de *economia dependente* viveram, necessariamente, a *condição colonial* e a experiência do *desenvolvimento industrial tardio*.

Dependeriam, dessa forma, para a continuidade e incremento do processo de desenvolvimento industrial, de capitais e tecnologia adquiridos no *centro* do sistema capitalista. Esses aportes de financiamento e as importações de maquinário e indústrias não bastariam para engendrar um processo de desenvolvimento autônomo, que se promovesse de modo sustentado e desenvolvesse tecnologia própria, para gerar uma economia exportadora forte o bastante a ponto de poder pagar os empréstimos e as importações. Esse vínculo de subordinação é que impediria, conseqüentemente, o controle local das decisões sobre as políticas de produção e consumo nos países periféricos.

A formulação do problema da *dependência* que Cardoso escreveu com Faletto, entre 1966 e 1967, que consta no livro *Dependência e desenvolvimento na América Latina*, levou adiante o pensamento sociológico que se organizou a partir do final da década de 40 na América Latina, prosseguindo em outras pesquisas e vertentes de interpretação até meados da década de 70. O trabalho desses dois intelectuais apresentou problemas novos ao debate e ao conhecimento sociológico relativo à questão da *dependência*. Para eles, *"a relação interna das classes sociais é que torna possível e dá fisionomia própria à dependência"*. Isso significa que, a despeito de ser derivado da própria estrutura das economias *periféricas* e, ao mesmo tempo, do conjunto da economia capitalista mundial, a *situação* de *dependência* só operaria baseada em decisões que seriam resultantes de lutas políticas internas, tomadas no bojo do processo político de cada país.

Na compreensão de ambos, a *dependência* não implicaria necessariamente a *estagnação econômica*. O quadro de *subordinação* aos *países centrais*, se analisado o contexto internacional da época e os interesses dominantes no âmbito do empresariado nacional, demonstraria o contrário. Após o advento da *"internacionalização do mercado interno (entrada das multinacionais) e da nova divisão internacional do trabalho"*, que possibilitou alguma industrialização a países que antes eram meros exportadores de produtos agrícolas, a *situação* de *dependência* não colidiria *"mais com o desenvolvimento das economias dependentes"*. O que se ressalta é que esse desenvolvimento, no entanto, não implicaria a idéia de resolução do problema da promoção de maior justiça social. Como dizem os autores,

> *"evidentemente, esse tipo de industrialização vai intensificar o padrão de sistema social excludente que caracteriza o capitalismo nas economias periféri-*

---

4. O que é a dependência. *Folha de S. Paulo*, São Paulo, 28-5-1995.

cas, mas nem por isso deixará de converter-se em uma possibilidade de desenvolvimento, ou seja, um desenvolvimento em termos de acumulação e transformação da estrutura produtiva para níveis de complexidade crescente. Esta é a forma que o capitalismo industrial adota no contexto de uma situação de dependência".

Os beneficiários desse processo estariam situados entre as empresas estatais, que teriam *puxado* o desenvolvimento industrial de base (siderurgias e outros), os conglomerados empresariais multinacionais e as empresas nacionais *associadas* a esses dois setores, configurando o que ficou denominado de *"tripé do desenvolvimento dependente-associado"*.

Cardoso retornou ao tema da *dependência* em 1995, já na condição de presidente da República. Em texto[5] preparado para um seminário do Centro de Estudos Estratégicos e Internacionais, em Washington, cujo objetivo era *"fazer um exercício comparativo para mostrar o que mudou na perspectiva de desenvolvimento entre os anos 60 e os dias de hoje"*, ele diz que sua ambição e de Faletto, relativamente ao fato de suas reflexões sobre a *dependência* serem consideradas uma *teoria, "sempre foi mais modesta".* Em suas palavras, o que eles objetivavam era

"dentro da análise geral do capitalismo, mostrar que as relações entre centro e periferia haviam mudado. Ou seja, em oposição às visões deterministas que uniam a teoria do imperialismo à impossibilidade do desenvolvimento capitalista nos países periféricos, descrevíamos as novas relações de dependência que permitiam a industrialização das economias subdesenvolvidas. Esta era a novidade da nossa visão sociológica e econômica. Por outro lado, enquanto sociólogos, colocávamos ênfase na dinâmica interna dos países subdesenvolvidos. Dizíamos que as relações econômicas eram também políticas e, naturalmente, sociais. Em vez de repetir que havia barreiras, impasses e impossibilidades de desenvolvimento, dizíamos que havia – dependendo das opções políticas e de surgirem atores sociais novos – oportunidades de desenvolvimento econômico, apesar da relação geral de dependência. Nos anos 70, desenvolvi melhor a nova forma de relacionamento entre centro e periferia através do conceito de desenvolvimento dependente-associado e passei a interessar-me, crescentemente, pelas opções políticas que levariam a situações de maior liberdade de escolha, a começar pela quebra do autoritarismo e, mais tarde, pela existência de novas formas de desenvolvimento econômico e social. Neste ponto, critiquei, amplamente, o estatismo e o que chamei de 'burguesia de Estado', ou seja, a burocracia econômica herdeira do autoritarismo político e filha dileta dos monopólios oficiais".

---

5. Ainda a teoria da dependência. *Folha de S. Paulo*, São Paulo, 28 maio 1995.

108 SOCIOLOGIA CONTEMPORÂNEA

Sobre o conceito de *desenvolvimento*, Cardoso entende que, nos anos 60, talvez ele

> "se identificasse essencialmente com o progresso material, com o crescimento econômico. A análise de suas implicações tinha uma certa simplicidade: admitia-se que era o centro do processo social. Para alguns, o progresso material levaria espontaneamente à melhoria dos padrões sociais. Para outros, os 'dependentistas', a relação era mais complexa. O jogo político intervinha e, em função das formas pelas quais se organizava, o crescimento tomaria rumos diferenciados, com efeitos também diferenciados na estrutura social".

Quanto ao problema das possibilidades de inserção dos países *subdesenvolvidos* no âmbito *desenvolvido* do sistema capitalista, o autor afirma que esse era

> "um segundo tema articulado pela 'teoria da dependência': a influência dos modos de inserção internacional dos países sobre as modalidades concretas do desenvolvimento. É, na teoria, a dimensão mais original, a da dependência propriamente dita. (...) Imaginávamos que a dependência fosse um fator homogeneizador das possibilidades dos países em desenvolvimento para sair de sua condição de pobreza. Haveria, lembro, diferenças nas possibilidades de crescimento basicamente em função do controle do processo de acumulação de capital. Mas, em sua essência, os capitalismos central e periférico se afastavam. Mesmo que um país periférico crescesse – e meu livro foi controvertido porque admitia a simultaneidade da dependência e do desenvolvimento – o faria de forma distorcida. Era como se condição periférica se tornasse fatal. Um destino de injustiça".

O problema do papel do Estado foi de fundamental importância, uma vez que ele constituiria o *motor* do processo de *desenvolvimento*. Para Cardoso,

> "nos anos 60, tínhamos uma crença, ainda forte, na capacidade que o Estado tinha de moldar o progresso. Era promotor, estimulador e, acima de tudo, uma força potencialmente autônoma. Para muitos teóricos da dependência, a solução só viria através da exacerbação das atribuições do Estado e, no limite, o próprio socialismo. (...) A teoria da dependência não pretendia desenvolver uma visão das relações internacionais em sentido estrito. (...) Os anos 60 vêem o início das negociações Norte-Sul e a perspectiva de que, através de arranjos negociados, balizados por algum critério de justiça – os pobres não se submeteriam a critérios de reciprocidade – seriam atenuadas as disparidades internacionais de renda. Entendíamos que os governos poderiam transformar as relações econômicas entre os países desenvolvidos e os países em desenvolvimento. Isto era a contrapartida de uma espécie de 'subestimação' da necessidade de reformas no interior de cada país, derivada, como indiquei, de uma crença quase mágica no poder liberador da democracia".

A SOCIOLOGIA BRASILEIRA **109**

Na conclusão de seu texto, após refletir sobre os quatro pontos expostos, Cardoso diz não ter pretendido apenas voltar com nostalgia aos problemas levantados pela teoria da dependência, mas

"chamar a atenção para um problema central de nosso tempo, o desenvolvimento. Ainda mais do que nos anos 60, o tema se tornou político no sentido forte da expressão. A fragmentação e ampliação do conceito de desenvolvimento, os novos dilemas da inserção internacional dos países, a difusão, entre ricos e pobres, do problema do desemprego, a reforma do Estado, a complexidade da gestão do Estado, são todos parcelas de uma questão central: o que queremos que nossas sociedades sejam no futuro".

Crítico das formulações de Cardoso, em cujos escritos considera conter *"mais frases contorcidas do que os comentadores gostariam de admitir"*, David Lehmann,[6] com base na idéia de que *o capitalismo dependente poderia resultar em desenvolvimento*, traz à tona o que, a seu ver, caracterizou a ação deste intelectual-político. Para ele,

"em lugar da 'ruptura' postulada por teóricos como Frank, Cardoso engenhou-se em construir o que se poderia chamar de 'deslizamento ideológico'. Não é difícil ver como isso se produziu. Num primeiro momento, seu argumento destinou-se a fazer reconhecer que o capitalismo dependente também poderia constituir um processo dinâmico de desenvolvimento, e que suas características de desigualdade e injustiça não justificavam a negação dessa tese; desenvolveu uma explicação que procurava reavaliar a estrutura social e o sistema político do Brasil, e que só marginalmente se referia – e mesmo então como se o fizesse apenas em atenção à moda dominante – às empresas multinacionais e ao sistema capitalista mundial".

Ainda da perspectiva da crítica à *teoria da dependência*, ao demarcar a distinção existente entre o conceito de *capitalismo dependente*, formulado por Florestan Fernandes, e a compreensão dos teóricos da *dependência*, Miriam Limoeiro Cardoso (1997*b*:14-15) entende que os

"dependentistas tentam dar conta do presente das nações periféricas e dependentes recorrendo ao passado destas nações, especialmente na sua relação de tipo colonial com as suas metrópoles e o fazem como se com isso estivessem de fato recorrendo à história. Para eles, a dependência revelaria uma marca que teria ficado indelével e que teria sido constituída na época colonial, pela relação tipicamente colonial. Com isso, recuperam um passado e o nexo estrutu-

---

6. F.H. Cardoso: da dependência à democracia. *Novos Estudos Cebrap*, São Paulo, nº 14, p. 31-36, fev. 1986.

110 SOCIOLOGIA CONTEMPORÂNEA

ral que o construiu. No entanto, ao tratar o presente sob essa ótica, como resto de algo que deveria ter sido superado para poder ter se tornado efetivamente passado, perdem a visão dinâmica do próprio presente, turvando ou impedindo a percepção das novas relações estruturadas pelos diferentes períodos do desenvolvimento capitalista, no caso a fase monopolista do capital. (...) A investigação dependentista não se orienta de modo a tomar o capitalismo como totalidade histórica significativa que por isso deva ser referência totalizante para sua análise".

Daí seus teóricos, da matriz *cepalino-furtadiana* a Fernando Henrique Cardoso, acabarem caminhando em direção diversa daquela que inicialmente pretendiam, uma vez que eles

"denunciam a dependência, mas a própria forma como a pensam e como formulam a sua denúncia encaminha não para o enfraquecimento da dominação, mas para o seu fortalecimento pela via interna, buscando a construção de um consenso nacional em torno da burguesia local e sob a direção dela. Sob a aparência de uma crítica radical, portanto, se esconde a submissão ao projeto hegemônico do capital, por meio do fortalecimento da fração local deste capital, como se tal fortalecimento por si só e sem a pressão dos demais setores da sociedade conduzisse à autonomização nacional. Neste sentido, o recurso à nação é usado como camuflagem dos mecanismos diretos de dominação, que ocorrem a partir da produção enquanto exploração e dominação do trabalho".

Os anos 60 findaram sob as perspectivas sombrias do Ato Institucional nº 5 e da radicalização da ditadura militar, sob o governo do General Médici até 1974. Os cientistas sociais, debaixo de condições mais que adversas, uma vez que o oxigênio da atividade intelectual e científica é a liberdade de elaboração e de crítica, buscavam, como disse Florestan, com base na Sociologia que havia sido construída até aquele momento, *refinar* e *consolidar* aquela *escora* de reflexão sobre a lógica e o destino da sociedade brasileira.

8.2 A SOCIOLOGIA BRASILEIRA APÓS 1964

A ação repressiva da ditadura, ao banir a discussão sobre os modelos e possibilidades de *desenvolvimento* que era realizada pela universidade e outras instituições de estudo – essa discussão vinha avolumando-se desde o início da década de 50 –, causou impactos iniciais profundos no desenvolvimento da Sociologia brasileira, tanto no que diz respeito à condução e continuidade da produção científica, quanto ao processo de formação das novas gerações de intelectuais. A resistência heróica de muitos professores, pesquisadores e estudantes à invasão do ambiente universitário pelo regime militar gerou, em sua face oposta, o *carreirismo de sobrevivência* de outros. A aposentadoria forçada que atingiu professores em todo o país, entre eles, em São Paulo, Florestan Fernandes, Fernando Henrique Cardoso, Octavio Ianni e José Artur Gianotti, levou à fundação do Cebrap no mês de julho de 1969.

A década de 70 iniciou com a constituição de locais de trabalho alternativos à estrutura universitária por parte dos intelectuais e professores que foram afastados da universidade pela ditadura, levando à abertura de diversos centros de estudo e pesquisa em várias cidades, como o Rio de Janeiro, Belo Horizonte e Brasília. Uma solução paralela à *diáspora* que ocorrera na universidade estava dada, e ela auxiliou no fortalecimento subseqüente das Ciências Sociais, que ocorreu a partir dos anos 70.[7] Na USP, fundaram-se *centros de estudo* paralelos, que inauguraram novas temáticas de pesquisa, entre eles o de Estudos Rurais e Urbanos (Ceru), o de Estudos Africanos (Cea), o de Estudos de Sociologia da Arte (Cesa) e o de Estudos das Religiões (Cer).

Segundo Costa (1987:158-159), constata-se a partir dos anos 70

> *"maior ênfase à especialização nas diversas áreas das Ciências Sociais, incluindo a Ciência Política e a Antropologia, assim como maior preocupação com o treinamento de pessoal de pesquisa, como atestam a expansão dos cursos de pós-graduação em Ciências Sociais em todo o país e a aplicação das técnicas de investigação sociológica nas mais diversas atividades".*

Se os *centros de estudo* trouxeram de volta parte do oxigênio vital que a ditadura havia cortado da vida intelectual e acadêmica brasileira, a universidade começava a trilhar outros caminhos. Os resultados da implementação da *reforma universitária* que o regime militar promoveu, por meio do Decreto-lei nº 252, de 28-2-1967, e da Lei nº 5.540, de 28-11-1968, alteraram substancialmente o quadro institucional da universidade brasileira, encaminhando-a para um processo de aprofundamento da fragmentação departamental, para a especialização crescente e para a rigidez institucional. Essas alterações fizeram-se sentir rapidamente em todas as áreas do conhecimento científico, e de modo notável nas Ciências Sociais, mais sensíveis aos processos e às articulações políticas internas, que continuaram o seu desenvolvimento no decorrer da década de 70 sob novos parâmetros organizacionais.

---

[7]. De acordo com Bernardo Sorj, no texto *O Cebrap e as ciências sociais no Brasil*, de 1994, a despeito do regime autoritário, e diferentemente do que aconteceu nos outros países latino-americanos, a Ciência Social brasileira passou por um *boom* na década de 70.

8.3 SOCIOLOGIA E SOCIEDADE: A INSERÇÃO DO BRASIL NO CONTEXTO DA *GLOBALIZAÇÃO NEOLIBERAL*

Os anos 80 foram marcados, logo no início, pela regulamentação da profissão dos sociólogos. Sinal de luta, reconhecimento e profissionalização, essa regulamentação, que veio em 1980, é um ponto de inflexão entre os caminhos tomados pela Sociologia brasileira nas décadas anteriores e os rumos que seriam trilhados daquele momento em diante. A conjuntura brasileira evoluiu aceleradamente a partir de 1977 até 1985, no sentido do encaminhamento do Regime Militar para o esgotamento político e o conseqüente retorno da democracia.

No bojo da abertura política e da luta pela redemocratização do país, o debate sobre as saídas possíveis do autoritarismo trouxe à tona as diferentes formas de encarar o encaminhamento do processo político brasileiro. As ciências sociais repercutiam intensamente os contornos maiores da transição vivida pelo país. No Centro Brasileiro de Análise e Planejamento (Cebrap), por exemplo, as diferentes convicções ideológicas e as divergências políticas geraram, de início, dois outros *centros de estudo*: o Centro de Estudos de Cultura Contemporânea (Cedec), e o Instituto de Estudos Sociais, Econômicos e Políticos (Idesp). O primeiro, fundado por Francisco Weffort e José Álvaro Moisés, voltou-se mais para estudos *críticos* de temas relativos ao sindicalismo, à classe trabalhadora e ao socialismo, reunindo parte importante da corrente intelectual que participou da fundação do Partido do Trabalhadores. Já o Idesp, liderado por Bolívar Lamounier, encaminhou-se para a área de pesquisas sobre eventos políticos e eleitorais, de cunho *pragmático-descritivo* e mais distante das controvérsias ideológicas.

No plano mundial, o advento da ampliação produtiva e comercial do *capitalismo monopolista*, que ocorrera nas décadas de 60 e 70, por meio do crescimento sem precedentes da acumulação por parte dos grandes conglomerados multinacionais, bateu efetivamente às portas do âmbito financeiro internacional. O fenômeno, que foi definido por Arrighi (1996) como *financeirização*, foi "traço absolutamente predominante" dos anos 70 e 80 e preparou as bases para o controvertido processo que passou a ser ideológica e popularmente conhecido como *globalização da economia mundial*. Esse fenômeno deu seus primeiros passos, ainda na esfera avançada do sistema capitalista, no decorrer da década de 80 e monopolizou sua pauta a partir do último decênio do século XX.

Na Sociologia produzida no Brasil, ao mesmo tempo que trabalhos com *abordagens macrossociológicas* procuravam dar conta das *explicações* relativas ao conteúdo e à lógica do processo político e social que o país vivia, crescia a quantidade de pesquisas que partiam da *abordagem microssociológica*, voltada para a *descrição* de objetos de estudo delimitados por necessidades legítimas, mas de natureza *setorial*. Fruto de um processo político instável, da especialização no exercício do trabalho,

A SOCIOLOGIA BRASILEIRA **113**

da expansão do ensino e da pesquisa e do crescente *pragmatismo* em detrimento da *crítica*, a Sociologia começava a responder efetivamente – a gosto ou contragosto de muitos ou de alguns – às *transformações estruturais* que estavam em curso no país desde meados dos anos 70.

Na compreensão de Miriam Limoeiro Cardoso, a Sociologia produzida no Brasil dos anos 90 e na atualidade está mais preocupada com a *instância microssociológica*, que é configurada por uma *abordagem setorial* de seus objetos de estudo. Para ela, em contraponto a esse caminho, a atenção dos sociólogos deveria voltar-se com mais cuidado para o estudo das *instituições* e para a superação do atual confronto entre *descrição* e *explicação*, em favor da segunda abordagem.

Octavio Ianni (In: Ferreira, 1997:13-25), por seu turno, tem-se dedicado ao estudo da problemática social, que envolve o processo de *globalização* e as mudanças pelas quais passa a análise sociológica diante do que ele chama de *época de globalismo*. Para ele, a Sociologia está sempre em pauta, *"com altos e baixos"*. E mais, ela *"tem a peculiaridade de sempre questionar-se, discutindo seu objeto e seu método"*. Isso porque a *"realidade social é viva, complexa, intrincada, contraditória, em contínuo devir"*.

Nesse momento, *"quando termina o século XX e já se anuncia o século XXI"*, o objeto da Sociologia *"está revelando transformações notáveis, em todas as direções, em todos os sentidos"*. Para Ianni, *"o que singulariza o mundo contemporâneo, quando já se anunciam as características fundamentais dos começos do século XXI, é que se tornam mais explícitas algumas das mais profundas transformações sociais e mentais que se vinham elaborando ao longo do século XX"*. Assim,

> *"um emblema desse tempo está simbolizado nos contrapontos modernidade e pós-modernidade, realidade e virtualidade, globalização e diversidade. Esse é o mundo que está em causa quando muitos são levados a elaborar conceitos, interpretações e metáforas em torno de temas tais como: aldeia global, fábrica global, sistema mundial, economia-mundo, internacionalização do capital, ecossistema, planeta Terra, nave espacial, modernidademundo, mundo virtual"*.

Por toda essa gama de temas, todos eles pertinentes, *"a Sociologia está ingressando na época do globalismo. Os desafios criados com a formação da sociedade global não só representam uma nova realidade como também criam novos desafios metodológicos e teóricos"* para essa manifestação *"de autoconsciência científica da realidade social"*. Segundo Ianni, *"o globalismo confere novos significados às realidades locais, nacionais e regionais, ao norte e ao sul, orientais e ocidentais"*, e isso vem *transfigurando* o objeto da Sociologia, à medida que impacta de modo importante aqueles que têm sido historicamente seus *"principais emblemas: sociedade nacional, indivíduo e sociedade global"*.

114 SOCIOLOGIA CONTEMPORÂNEA

Citando Albrow, o autor afirma que *"a globalização diz respeito a todos aqueles processos pelos quais as pessoas do mundo são incorporadas a uma sociedade global".* Por isso, *"a globalização da Sociologia é uma faceta do que é, às vezes, a globalização da consciência".* Por outro lado, Ianni diz que

> *"as três teorias sociológicas que mais influenciam as interpretações da globalização são o funcionalismo, o marxismo e a teoria weberiana". E, "na medida que as configurações e os movimentos da sociedade global abalam os quadros de referência sociais e mentais de uns e outros, em todos os lugares, nos quatro cantos do mundo, nessa mesma medida muito do que já se sabia pode ser repensado novamente. E muito do que se não sabe, porque é novo e desconhecido, precisa ser pensado de modo original, como primordial".*

Nesse sentido, *"a Sociologia é uma disciplina da modernidade. Expressa um momento excepcional do desencantamento do mundo. Permite refletir sobre a trama das relações sociais".* E, sob os mais variados aspectos,

> *"a Sociologia da globalização é também a Sociologia da modernidade-mundo. Permite mapear o modo pelo qual se desenvolvem as configurações e os movimentos da sociedade global. Acompanha as relações, os processos e as estruturas que constituem, movem, tensionam, integram e rompem as nações e a nacionalidade, os povos e as raças, as religiões e as línguas, as fronteiras e as cartografias, as culturas e as civilizações".*

Partindo do *estado-da-arte* no qual se encontra a atual reflexão sociológica brasileira e mundial, é possível realizar um exercício crítico sobre os *modos de inserção* do Brasil no contexto da *globalização neoliberal*. As questões e os problemas sociais brasileiros atuais que se seguem devem orientar esse exercício e lançar suas perguntas: de acordo com dados do Datafolha, constantes na Tabela 8.1, 9% da população brasileira estão situados entre a *elite* e os *batalhadores*, enquanto 91% encontram-se situados entre os *remediados* e os *miseráveis*. Não existem indicadores seguros de que esse quadro social se tenha alterado significativamente nos últimos três anos, a contar de 1998. Dessa forma, é possível inferir que, mantida a situação a seguir relatada, sem a adoção imediata de políticas públicas efetivas, de rápida redução dos índices de pobreza e de incremento positivo da distribuição de renda, essa *inserção real* do Brasil no contexto da chamada *globalização* é, no mínimo, controversa, além de dar-se, mais uma vez, pela *"porta dos fundos"* do processo econômico capitalista mundial.

A SOCIOLOGIA BRASILEIRA **115**

Tabela 8.1   *Perfil da população brasileira: renda individual e familiar média.*

Posição	% população	Renda individual média	Renda familiar média
Elite	7,0%	1.601,00	3.724,00
Batalhadores	2,0%	1.539,00	3.943,00
Remediados	13,0%	624,00	1.692,00
Deslocados	15,0%	394,00	756,00
Excluídos	63,0% (T)	***	***
a. pobres	16,0%	377,00	752,00
b. despossuídos	23,0%	183,00	350,00
c. miseráveis	24,0%	131,00	234,00

Fonte: Folha de S. Paulo, São Paulo, 26 set. 1998, Especial A, p. 3.

Cabem, conseqüentemente, as perguntas: qual é a realidade da vida cotidiana da maioria absoluta da população brasileira?; qual é o impacto desse tipo de *distribuição de renda* na qualidade de vida das pessoas?; qual é a origem da radicalização crescente da violência urbana?; o que significa, para a economia do país, a existência de um mercado consumidor restrito, que ainda não conseguiu democratizar efetivamente a esfera do consumo?; como se dá a *inserção* do Brasil na chamada *economia global,* levando-se em conta indicadores como esses, que ainda são agravados pelo problema do chamado *desemprego estrutural?*

Segundo editorial de conhecido jornal paulista, *"os miseráveis da Bolívia passam três vezes mais tempo na escola que os do Brasil, um país mais rico. Os negros daqui vivem pior que os da África do Sul, que teve décadas de* apartheid".[8] Por outro lado, ainda segundo o texto, não há no horizonte próximo perspectivas reais de resolução desses indicadores que causam a pobreza, pois

> *"a opinião dominante é que pouco haverá a oferecer além de paliativos enquanto o país não crescer. Mas o país cresceu por décadas, cresceu mesmo nos primeiros anos do presente governo, e a distribuição de renda não melhorou. Parece, desse modo, afirmar-se que a pobreza será menos intolerável se e quando o país for suficientemente rico para que caiba uma quantidade maior de migalhas aos mais pobres. Enquanto isso, nada de transferência de renda, nada de solidariedade social, pois, a longo prazo, o crescimento sustentável dará conta dos famintos, ignorantes e doentes. A longo prazo, porém, eles estarão mortos, e mortos depois de muito sofrimento".*

---

[8]. LÍDER DE INJUSTIÇA. *Folha de S. Paulo*, São Paulo, 22 nov. 1998, p. 2.

116 SOCIOLOGIA CONTEMPORÂNEA

EXERCÍCIOS REFLEXIVOS

1. Leitura complementar:

RESUMO

Miriam Limoeiro Cardoso. CONGRESSO DA ASSOCIAÇÃO LATINO-AMERICANA DE SOCIOLOGIA, Resumo de trabalho apresentado na 21. mesa-redonda *Globalização e exclusão social*. São Paulo, Universidade de São Paulo, 3-9-1997.

"Apresentada como realidade, e inevitável, caracterizada como internacionalização de mercados, resultante de revolução tecnológica informacional e organizacional, globalização não é conceito, é ideologia. O neoliberalismo se apropria dessa palavra para com ela indicar seu suporte supostamente real, mas que, ao contrário, é projeto tentando realizar-se. Interpretações melhor fundadas identificam uma crise de superacumulação, provocando mundialização do capital predominantemente especulativo, superconcentrado em gigantescos oligopólios mundiais. Sob esta crise, adotando políticas neoliberais o capitalismo produz, estruturalmente, não apenas e como sempre desigualdade, mas exclusão: de regiões inteiras e de grandes e cada vez maiores parcelas da população. Assim como se inventa o tema 'globalização', camuflando a crise do capital e o caráter rentista e parasitário da movimentação financeira internacional, se re-inventa o tema 'pobreza', desfocando da divisão e da exclusão estruturais. Pobreza e miséria são conseqüências. Como tal, à ciência social não basta localizá-las e medi-las, é preciso ir além e alcançar suas determinações, o que as vincula sobretudo ao desemprego estrutural massivo, à precarização das relações de trabalho etc. Quando o 'desenvolvimento' foi apresentado como realidade a ser tomada como 'problema', a Sociologia latino-americana soube reconstruir seu objeto e formular o conceito de capitalismo dependente. Agora, quando se substitui 'desenvolvimento' por 'globalização' como 'problema', mais uma vez fazer avançar o conhecimento científico requer desvencilhar-se das ideologias dominantes e não se deixar aprisionar na aparência dada das coisas, recusando-se a trilhar os descaminhos tantas vezes tentadores que são oferecidos aos cientistas.

O HORROR ECONÔMICO

Viviane Forrester. *O horror econômico*. São Paulo: Unesp, 1997.

"Vivemos em meio a um engodo magistral, um mundo desaparecido que teimamos em não reconhecer como tal e que certas políticas artificiais pretendem perpetuar. Milhões de destinos são destruídos, aniquilados por esse anacronismo causado por estratagemas renitentes, destinados a apresentar como imperecível nosso mais sagrado tabu: o trabalho.

Com efeito, deformado sob a forma perversa de 'emprego', o trabalho funda a civilização ocidental', que comanda todo o planeta. Confunde-se a tal ponto com ela que, ao mesmo tempo em que se volatiliza, seu enraizamento, sua evidência jamais são postos em causa, menos ainda sua necessidade. Não é ele que, em princípio, rege toda distribuição e, portanto, toda sobrevivência? Os emaranhados de intercâmbios que daí decorrem parecem-nos tão indiscutivelmente vitais quanto a circulação do sangue. Ora, esse trabalho, tido como nosso motor natural, como a regra do jogo que serve à nossa passagem para esses lugares estranhos, de onde cada um de nós tem vocação a desaparecer, não passa hoje de uma entidade desprovida de substância. (...)

Em que sonho somos mantidos, entretidos com crises, ao fim das quais sairíamos do pesadelo? Quando tomaremos consciência de que não há crise, nem crises, mas mutação? Não mutação de uma sociedade, mas mutação brutal de uma civilização? Participamos de uma nova era, sem conseguir observá-la. Sem admitir e nem sequer perceber que a era anterior desapareceu. Portanto, não podendo enterrá-la, passamos os dias a mumificá-la, a considerá-la atual e em atividade, respeitando os rituais de uma dinâmica ausente. Por que essa projeção permanente de um mundo virtual, de uma sociedade sonâmbula devastada por problemas fictícios? O único problema verdadeiro é que esses problemas não são mais problemas, mas, ao contrário, tornaram-se a norma dessa época ao mesmo tempo inaugural e crepuscular que não assumimos. (...)

Quanto ao 'desemprego', fala-se dele por toda parte, permanentemente. Hoje, entretanto, o termo acha-se privado de seu verdadeiro sentido, recobrindo um fenômeno diferente daquele outro, totalmente obsoleto, que pretende indicar. A respeito dele, contudo, são feitas laboriosas promessas, quase sempre falaciosas, que deixam entrever quantidades ínfimas de empregos acrobaticamente lançadas (como saldos) no mercado; porcentagens derrisórias em vista dos milhões de indivíduos excluídos do salariado e que, nesse ritmo, continuarão assim durante decênios. (...)

Não é o desemprego em si que é nefasto, mas o sofrimento que ele gera e que para muitos provém de sua inadequação àquilo que o define, àquilo que o termo 'desemprego' projeta, apesar de fora de uso, mas ainda determinando seu estatuto. O fenômeno atual do desemprego já não é mais aquele designado por essa palavra, porém, em razão do reflexo de um passado destruído, não se leva isso em conta quando se pretende encontrar soluções e, sobretudo, julgar os desempregados. De fato, a forma contemporânea daquilo que ainda se chama desemprego jamais é circunscrita, jamais definida e, portanto, jamais levada em consideração. Na verdade, nunca se discute aquilo que se designa pelos termos 'desemprego' e 'desempregados'; mesmo quando esse problema parece ocupar o centro da preocupação geral, o fenômeno real é, ao contrário, ocultado.

Um desempregado, hoje, não é mais objeto de uma marginalização provisória, ocasional, que atinge apenas alguns setores; agora, ele está às voltas com uma implosão geral, com um fenômeno comparável a tempestades, ciclones e tornados, que não visam ninguém em particular, mas aos quais ninguém pode resistir. Ele é objeto de uma lógica planetária que supõe a supressão daquilo que se chama trabalho; vale dizer, empregos. (...)

Em vez de esperar, em condições desastrosas, os resultados de promessas que não se concretizarão; em vez de esperar em vão, na miséria, o retorno do trabalho, a rápida chegada do emprego, seria por acaso insensato tornar decente, viável por outros meios, e hoje, a vida daqueles que, na ausência, dentro em breve, radical do trabalho, ou melhor, do emprego, são considerados decaídos, excluídos, supérfluos? Ainda é tempo de incluir essas vidas, nossas vidas, no seu sentido próprio, no seu sentido verdadeiro: o sentido, muito simples, da vida, da sua dignidade, de seus direitos. Ainda dá tempo de subtraí-los ao bel-prazer daqueles que os ridicularizam.

Seria insensato esperar, enfim, não um pouco de amor, tão vago, tão fácil de declarar, tão satisfeito de si, e que se autoriza a fazer uso de todos os castigos, mas a audácia de um sentimento áspero, ingrato, de um rigor intratável e que se recusa a qualquer exceção: o respeito?"

Parte IV

A Questão Social

9

Estratificação e Mobilidade Social

9.1 *ESTRATIFICAÇÃO SOCIAL*

A Sociologia deve a seus diversos tipos de concepções *funcionalistas* e *estruturalistas* a definição da maior parte de seus conceitos de *estratificação social*, de *status* e *papéis* e de *mobilidade social*. Fazem parte do conteúdo clássico do pensamento sociológico os estudos sobre as diversas formas de *estratificação* pelas quais as sociedades vêm-se organizando e dividindo-se ao longo da História, bem como a elucidação da existência ou não de *mobilidade social* nessas mesmas sociedades. Essas definições, em geral, *descrevem* e *delimitam* com precisão o conteúdo de seus conceitos, faltando-lhes, no entanto, o passo seguinte: *explicar*, à luz de uma compreensão crítica dos processos sociais, históricos e políticos, os *motivos* ou as *determinações* que levaram a tal ou qual tipo de *estratificação social* e a possibilidade ou não de real *mobilidade* no interior dessas *estruturas*.

No sentido sociológico do termo, o conceito de *estratificação* define-se com base na existência, nas sociedades, de *diferenças*, de *desigualdades* concretas entre pessoas e grupos, partindo-se do pressuposto da existência de *segmentos* organizados de indivíduos que ocupam posições sociais diferentes dentro da *estrutura social*, indicando também diferenças no tocante aos *status* que essas pessoas possuem. *Estratificação*, dessa maneira, refere-se a uma forma de *organização* que se dá por meio da *divisão* da sociedade em *estratos* ou *camadas* sociais distintas, de acordo com algum tipo de critério estabelecido.

122 A QUESTÃO SOCIAL

Sorokin, por exemplo, definiu algumas *formas* possíveis de *estratificação social*, entendendo que um conjunto de fatores de natureza econômica, cultural e política, em estreita interação entre si no interior da sociedade, produziriam *formas* de *estratificação* diferentes e complementares: a *estratificação econômica*, a mais importante delas, seria fundada na posse de bens materiais e resultaria em uma sociedade dividida entre pessoas ricas, pobres e em situações médias de vida; a *estratificação política* estaria definida com base nos grupos que detivessem ou não o poder de condução política da sociedade; e a *estratificação profissional* seria estabelecida pela distinção de importância atribuída a cada profissão pela sociedade. Para esse autor, *"a estratificação social é uma característica permanente de qualquer sociedade organizada"*, sem ser *"idêntica, quantitativa ou qualitativamente, em todas as sociedades e em todos os tempos"*.

Diversos cientistas sociais observaram, em seus estudos sobre a história das civilizações, sociedades organizadas com base em *formas* de *estratificação* específicas. As que ficaram como exemplos clássicos para a Sociologia foram três: as sociedades divididas em *castas*, caracterizadas na Antigüidade e na Índia; a sociedade *estamental*, que existiu na Europa durante o período feudal; e a sociedade de *classes*, definida pelo sistema industrial-capitalista. Um dos estudiosos das duas primeiras *formas* de *estratificação* foi Max Weber, ao passo que a *teoria das classes sociais* encontra no pensamento *marxista* sua formulação mais consistente. Esses exemplos serão objetos de atenção, quando for estabelecida a relação entre *estratificação* e *mobilidade social*.

9.2 SISTEMAS DE *STATUS* E *PAPÉIS* SOCIAIS

De acordo com a acepção contida nas obras de referência,[1] o termo *status* refere-se *"a um conjunto de direitos e deveres que caracterizam a posição de uma pessoa em suas relações com as outras"*. Nesse sentido, o conceito demarca as *posições* efetivamente ocupadas pelos indivíduos nos grupos e no contexto da sociedade, não importando se na *base* ou no *topo* da *escala de estratificação social*, daí ele implicar *direitos, deveres, prestígios, privilégios* e *responsabilidades*. No exercício diário da *vida social*, segundo a compreensão sociológica, os indivíduos ocupam diversos *status* distintos e de modo simultâneo, de acordo com a quantidade de grupos sociais a que pertencem, ou seja, *status familiais, ocupacionais, religiosos e políticos*, entre outros.

Para a Sociologia, os *status* podem ser *atribuídos* ou *adquiridos*. Quando *atribuídos*, são apostos aos indivíduos *exteriormente* a suas escolhas pessoais, e impostos pelo grupo ou pela sociedade sem nenhuma vinculação direta com as *ações* ou

---

1. ENCICLOPÉDIA LAROUSSE CULTURAL. São Paulo: Nova Cultural, 1998. v. 22, p. 5486.

qualidades destes. Cabem, nesse caso, os *status familiais*, de idade, sexo, raça, parentesco e classe social. No tocante aos *status adquiridos*, eles são resultantes de condições e escolhas específicas, bem como de qualidades pessoais desenvolvidas pelos indivíduos, relativas ao exercício de capacidades e habilidades que se manifestam nos processos de *competição* e *luta social*. Os *status ocupacionais, religiosos* e *políticos* exemplificam essas circunstâncias. Há certo consenso histórico de que nas *sociedades antigas*, mais fechadas em seus sistemas internos de seleção e distribuição dos indivíduos na escala social, preponderavam os *status atribuídos*, enquanto nas *sociedades modernas*, mais abertas, prevaleceriam os *status adquiridos*.

Diretamente relacionado ao conceito de *status*, o de *papel social* corresponde ao conjunto de *comportamentos* que os grupos e a sociedade *esperam* que os indivíduos *cumpram* em contrapartida aos *status* que ocupam. Trata-se da esfera do *desempenho* das *tarefas* e *obrigações* inerentes a cada tipo de *status*. Em todos os campos da *vida social* e para cada *status* ocupado por um indivíduo, existe a *expectativa* de *desempenho* de um *papel*, que é *avaliado* e *sancionado* positiva ou negativamente, conforme a *expectativa* que existe anteriormente à *ação*.

9.3 *MOBILIDADE SOCIAL*: CASTAS, ESTAMENTOS E CLASSES SOCIAIS

O conceito de *mobilidade social* está relacionado à idéia de *movimento*, de *mudança de posição* de indivíduos ou grupos em determinado sistema de estratificação. É importante notar que esse fenômeno social não existiu em todas as sociedades ao longo da História e naquelas em que ocorre varia em intensidade, maior ou menor, de uma para outra.

Segundo as definições clássicas da Sociologia, a *mobilidade social* pode dar-se de duas formas: a *vertical* e a *horizontal*. No sentido *vertical*, acontece, por motivos diversos, a *ascensão* ou a *queda* dos indivíduos ou grupos na escala de *hierarquia social*, levando a *mudanças* de suas *posições de classe* em relação às que eram ocupadas anteriormente na sociedade. A *mobilidade vertical* ainda é definida como *ascendente*, no caso de *subida* na escala social, e *descendente*, quando ocorre a *descida* nessa mesma escala. O enriquecimento e o empobrecimento exemplificam essas formas de *mobilidade*. A *mobilidade horizontal*, por sua vez, relaciona-se com as *mudanças* de posição no *interior* da mesma *classe social*, sem que haja mudança na *posição de classe* dos indivíduos e grupos. As mudanças de religião, de posição política e de convicção filosófica ilustram essa modalidade.

Nas sociedades que eram *estratificadas* segundo o sistema de *castas*, os indivíduos não conseguiam, de forma alguma, alcançar *posição social* mais elevada, não havendo, portanto, *mobilidade social*. Os esforços individuais não se faziam suficientes para que houvesse a *mudança de posição social*, uma vez que o posiciona-

124 A QUESTÃO SOCIAL

mento do indivíduo na escala de *estratificação* era dado por ocasião de seu nascimento e à revelia de qualquer vontade futura, impossibilitando qualquer tipo de alteração de *condição* no decorrer da vida. A posição social era recebida de herança e carregada indefinidamente em função da *condição* imposta pelo nascimento em uma ou outra *casta*.

Esse tipo de *estratificação* partia do pressuposto da *desigualdade* natural dos direitos, uma vez que eles eram definidos muito antes dos desejos e vontades dos indivíduos. As *desigualdades sociais* do mundo antigo revelavam-se sem os artifícios justificadores das ideologias. As sociedades *estratificadas* em *castas* eram, antes de qualquer consideração sobre a justiça ou injustiça de suas estruturas, produtos históricos de uma tradição teocrática de divisão e distribuição religiosa do poder político. Seus grupos sociais eram "fechados" e "endógamos", ou seja, realizavam seus casamentos necessariamente entre os membros de uma mesma *casta*, de modo a impossibilitar acessos por essa via. O direito ao exercício de determinadas profissões era definido de modo tradicional, por vínculo obrigatório à herança paterna, que devia ser seguida pelos descendentes sem questionamento ou escolha.

A sociedade hindu ofereceu para os estudos sociológicos uma *forma* de *estratificação* que a tipificou como *modelo* desse tipo de organização social. Iniciando pelo *topo* da escala, encontravam-se os *brâmanes*, sacerdotes e mestres religiosos, cuja função era relativa à preservação dos princípios divinizados da ordem social; logo abaixo, localizavam-se os *chátrias*, que compunham a aristocracia militar e os grupos governantes de origem principesca, que desempenhavam funções de proteção material da ordem estatal e do saber sagrado; em seguida, vinha a função produtiva, cumprida pelos *vaixiás*, que eram comerciantes, artesãos e camponeses; depois vinham os encarregados da base braçal da produção, os servos executores dos trabalhos manuais pesados, os chamados *sudras*; e, finalmente, os *párias*, situados no ponto mais baixo e colocados fora da *pirâmide de estratificação social*. Estes eram considerados pelos outros *segmentos* como *impuros*, e eram totalmente renegados pela *estrutura social*, que não lhes conferia o direito à condição humana.

A sociedade *estamental*, que vigorou na Idade Média na Europa, estabeleceu-se como *ordem social* do início ao fim do sistema feudal. Consistiu em uma *forma* de *estratificação* que guardava certas semelhanças em relação ao *sistema de castas*, com características, no entanto, mais abertas. Na *ordem social estamental*, a *mobilidade vertical ascendente* era muito difícil, sem ser, porém, de realização impossível. Os critérios que davam fundamento a essa *estratificação* estavam assentados em parâmetros de honra, hereditariedade e linhagem, que se configuravam como elementos organizadores e distribuidores dos indivíduos nos *estamentos* sociais. A hierarquia social encontrava-se estabelecida com base em um complexo de *valores culturais* fundados e unidos pela *tradição*, que era o elemento central definidor da rede de relações sociais.

ESTRATIFICAÇÃO E MOBILIDADE SOCIAL **125**

Os raros casos de *ascensão social* ocorriam por meio de filtros severos de seleção, tais como os recrutamentos realizados pela Igreja Católica Romana entre os componentes das camadas pobres; os poucos servos que eram emancipados por senhores em situações especiais; as escassas concessões de título de nobreza por parte dos reis a um ou outro homem do povo; e os casamentos de um membro das camadas pobres com um portador da condição nobilitada. A pirâmide social da sociedade feudal européia era organizada, de modo simplificado, da seguinte forma: no topo da escala, ou *primeiro estado*, a nobreza e o alto clero da Igreja Católica; no meio da escala, ou *segundo estado*, de onde posteriormente nasceu a burguesia, os comerciantes, os artesãos, os camponeses livres e o baixo clero; e, na base da pirâmide, o chamado *terceiro estado*, a maioria que vivia sob as diversas formas de servidão.

O exercício do poder político e o prestígio social eram totalmente vinculados à posse da terra, fonte primeira e última de toda a estrutura desse sistema de organização social. A dominação que era exercida pela nobreza e pelo alto clero católico fundava-se unicamente na designação social desses segmentos enquanto proprietários, vale dizer, senhores feudais. Daí a maior dificuldade de *ascensão social*: a obtenção da posse da terra, que não podia ser dividida, uma vez que sua repartição implicaria também a divisão do poder.

A *sociedade de classes* é produto das revoluções burguesas e foi engendrada muito antes delas, no bojo do processo que ficou conhecido pela historiografia como *Renascimento Comercial e Urbano*, que ocorreu entre os séculos XI e XV na Europa ocidental. Dessa forma, a *estratificação* da sociedade em *classes sociais* só pode ser tipificada a partir do advento do capitalismo, ou pelo menos do momento em que a burguesia *ascendeu* à condição de detentora, primeiro, do poder econômico e, depois, do poder político. A Revolução Industrial Inglesa e a Revolução Francesa demarcam o acabamento de um processo de transição social profunda que durou séculos. Daí a *mobilidade social* constituir-se como traço característico da *sociedade de classes* que se instituía, uma vez que a própria burguesia *forçou* sua *subida*, por meio das *revoluções liberais*, de modo *vertical* e *ascendente*, para a posição no *topo* da pirâmide social.

Desse modo, a pirâmide de *estratificação* das *classes* ficou assim estabelecida: no *alto*, a burguesia, detentora do capital e dos meios de produção, formada pelos industriais, grandes comerciantes, proprietários de terra e banqueiros; no *meio*, uma *classe média*, que se formou gradativamente em decorrência do desenvolvimento sem precedentes dos serviços pertinentes à vida urbana; e, na *base*, a *classe* que a *teoria marxista* denominou de *proletariado*, formada pelos que viviam unicamente da venda de sua força de trabalho pela contrapartida do salário, que atualmente pode ser mais bem caracterizada como *classe trabalhadora*, uma vez que o conceito anterior referia-se apenas ao operariado urbano-industrial e não à gama multifacetada de trabalhadores, que atualmente subsiste por meio da condição assalariada.

126 A QUESTÃO SOCIAL

A existência da possibilidade de *mobilidade social* na *sociedade de classes*, uma vez que o critério principal para a *ascensão social* passou a ser essencialmente econômico, relativo à renda e à capacidade de consumo, pode levar a um equívoco que não deve ser cometido: o de pensar que, por esse motivo, comparando-se com as sociedades de *castas* e *estamental*, a *justiça social* estaria estabelecida pelo advento da *modernidade burguesa*, ficando, daí por diante, por conta do *esforço* ou da *negligência* de cada um a *subida* ou a *descida* na escala de *estratificação social*.

É claro que, quanto mais uma sociedade avança na democracia, mais abertos deverão ser seus critérios de seleção e distribuição social dos indivíduos em seus diversos setores, abrindo, portanto, maiores possibilidades de *mobilidade social*. Só que não tem sido exatamente essa a experiência histórica vivida pela sociedade moderna. Ogburn e Nimkoff disseram, em 1946, que *na sociedade constituída de "classes abertas" haveria a mobilidade social máxima*. Ora, excluídas as experiências *inclusivas* que foram promovidas pelo *Welfare State* nos países ricos, o capitalismo tem demonstrado sobejamente sua incapacidade em lidar, não com a *mobilidade* individual, mas com o problema coletivo da *exclusão*, que elimina, na prática, essa possibilidade para a maioria dos indivíduos.

O capitalismo do início do século XXI e sua *sociedade de classes*, que concentra e fortalece como nunca o poder financeiro oligopolizado ao mesmo tempo que atomiza as classes trabalhadoras, conforme suas necessidades econômicas e tecnológicas, têm dado mostras repetidas ao mundo de que a continuidade da *exclusão social* não é seu problema. A questão é relevante: ao avanço histórico da democracia política não tem correspondido um avanço idêntico no campo dos direitos sociais, o que significa, para os contingentes crescentes de *excluídos* pelo sistema nas sociedades ricas e pobres, o desaparecimento concreto de possibilidades maiores de *mobilidade social*.

9.4 AS *CLASSES SOCIAIS* NO BRASIL

O processo de formação das *classes sociais* brasileiras remonta, se tomada sua origem histórica mais distante, à inserção do Brasil colonial nos processos macroeconômicos da *Revolução Comercial* e do surgimento da modernidade burguesa, ligando-se à problemática relativa às navegações oceânicas portuguesas e ao desenvolvimento do *capitalismo mercantilista*. Perpassando por todo o período colonial, avança pelo da pós-independência imperial até o Segundo Reinado, que oferece o *pano de fundo* político para a consolidação efetiva de uma *oligarquia agrolatifundiária* poderosa e para o início do surgimento de *camadas médias* nas cidades, graças ao avanço da urbanização.

ESTRATIFICAÇÃO E MOBILIDADE SOCIAL **127**

Nelson Werneck Sodré (1964:271) desenvolveu sua argumentação acerca da origem da *composição social da burguesia brasileira*, a partir de uma citação que remete a Fernando Henrique Cardoso,[2] quando este define *"a nova fazenda de café do Oeste Paulista"*:

> *"A generalização da economia mercantil, do mercado interno, abrange, pois, muitos dos elementos que a imigração introduzia e que não se conformavam com o destino único a que estavam condenados: muitos acolheram-se, por isso mesmo, a atividades urbanas, entre elas as de troca. Daí surge a segunda camada que vai constituir a burguesia brasileira, ao lado daquela que se recruta no ventre do próprio latifúndio: a dos imigrantes enriquecidos no comércio e, depois, transformados em industriais. Ao lado de nomes tradicionais, vinculados a uma sociedade antiga, cujas raízes estavam na propriedade da terra, apareceram os nomes estrangeiros, na relação dos capitalistas que impulsionam a industrialização. Chegam depois, portanto, do que os nacionais, e vão, em alguns casos, superá-los justamente porque não trazem a herança dos primeiros, não têm nenhum compromisso com o passado."*

Chega-se, desse modo, à República Velha que, além de ainda estar sob o exercício do poder político das *oligarquias* do *café-com-leite*, impulsiona definitivamente a formação da *classe burguesa*, da *classe média* e do *operariado* nas grandes cidades, decorrente da industrialização de *substituição de importações* que ocorreu no bojo da Primeira Guerra Mundial. O resultado político dessa mudança de rumos na economia configurou-se, anos depois, a partir da Revolução de 1930, que alçou para o poder a *burguesia* e seu projeto de continuidade e aprofundamento da industrialização do país. Esse processo de mudança social caminhou entre idas e vindas para sua conclusão posterior, que se deu após o fim da Segunda Guerra Mundial, por volta da década de 50, momento no qual é possível sustentar que estava praticamente configurada a atual conformação de *classes* que embasa a *estratificação social* existente no Brasil.

Esses são, em resumo, os principais fundamentos explicativos que determinam a *especificidade* da formação histórica da *sociedade de classes* no Brasil. A pirâmide de *estratificação* proposta por Ferrari (1983), citada por vários autores, sugere a existência de três *classes* até os anos 50: *alta*, *média* e *baixa*. Avançando na direção dos dias atuais, ele aumenta e sofistica a *estratificação*, segmentando-a em sete setores: *classe alta tradicional* e *nova classe alta*; *classes média-alta*, *média-média* e *média-baixa*; *classes baixa-alta* e *baixa-baixa*. O significado desse maior fracionamento das *classes* ao longo dos anos pode ser encontrado tanto no acesso de novos grupos minoritários à condição burguesa, quanto na maior segmentação da antiga classe média em decorrência de seu empobrecimento relativo e na não-melhoria efetiva das condições de vida das maiorias situadas nas classes pobres.

---

2. Condições sociais da industrialização em São Paulo. *Revista Brasiliense*, São Paulo: Brasiliense, nº 28, p. 35. mar./abr. 1960.

128 A QUESTÃO SOCIAL

Procurando espelhar de forma variada esse processo, surgem novos tipos de *estratificação* mais recentes, aparentemente mais objetivos e simplificados, de uso corrente em pesquisas de opinião pública e de mercado, que classificam a sociedade exclusivamente em *faixas de renda* por letras. Assim, as *classes altas* tornam-se a *classe A*; a *média-alta*, a *classe B*; as *média-média* e *média-baixa*, a *classe C*; a *classe baixa-alta* torna-se a *D*; e a *baixa-baixa*, a classe *E*. Outrossim, a imprensa tem definido, por meio de seus institutos de pesquisa, outros tipos de *estratificação*, mais voltados para as necessidades de compreensão rápida, que são estabelecidas pelo jornalismo, como a que foi citada na Tabela 8.1, na Seção 8.3, que estabelece conceitos dotados de juízo de valor: *elite, batalhadores, remediados, deslocados, pobres, despossuídos* e *miseráveis*.

Sobre essas "novas" formas de estratificação da sociedade de classes brasileira há o que questionar: existem os que sustentam que as tentativas sociológicas de *interpretação* e *explicação* correm o risco de cair no viés da *subjetividade*. Como lidar, todavia, com outro viés, que pode escamotear e confundir, seja pela justificativa da *simplicidade*, seja pelas necessidades de uma suposta *compreensão instantânea*, o esclarecimento público sobre as reais condições de vida das pessoas em uma sociedade que ainda se preocupa mais com o consumo irrefletido do que com a vida sustentável?

EXERCÍCIOS REFLEXIVOS

1. Conceitue *estratificação social*. Após isso, estabeleça os *fatores* que são *determinantes* para que as sociedades dividam-se em *camadas* distintas.

2. Tomando por base os conceitos sociológicos de *status* e *papel* social, produza um breve texto no qual, além de defini-los, você estabeleça as diferenças que existem entre eles.

3. Defina o conceito de *mobilidade social* e estabeleça as relações entre ele e as sociedades *estratificadas* em *castas, estamentos* e *classes sociais*.

4. Ogburn e Nimkoff, em 1946, consideraram que na sociedade constituída de *classes abertas* existiria *mobilidade social máxima*. Questione essa afirmação com base em uma reflexão crítica sobre o estágio pelo qual passa o capitalismo neste início de século: como fica, com o *neoliberalismo* e a *globalização*, a possibilidade de *mobilidade social* se a quantidade de *excluídos* parece aumentar? Escreva sobre esse problema.

5. Com base no conceito definido na questão anterior, produza uma breve reflexão sobre a *estratificação* e a *mobilidade* no Brasil do início do século XXI.

10

Desigualdade Social

10.1 ORIGEM E FUNDAMENTO DA DESIGUALDADE: POBREZA E RIQUEZA

A pobreza e a riqueza existem nas sociedades as quais pressupõem que os bens oriundos da natureza e gerados pelo esforço do trabalho não são suficientes para satisfazer às necessidades vitais e sociais de todos os seus membros. A pobreza é, portanto, um conceito complexo: cruel para os que a têm vivenciado ao longo da história humana e relativa para os que a têm visto com parâmetros meramente econômicos ou políticos.

Indicador fundamental da *desigualdade social*, origina-se na distribuição desigual dos frutos da natureza e do trabalho e fundamenta-se na compreensão de que esse fato seja *normal* ou *natural*. Visto dessa forma, o problema da pobreza adquire dimensões históricas de longa duração: as sociedades da Antigüidade e da Idade Média não a consideravam um *problema social*, vendo-a apenas como o resultado de uma *condição naturalmente imposta* pelo nascimento nas camadas da base da pirâmide social. As reflexões sobre as origens e os fundamentos da *desigualdade* surgiram no bojo do nascimento do mundo moderno e foram postas em pauta pelos primeiros pensadores burgueses, que buscaram compreender, explicar e justificar a continuidade de sua existência sob novas formas, fato que perdura até os dias atuais.

Thomas Hobbes (1588-1679) trabalhou baseado em uma questão central: a do *contrato social*. Entendendo que todos os indivíduos eram *naturalmente iguais*,

130 A QUESTÃO SOCIAL

ele definiu que essa suposta *igualdade* estimularia uma luta sem fim entre todos, gerando um estado permanente de violência. Dessa forma, para impedir a beligerância generalizada, seria necessário que a sociedade firmasse um *acordo coletivo* que superasse aquela *igualdade original* do *estado de natureza*, que fazia com que *o homem fosse o lobo do homem*. Esse *acordo* configuraria um *contrato social* que delegaria para o monarca a condição de *gestor* desse *contrato*, implicando, para os indivíduos, a perda da *liberdade*, uma vez que estes aceitariam viver dali por diante em um *estado de submissão* em relação a essa figura, que personificaria o *poder absoluto* do Estado.

John Locke (1632-1704) preocupou-se com outro tema: o do *pacto social*. Para ele, o homem era o primeiro proprietário de si mesmo, podendo, por isso, assumir a atitude de apropriar-se da natureza por meio do trabalho. Esse ponto é relevante e pode ser considerado um dos atos fundadores da ideologia burguesa, já indicando uma *ética puritana da realização do homem por meio do trabalho*. Contrariamente ao *absolutismo* e ao *pacto de submissão* apresentado por Hobbes, Locke propôs um novo *acordo*, o do *consentimento*, diretamente relacionado ao problema da limitação do *poder absoluto* do Estado. Ele partiu de uma necessidade central: constituir uma sociedade fundada na política, na qual *pactuariam* homens *livres* e *iguais*. O problema é que eles só seriam *livres e iguais à medida que tivessem propriedades a zelar*. Os que não as possuíssem não estariam aptos, portanto, para a celebração do *pacto*, sendo relegados à condição de *desiguais*. Eis, em seu nascedouro, a teoria política justificadora da ascensão da burguesia ao poder. Nessa concepção, as *desigualdades* continuaram, sob nova roupagem, intrínsecas às condições de existência social e política dos indivíduos.

Em seguida aos dois grandes teóricos ingleses do momento inicial do Estado-nação burguês, Jean-Jacques Rousseau (1712-1778), assim como Locke, resgatou a *teoria do direito natural*, encaminhando-a para uma sólida concepção *individualista* que fundamentou a evolução posterior da nascente *consciência burguesa*. Em seu livro *O contrato social*, ele defendeu a tese de que a *liberdade* só teria sentido se fosse edificada na *igualdade*. Essa *igualdade*, por sua vez, deveria ser moralmente assentada e legitimada por meio do concurso dos fundamentos jurídicos. Ou seja, só poderiam ser *livres os iguais*, e a lei – base da teoria *rousseauniana* – seria a força de coesão desse estatuto ao declarar que todos "*os homens deveriam ser iguais perante ela*".

As *desigualdades reais*, no entanto, continuavam relegando as maiorias à condição da *não-liberdade*. Diante desse problema, a solução de Rousseau foi teórica, uma vez que em seu entendimento essa *desigualdade* continuava sendo um produto inevitável da própria lógica constitutiva da sociedade, apesar de não ser mais mera *condição natural*. O princípio do *bem comum*, que surgiu com suas formulações, não era *coletivista* a ponto de apontar para a necessidade de superação plena da *desigualdade social*. É necessário não perder de vista que Rousseau foi um dos principais construtores do paradigma teórico-político e ideológico que sustentou a ação da burguesia no processo da Revolução Francesa.

DESIGUALDADE SOCIAL **131**

As formas pelas quais os teóricos do Estado burguês moderno procuraram compreender, explicar e justificar a *desigualdade* passaram pelos conceitos de *contrato, pacto, consentimento* e pelo lema da *liberdade, igualdade e fraternidade,* mas só a superaram efetivamente no plano jurídico, o que constituiu avanço histórico incontestável.

Todavia, a despeito desse avanço tributado à modernidade, as *desigualdades* continuam sem soluções à vista no horizonte. Diferenças de características pessoais – psíquicas, físicas e raciais, entre muitas outras – que existem entre os indivíduos continuam fundamentando certas *explicações* e *justificativas* para as *desigualdades sociais,* ao mesmo tempo que a ciência prova exaustivamente serem essas *diferenças individuais* apenas um demonstrativo da diversidade compreendida pela condição humana. As *diferenças sociais,* que são produto objetivo das distinções materiais entre proprietários e não proprietários, ricos e pobres, *incluídos* e *excluídos,* continuam, todavia, sendo construídas e escamoteadas, na sociedade de classes contemporânea, ao sabor dos interesses e necessidades dos grupos que nela detêm o poder.

No início do século XXI, a pobreza continua sendo tratada como conseqüência direta do fracasso pessoal, da incompetência ou da falta de vontade e garra dos indivíduos ou grupos, ao mesmo tempo que os setores dominantes da sociedade persistem na postura de não se sentirem responsáveis por sua geração. A questão central que motiva a *exclusão social,* com todas as conseqüências que dela advêm, ainda é deixada de lado, sendo colocadas em seu lugar justificativas ideológicas que procuram formas convincentes de apresentar as *desigualdades sociais* não como decorrências de atividades e de *condições materiais vigentes* que são geradas na própria estrutura social, mas como fruto de uma *decisão* dos que não aceitam submeter-se ao trabalho nas condições precárias em que ele ora é oferecido.

10.2 RELAÇÕES SOCIAIS E DESIGUALDADE

Ao longo do século XIX despontaram diferentes concepções teóricas que criticaram as explicações sobre as *desigualdades* até então desenvolvidas pelo pensamento liberal-burguês. Entre elas, a *anarquista,* a dos *socialistas utópicos* e a *marxista.*[1] Originando-se da evidência de que a *igualdade jurídica* não bastava para que a maioria da sociedade conquistasse a *igualdade* de fato, que deveria ter fundamento material, essas concepções lutaram por mudanças sociais que oferecessem perspectivas reais de supressão e eliminação das *injustiças* estabelecidas com base no problema da *desigualdade.* O avanço da percepção de que a *desigualdade social* não era *produto natural* da condição humana, fato já notado teoricamente por Rousseau, levou-a ao cerne da questão: a *desigualdade* era uma resultante direta da lógica das *relações sociais.*

---

1. Ver Capítulo 4.

132 A QUESTÃO SOCIAL

O *marxismo* centrou sua crítica sobre as idéias de *liberdade* e *igualdade* do pensamento liberal apoiado no entendimento de que esse conjunto de *valores* expressava apenas os interesses de uma *classe social* – a burguesia –, e não os do *conjunto* da sociedade, como seus teóricos pleiteavam. Suas reflexões não se ativeram apenas sobre as *desigualdades* em seus aspectos jurídicos, uma vez que elas foram consideradas produto de um teia de *relações* estabelecidas pelo fundamento da *propriedade privada*, nos sentidos jurídico, econômico e político.

Para a visão *marxista*, as *desigualdades* na sociedade burguesa engendram-se de sistema de *organização social* no qual *uma classe produz e outra se apropria do produto desse trabalho*, evidenciando *contradições insanáveis entre* elas, que seriam inerentes ao *sistema, produtos* dele mesmo. Daí, de acordo com essa concepção, a ruptura com a *desigualdade* e sua conseqüente superação implicarem a mudança radical da lógica interna dessas formas de *relações sociais*, só sendo possível além da *ordem* política e econômica capitalista.

Como disse Hobsbawm,[2] é surpreendente o fato de o mundo ser, hoje, *"muito mais parecido com aquele que Marx predisse em 1848"*, em função da dupla constatação de que há um *"poder capitalista dominando o mundo inteiro"* e de que a *"sociedade burguesa"* continua *"destruindo todos os velhos valores tradicionais"*, fatos que parecem, para ele, ser mais válidos hoje *"do que quando Marx morreu"*. Como nunca, o quadro atualmente apresentado pela *exclusão social* demonstra que a *desigualdade* é uma resultante direta da lógica das *relações sociais*. A questão da superação da pobreza e da injustiça social continua em pauta e, pelo que é evidente, não cabe mais embaixo do tapete dos disfarces.

10.3 AS DESIGUALDADES NO BRASIL DO SÉCULO XXI

A *desigualdade social* brasileira é profundamente fincada nos parâmetros que definem a *sociedade de classes dependente*. Sua história confere-lhe, entretanto, especificidades próprias do desenvolvimento das *relações sociais* que, aqui, se constituíram desde o início da formação moderna do país. Nos períodos colonial e imperial, ela esteve edificada sobre o estatuto da escravidão que, além de engessar o processo de criação de uma *classe trabalhadora* assalariada, gerava o substrato da maioria da população negra que vive sob a *exclusão*, da *abolição* aos dias atuais. A introdução do trabalho assalariado, por meio da mão-de-obra imigrante que acorreu para o Brasil, assentou os fundamentos locais da *desigualdade*, segundo as bases que a caracterizam no regime capitalista.

---

2. TREVISAN, Leonardo. Hobsbawn analisa mudanças na esquerda. *O Estado de S. Paulo*, São Paulo, 24 ago. 1997. Caderno 2, p. D1-2.

DESIGUALDADE SOCIAL **133**

Com o advento da República, e a partir da primeira década do século XX, o sistema econômico que se vinha implantando no país, seguindo uma tradição histórica longamente articulada nos períodos anteriores, aprofundou sua feição *dependente*, de início pelo tipo de industrialização, que se deu para *substituir importações*. Um breve retrospecto que visualize os *modelos econômicos e políticos* que sustentaram a formação do capitalismo brasileiro em suas fases principais – até os anos 30 do século passado, destes anos ao começo da década de 50, dela ao golpe militar de 1964 e de 1964 aos dias de hoje – prova que as perspectivas futuras para a problemática da *desigualdade* não eram boas, o que oferece a possibilidade de uma compreensão efetiva dos fatores que conduziram ao quadro crítico da extrema *desigualdade* existente entre as *classes* no Brasil do início do século XXI.

Ao modelo econômico agroexportador, que sustentou a República até 1930 e que lançou as bases de capital para o início da industrialização, somou-se um modelo político estruturado pelas oligarquias agrárias que via a questão social como um *caso de polícia*. As queixas contra a *desigualdade* encontravam na repressão armada uma dura resposta, indicando que, na visão das elites agrárias, não havia outro lugar para o pobre que não fosse a pobreza.

Entre 1930 e o final da década de 40 ocorreram mudanças importantes nesses modelos. No âmbito econômico, o Estado passou a investir na criação de uma infra-estrutura que pudesse sustentar a industrialização que vinha em marcha. No político, a substituição gradativa das oligarquias agrárias pela burguesia industrial e financeira no controle do Estado não acarretou grandes mudanças no trato com a *questão social*. Getúlio Vargas, ironicamente apelidado pela voz popular de *"pai dos pobres e mãe dos ricos"*, continuou a vê-la como *caso de polícia*, aplicando-lhe, simultaneamente, a mão-de-ferro da repressão policial e a novidade da luva de pelica do *populismo paternalista*.

A partir dos anos 50 já estava configurado um modelo econômico industrial e financeiro *dependente* do financiamento do capital externo. Nesses anos, todavia, aconteceram intensas discussões no país no tocante às formas sob as quais deveria processar-se o desenvolvimento econômico, se pela via *nacional-autonomista*, como defendiam os chamados *nacionalistas*, ou pela continuidade da abertura da economia ao capital externo, como propugnavam os que receberam o epíteto de *entreguistas*. Quanto ao modelo político, esse período até o golpe militar de 1964, definido por alguns autores como *ciclo populista*, caracterizou-se pela continuidade do gerenciamento do Estado em conformidade com o âmbito restrito dos interesses da burguesia industrial-financeira e do setor agrário, por meio de articulações e arranjos políticos que pressupunham a vigência do Estado de direito democrático.

A forma de lidar com a *questão social* mudou nesse período, o que não implicou necessariamente encaminhamentos efetivos para a resolução dos graves problemas que fermentavam em seu bojo. Ela assumiu a condição de problema vinculado às possibilidades e aos rumos do desenvolvimento econômico, tornando-se objeto de estudo de intelectuais, economistas e sociólogos, ao mesmo tempo

134 A QUESTÃO SOCIAL

que, em virtude do espaço político aberto pela vigência do regime democrático, as forças sociais ligadas às *classes menos favorecidas* organizavam-se com o intuito do enfrentamento do problema histórico da *desigualdade* e da *exclusão social*.

A crise e o esgotamento políticos do *populismo democrático* consistiram em fatores determinantes para o golpe militar em 1964. O caminho que foi escolhido pelo *desenvolvimento com segurança* implicou a continuidade e radicalização da abertura da economia brasileira ao capital externo oligopolista, encerrando, pelo recurso à força militar, as discussões sobre as possibilidades e as alternativas de desenvolvimento econômico autônomo e sustentado em bases nacionais. O modelo econômico industrial e financeiro que pavimentou essa opção, definido por alguns autores como *capitalismo selvagem*, sustentou-se no que ficou conhecido como *tripé* entre o *capital nacional,* o *capital estrangeiro* e o *Estado empresário intervencionista e autoritário*.

Do ponto de vista político, o retrocesso foi patente, uma vez que a implantação abrupta do autoritarismo militar estancou um amplo processo de debate e de luta política que vinha acontecendo no país desde o retorno da democracia em 1946, com implicações negativas evidentes em todos os campos da vida nacional. O que se viu foi o engessamento da vida política brasileira por 21 anos, até 1985, por meio de uma sucessão de generais-presidentes que mal disfarçavam a condição de *gerentes* dos interesses dos grandes grupos empresariais nacionais e internacionais, associados aos setores que empreendiam a modernização capitalista da estrutura produtiva do campo.

O tratamento da *questão social* voltou à estaca zero. Os militares passaram a encará-la como problema de *segurança nacional*, a partir da consideração de que qualquer questionamento a suas medidas e políticas era *subversão*. A repressão policial-militar abateu-se sem trégua sobre as organizações e movimentos sociais que haviam conseguido reestruturar suas ações de luta contra a desigualdade e a miséria. De *caso de polícia*, como foi tratada no início da República, ela foi alçada ao *status* de *problema de Estado*, o que dá a medida da amplitude da escolha que foi feita por um modelo econômico e político edificado sobre a *exclusão* como *opção preferencial*.

Entre 1964 e 1985, os militares e os grupos políticos que os apoiavam tiveram plenos e excepcionais poderes para mudar a face do país, mas o que conseguiram, graças à artificialidade de seus modelos de ação, foi projetar para adiante o agravamento da crise econômica e política. A retórica que foi utilizada para justificar a tomada do poder em 1964, fundada no combate à inflação e à corrupção, provou ser vazia de conteúdo, uma vez que ambas não cederam diante do autoritarismo militar. A *modernização* artificialmente forçada que se deu no país, por meio do uso sem controle da poupança externa, implicou o aumento sem precedentes do *custo social* dessa operação econômica, com reflexos imediatos no agravamento das *desigualdades*. Faces cruéis de uma mesma moeda, o aumento da dívida externa e a concentração de renda implicaram, por exemplo, a continuidade do analfabetismo, da deseducação política e do alargamento da base social da pobreza.

A exaustão da ditadura militar não deixou de ser sentida no interior do próprio regime, por meio de seus setores mais liberais, e foi decorrente de suas opções, de seus modelos de ação e de um jogo complexo de pressões democratizantes internas e externas. A transição para o retorno da democracia aconteceu baseada em um longo e intrincado processo de *engenharia política* que se deu, como dizem alguns cientistas políticos, *pelo alto*, procurando preservar os saldos da *modernização* obtida pelos militares e os fundamentos econômicos que forneciam as bases para as tentativas de concretização futura de novos patamares de acumulação. No tocante aos problemas sociais, os economistas que trabalharam para o regime autoritário defendiam que *o bolo precisava primeiro crescer para, depois, ser dividido*. O *bolo cresceu*, mas não foi, nem seria, *dividido* com a redemocratização da vida política.

Samuel Huntington (1994:129-130) diz, a respeito da transição para a volta da democracia, que aqui

> "*o presidente Geisel determinou que a mudança política seria 'lenta, gradual e segura'. O processo começou ao final do governo Médici, em 1973, continuou nos governos de Geisel e de Figueiredo, saltou à frente com a instalação de um presidente civil em 1985 e culminou com a adoção de uma nova Constituição em 1988 e com a eleição popular do presidente em 1989. Aos movimentos em prol da democratização decretados pelo regime, intercalaram-se ações destinadas a tranqüilizar os militares e civis de linha-dura. Com efeito, os presidentes Geisel e Figueiredo seguiram uma política de dois passos à frente, um passo atrás. O resultado foi uma democratização vagarosa, na qual o controle do governo sobre o processo jamais foi seriamente ameaçado. Em 1973, o Brasil tinha uma ditadura militar repressora; em 1989, era uma democracia total. Costuma-se datar a inauguração da democracia no Brasil em janeiro de 1985, quando o colégio eleitoral escolheu um presidente civil. No entanto, não houve, de fato, nenhum corte claro; a característica da transformação brasileira é ser virtualmente impossível dizer-se em que ponto o Brasil deixou de ser uma ditadura e tornou-se uma democracia".*

Os governos Sarney e Collor representaram o momento do pagamento da fatura da crise que foi longamente plantada pela *modernização a ferro e fogo* promovida nos *anos de chumbo*. Democracia em reimplantação e crise na esfera da economia: foram deflagrados cinco planos econômicos[3] de tentativa de combate à inflação e estabilização da moeda entre 1985 e 1990. Estavam dadas as condições materiais para o agravamento ainda maior dos problemas sociais oriundos da *desigualdade*, uma vez que, nessas situações, os setores dominantes costumam agir defensivamente, concentrando ainda mais a renda e socializando os prejuízos na direção do conjunto da sociedade.

---

3. Com Sarney: Plano Cruzado, fevereiro de 1986; Plano Cruzado II, novembro de 1986; Plano Bresser, junho de 1987; Plano Verão, janeiro de 1989. Com Collor: Plano Brasil Novo, março de 1990.

136 A QUESTÃO SOCIAL

Nos países ricos, como já foi delineado, estavam em pleno curso os primeiros passos da chamada *globalização econômica*, oferecendo o *caldo de cultura* que compõe o corpo de paradigmas que definem os modelos econômicos e políticos vigentes no capitalismo atual. A *opção preferencial pela exclusão*, fato vivido desde há muito e por motivos sempre vindos do *alto*, como dor crônica e secular, pela maior parte da população brasileira, começava a mostrar suas feições radicais, visíveis a quem queira no decorrer da década de 1990 e nos momentos iniciais do século XXI.

O busílis desses problemas está na esfera econômica: as perspectivas de melhorias sociais efetivas para as maiorias continuam sombrias. O modelo econômico propugnado pela *cartilha neoliberal*, adotado como inevitabilidade do governo Collor em diante, aceita as regras da internacionalização cada vez mais acelerada da economia, reduz, como é mandado, o papel do antigo Estado empresário e intervencionista, por meio de uma política de privatizações feita na *bacia das almas*, e confere uma *nova face* ao capitalismo industrial, financeiro e agrário brasileiro.

No âmbito político, a democracia formal está consolidada no Brasil com a vigência do Estado de Direito. A vida política passa por um rumoroso processo de depuração, com as dificuldades inerentes a esses processos, dos desmandos seculares da irresponsabilidade e dos interesses mesquinhos na condução dos negócios públicos. A excessiva subordinação, entretanto, da política aos ditames dos movimentos financeiros do *mercado global* produz o espetáculo da visão de certo estado de perplexidade vivido pela burguesia local, movido pelas pulsões extremas entre o deslumbramento e o susto diário. Os centros de discussão e decisão da vida política vivem ao sabor da expectativa diária dos humores da especulação global, realizada em tempo real nas redes computacionais virtuais. Esse fato provoca, além de uma nova forma de posição defensiva e concentradora de renda por parte das elites econômicas, o deslocamento real da política de sua atividade precípua, que é negociar e administrar condições de vida favoráveis ao maior número possível de pessoas, universalizando efetivamente as oportunidades, os acessos e a justiça social.

Na esteira desse deslocamento da política, a *questão social* é disfarçadamente atirada para um canto da agenda, embora o discurso político midiático diga o contrário, tentando convencer a opinião pública constantemente de que os governos atuais *fazem muito pelo social*. Quem busca fazer e trabalha efetivamente com a *questão* são os *movimentos sociais*, as *organizações não governamentais* do *terceiro setor*, enfim, os grupos, as pessoas e os partidos ligados de forma não eleitoral à problemática da *exclusão*, que se organizam e lutam como podem contra a crueldade da *opção pelo alto*.

A realidade dos números e das pesquisas mais recentes demonstra que o quadro da *desigualdade* existente entre as *classes*, no Brasil do início do século XXI, não só se agrava, como é crítico. As ruas das grandes cidades apinhadas de *sem-teto*, o *desemprego estrutural*, a imagem dos *sem-terra* pelas estradas, a escalada sem precedentes da violência urbana nos bairros pobres, entre outros fatos quotidianos graves, demonstram de forma inquestionável tal situação.

DESIGUALDADE SOCIAL **137**

Segundo o IBGE,[4] o levantamento sobre a década de 90

"revela um Brasil com famílias menores, mais escolaridade, melhores resultados na taxa de mortalidade infantil e transformações diversas no mercado de trabalho. O país termina o século marcado pela permanência da desigualdade: na década de 90, o rendimento dos 10% mais ricos e dos 40% mais pobres cresceu 38% (passando de 13,30 salários mínimos para 18,40) e 40% (da fração de 0,70 salário mínimo para 0,98), respectivamente, mantendo inalterada a elevada concentração da renda na sociedade brasileira".

A revista *Veja*,[5] por sua vez, interpretando os indicadores sociais recentes publicados pelo IBGE, diz que, *"em 1992, os 10% mais ricos detinham 45,8% da renda nacional"*, enquanto que, *"em 1999, os 10% mais ricos passaram a deter 47,4%"* dessa mesma renda. Comparando o *topo* e a *base* da pirâmide social entre os Estados Unidos e o Brasil, ela sustenta que, no *topo*, *"o americano ganha, em média, quatro vezes mais que o brasileiro"*, e na *base*, ele ganha, *"em média, doze vezes mais que o brasileiro"*. A constatação óbvia é de que a distância entre ricos e pobres é muito menor lá do que aqui: em termos dos rendimentos médios mensais, de cinco vezes no caso norte-americano e de 15,9 vezes no brasileiro.

Concluindo seus comentários, a revista demonstra, por meio de uma tabela comparativa, *"a diferença de renda entre os 20% mais ricos e os 20% mais pobres"* em 18 países, evidenciada pelo *"tempo que os mais pobres precisam trabalhar para igualar sua renda mensal à dos mais ricos"*. Na Polônia, está o tempo mais breve, três meses; na Espanha e Japão, quatro meses; na Índia, cinco; nos Estados Unidos, oito; na Austrália, nove; na Colômbia, um ano e quatro meses; na Venezuela, um ano e cinco meses; e, no Brasil, dois anos e oito meses.

A saída para esse quadro, que a publicação denomina de *cenário pavoroso*, passa necessariamente pela compreensão de suas origens, de sua história e pela necessidade de investimentos maciços em educação, que, apesar de constituírem condição *sine qua non* para sua minimização, sequer o arranham se não acontecer um combate não demagógico e efetivo à pobreza e à implementação de políticas positivas de distribuição real da renda nacional. Medidas paliativas do governo, sustentadas

---

4.   De acordo com o instituto, a *Síntese dos Indicadores Sociais "reúne um conjunto de indicadores sobre a realidade social brasileira, abrangendo os principais aspectos demográficos, de saúde, educação, trabalho e rendimento, domicílios, família, crianças, adolescentes e jovens, idosos e desigualdades raciais, acompanhados de breves comentários sobre as características observadas nos diferentes estratos geográficos e populacionais do país relativamente a esses temas. Essas informações, elaboradas, principalmente, a partir dos resultados da Pesquisa Nacional por Amostra de Domicílios (PNAD), retratam as condições socioeconômicas da população nos anos de 1992 e 1999. Estão organizadas em tabelas e gráficos, para o Brasil, grande região e unidade da federação e, para alguns aspectos, também para região metropolitana".* Fonte: www.ibge.gov.br.

5.   MENDONÇA, Ricardo. São Paulo: Abril, nº 14, p. 48-49, 11 abr. 2001.

138 A QUESTÃO SOCIAL

pelo recurso à mídia, não resolvem e nem enganam mais ninguém; socorros altruístas e bem-intencionados acodem corretamente emergências que se situam no plano dos absurdos. O quadro evidente das ruas exige, no entanto, muito mais do que isso.

EXERCÍCIOS REFLEXIVOS

1. Leitura complementar:

   IDEOLOGIA DA GLOBALIZAÇÃO E (DES)CAMINHOS DA CIÊNCIA SOCIAL

   Miriam Limoeiro Cardoso. Trabalho apresentado no XXI Congresso da Associação Latino-americana de Sociologia, na mesa-redonda *Globalização e exclusão social*. São Paulo, Universidade de São Paulo, 3-9-1997, p. 11-15.

   "A desigualdade social acentuou-se drasticamente nas últimas décadas. Milhares de pessoas lutam para sobreviver sob condições extremamente precárias, não só nos confins do mundo e entre as legiões de perseguidos e de refugiados, mas também onde o capitalismo se apresenta como mais próspero. 'Na década de 80, muitos dos países mais ricos e desenvolvidos se viram outra vez acostumando-se com a visão diária de mendigos nas ruas, e mesmo com o espetáculo mais chocante de desabrigados protegendo-se em vãos de portas e caixas de papelão, quando não eram recolhidos pela polícia. Em qualquer noite de 1993 em Nova York, 23 mil homens e mulheres dormiam na rua ou em abrigos públicos, uma pequena parte dos 3% da população da cidade que não tinha tido, num ou noutro momento dos últimos cinco anos, um teto sobre a cabeça' (*New York Times*, 16-11-93, Apud Hobsbawm, 1997: 396). Aqui não se trata só de pobreza, mas de miséria e indigência. 3% de sem-teto na grande metrópole da nação que hegemonizou a economia capitalista mundial desde o pós-guerra não é um dado irrelevante.

   Quanto à América Latina, sabemos que a situação social é muito grave. Estudos da CEPAL sobre dados de 1986 referem 30% dos domicílios urbanos e 53% dos domicílios rurais como sendo pobres e 11% de domicílios urbanos e 30% dos rurais como sendo indigentes (Lustig, 1995:88).

   Dados sobre o Brasil em 1989 indicavam como pobres 34% dos domicílios urbanos e 45% (número admitido como muito subestimado) dos domicílios rurais (Lopes, 1995: 142). Estimativa para o Brasil urbano no mesmo ano aponta 22,52% dos domicílios como pobres e 11,03% como indigentes (Singer, 1996:80).

   Discutindo a 'teoria da pobreza', Celso Furtado vincula pobreza à concentração da renda. Estatísticas oficiais mostram que o 1% mais rico da população do Brasil, que detinha 11,9% da renda nacional em 1960, passou a ter 16,9% em 1980. Se

DESIGUALDADE SOCIAL **139**

considerarmos os 5% mais ricos, sua participação subiu de 28% para 37,9% no mesmo período, enquanto a dos 50% mais pobres caiu de 17,4% para 12,6%. É um quadro que não faz senão confirmar Hobsbawm quando identifica o Brasil como 'o candidato a campeão mundial de desigualdade econômica' (Hobsbawm, 1997:397). E desigualdade crescente significativamente, em que a concentração da renda se acelera ao mesmo tempo em que o crescimento econômico e a industrialização.

Diante dessa relação, Furtado conclui: Não é de surpreender, portanto, que a especificação do subdesenvolvimento se haja reintroduzido pela porta traseira da 'teoria da pobreza' (Furtado, 1992:15). Creio que Furtado tem razão quando não se deixa cair na insidiosa substituição de 'subdesenvolvimento' por 'pobreza'. Só se enganaria se acreditasse efetivamente que com essa substituição a especificação do 'subdesenvolvimento' estivesse de fato sendo reintroduzida. Pelo que eu entendo, ele sabe que não é assim e trata de chamar a atenção para a diferença, reintroduzindo, agora sim, ele mesmo, a questão omitida.

Tomando aquela substituição como um problema, veremos que ela produz um apagamento e um deslocamento. É que os tempos são outros, as perspectivas e os interesses do grande capital também são outros. Nas décadas de 50 e 60, a expansão internacional do capital abria possibilidades reais amplas e dinamicamente integradoras para o que então passaram a chamar de países 'subdesenvolvidos', trabalhando ideologicamente o progresso e a esperança do futuro. Atualmente, a criação da temática 'zonas de pobreza' remete a uma situação em que regiões e segmentos sociais são excluídos da expansão do capital. Neste caso, a temática do 'desenvolvimento' tenderia mais a evidenciar essa exclusão, o que poderia demandar algum entendimento do processo que a cria. Assim, esse tema privilegiaria a análise do processo histórico, até porque está em pauta uma mudança de rota, da inclusão desenvolvimentista para a exclusão produzida pelo capital rentista. Ao passo que a temática da 'pobreza' tende a desviar a atenção para os chocantes 'dados' da miséria e da indigência, privilegiando a análise do empírico imediato e a descrição mais espacial que temporal.

Entre todos os aspectos da exclusão desencadeada pelo regime contemporâneo de acumulação do capital, há um que se destaca como essencial para compreender a crise atual em suas contradições mais profundas: o desemprego estrutural e massivo. A taxa de desemprego na Europa Ocidental subiu, nas décadas de 1960, 1970 e 1980, de 1,5% para 4,2% e para 9,2%, alcançando 11% em 1993 (Hobsbawm, 1997:396). Além de sua elevadíssima expressão quantitativa, o desemprego característico dessa etapa do capitalismo não é apenas conjuntural, temporário. Na Europa Ocidental, 'metade dos desempregados (1986-7) se achava sem trabalho há mais de um ano, um terço há mais de dois' (idem, ibidem). As grandes transformações tecnológicas e organizacionais aplicadas ao sistema produtivo incidiram diretamente sobre o trabalho e vêm provocando dispensa em massa de trabalhadores. Mantidas as condições atuais, o problema só tende a se agravar, porque 'o crescente desemprego dessas décadas não foi simplesmente cíclico, mas estrutural. Os empregos perdidos nos maus tempos não retornariam quando os tempos melhorassem: não voltariam jamais' (idem 403).

140 A QUESTÃO SOCIAL

É curioso como a informação sobre o que está ocorrendo atualmente com o emprego nos países de desenvolvimento capitalista avançado tem sido sistematicamente escondida em países como o Brasil. A ideologia neoliberal insiste em apontar o caminho que vem sendo seguido no desenvolvimento capitalista globalizado como sendo criador de emprego. Diz-se, assim, que o desemprego aqui se resolverá com o crescimento econômico. Convém lembrar que o desemprego que enfrentamos (8,3% para o conjunto da América Latina urbana em 1989, segundo dados do BID, 1990) ainda se refere a uma situação econômica que é anterior à efetiva e generalizada reorganização do setor produtivo local resultante das transformações tecnológico-organizacionais e anunciada pelas políticas neoliberais.

As novas tecnologias e as novas formas de organização do trabalho têm permitido um aumento substancial da produtividade. O resultado imediato tem sido acelerada e crescente dispensa de mão-de-obra. O aumento de produtividade não tem levado a uma expansão da produção que crie também uma expansão do emprego capaz de absorver pelo menos boa parte da mão-de-obra expulsa do sistema produtivo. Operando desta maneira, o sistema cria não somente marginalização, mas propriamente exclusão social – e exclusão que é estrutural. Neste caso, a redução do trabalho necessário não libera tempo para a vida. Libera para a exclusão e a miséria um contingente enorme e cada vez maior de trabalhadores. Ou seja, sob o domínio do capital, o aumento de produtividade não reverte para 'a sociedade', reverte exclusivamente para o capital.

À massa de excluídos pelo 'progresso' e pela 'racionalização' da produção resta travar dia a dia a mais árdua luta para garantir minimamente a própria sobrevivência. As designações formais criadas para reconhecer as atividades 'marginais' ou 'subterrâneas' a que esses trabalhadores excluídos passam a se dedicar constituem em geral um meio de – no campo das idéias, das representações e das ideologias – tratá-las sob algum vínculo sob o qual eles apareçam integrados à sociedade. De fato, porém, se trata de atividades de excluídos sociais para, enquanto excluídos, conseguirem manter-se vivos.

Para aqueles que logram permanecer empregados, a situação também se complica. O crescimento tão significativo da mão-de-obra excedente atua clara e eficazmente no sentido do rebaixamento dos salários de uma maneira geral. E todo esse processo se faz presente também no nível da formulação política, dando forma às propostas de precarização das relações de trabalho, por meio das quais se pretende reduzir ao limite mínimo e, se possível, abolir direitos e garantias que o trabalho havia conquistado no momento anterior do desenvolvimento capitalista, em que as relações de forças eram outras.

Os empregadores desejam conservar nas empresas apenas um núcleo reduzido de assalariados permanentes e, para o resto, poder contratar e dispensar à vontade, em função das necessidades do momento, 'assalariados temporários ou provisórios' que não terão direito nem a férias, nem às mesmas garantias sociais, nem à proteção sindical. Essa maior "liberdade" patronal na utilização da mão-de-obra supõe evidentemente o afrouxamento das legislações trabalhistas e das leis sociais. Ela supõe também que, como para os diaristas ingleses dos primórdios do capitalismo industrial, um mínimo de subsistência seja garantido à população marginalizada dos desempregados e semidesempregados que, com os progressos da informatização e da robotização, só poderão encontrar trabalhos ocasionais irregulares, ingratos, mal pagos, sem futuro (Gorz, 1990:217).

Trabalhadores sem maior qualificação não terão qualquer chance de fazer parte do segmento da força de trabalho que se torna 'privilegiado' por conseguir ser absorvido pelo sistema produtivo. Mas qualificar-se não oferecerá nem mesmo uma garantia mínima de se tornar trabalhador efetivo. Diante da exclusão que passa a ser norma para a grande maioria da população potencialmente trabalhadora, a exploração do trabalho passa a ser 'privilégio'."

ENTENDER O MUNDO NO CHEIRO DO PÃO

Ignácio de Loyola Brandão.
O Estado de S. Paulo. São Paulo, 6 abr. 2001, p. D6.

"Sábado, 7 da manhã, caminho devagar pela rua deserta. Da minha casa à CPL, a padaria da esquina, são menos de cem metros. Um sol tímido. Atravesso entre os sem-teto que, espalhados pelo meio-fio, aguardam a abertura da paróquia, onde tomam banho e recebem ajuda. Muitos chegam no meio da noite e se dispõem estrategicamente, para ficar em boa posição na fila. Há um gordo, sempre de camisa preta, que se senta em frente da igreja Renascer. Fica ali, imóvel. Dia desses, lia um livro de capa vermelha. Não consegui ver o título. Seria o Livro Vermelho de Mao? (Esta revelou minha idade). Às vezes, aos domingos, o homem gordo aparece com uma camisa branca. Passo e os sem-teto me olham. Cumprimento, bom-dia, bom-dia. Recebem o cumprimento com surpresa, quase estupor. Ninguém lhes dá bom-dia. Respondem alegremente e o bom-dia deles é caloroso, acompanhado de um sorriso, os rostos se iluminam. Tão fácil desejar bom-dia, parece fazer tanto bem. Por que as pessoas são mesquinhas nos cumprimentos?

Nessa hora do sábado ainda não há fila, na padaria. O pão caseirinho, especialidade da casa, está saindo do forno. Quase posso ver o vapor subir da cesta. Peço três caseirinhos, a casca é crocante, polvilhada por uma farinha delicada, parece talco, tão suave. Se me distraio como dois ou três, barrados de manteiga Aviação, amarela, densa. Sinto-me envolvido pelo cheiro espesso do pão recém-assado. O cheiro atravessa o papel e impregna-se em minha mão.

Vou pela rua, carregando o saquinho, apressado para chegar em casa com os caseirinhos ainda quentes. Caminho envolvido pelo cheiro, quando passo diante de dois homens encostados na árvore torta que existe no meio da quadra. Um deles exclama: "Cheiro bom tem esse pão"! Paro, e por um momento, penso nesses pãezinhos crocantes e perfumados. Ofereço:

– Quer um? Estão quentes!

– Estou sentindo.

– Apanhe um.

142 A QUESTÃO SOCIAL

– Não, ainda não bebi hoje... não posso comer.

– Ah... (Digo, adorando a inversão do raciocínio. Falar o quê? Há sabedoria por trás de cada coisa. Nada de julgamentos precipitados).

– Brincadeira, não bebo. Só quero sentir o cheiro.

– Sentir o cheiro?

– O cheiro.

– Nada mais?

– Não tem nada melhor do que cheiro do pão fresco. Tão bom quanto cheiro de mulher. Elas passam por aqui, sinto o sabonete, o perfume, o desodorante.

Falava corretamente. Tinha a roupa poída, os sapatos cambaios, mas o rosto estava barbeado, coisa rara. Encontro nas ruas gente que fez faculdade, terminou colegial. Nada mais me surpreende.

– Apanhe um, por favor!

– Já disse, meu senhor. Basta sentir o cheiro. É como se tivesse comido. E se comer um, vou querer dez. E se comer hoje, vou querer comer amanhã. Não! Aprendi a não comer, e pronto. Não posso me acostumar mal, ficar viciado. Fui viciado em cheiro de pão. De vez em quando vem a tentação, quase me entrego. Por favor, vá embora. Leve o seu pão para longe.

Sigo meu caminho. Em casa, toda a família ainda dorme, preparo a mesa. Coloco a toalha, o prato, uma xícara bonita. Uma vez, estava no programa da Silvia Popovic e ela entrevistava Eduardo Dusek, o cantor. Fascinado, ouvi-o contar que sempre que come sozinho, prepara uma mesa magnífica, com flores, velas, o melhor prato, copos de cristal, guardanapos de linho. Mesmo que seja para comer um pastel. Assim, a solidão desaparece, o sentido de elegância permanente.

Apanhei meu pão, cortei, cheirei. Algo inconcebível. Um perfume inebriante (custei, mas usei a palavra) de trigo assado, de terra, de chuva, me invadiu. Saí de mim. É um chavão, sei! Mas foi assim. O cheiro do pão me tirou do chão. Flutuei. Vi (criei) imagens de campos dourados. Estrelas durante o dia. Um lago infinito, uma grande paz.

Entendi o sem-teto, compreendi o mundo."

NOVA ECONOMIA COMEÇA A EXIBIR SEU LADO POBRE

Naomi Klein / *The Guardian*.
O Estado de S. Paulo. São Paulo: 28 maio 2001, Economia, p. B10.

"LONDRES – Há pouco mais de um ano, a revista do *New York Times* publicou uma extensa reportagem sobre a pobreza nos Estados Unidos sob o título *The Invisible Poor* (*Os Pobres Invisíveis*). Era uma peça bem-feita, com belas fotografias, mas havia algo estranho nela. Era como se, no auge do surto de crescimento da alta tecnologia, no país mais rico do mundo, '*os pobres*' habitassem um exótico país estrangeiro, que está lá para ser descoberto pelos jornalistas mas não para ser coberto.

DESIGUALDADE SOCIAL **143**

A história oficial da maior parte da década, sustentada pelos baixos índices de desemprego nos EUA, era que a pobreza era problema da '*velha economia*'. É certo que o uso de cupons de alimentação distribuído para pessoas carentes teve uma elevação de 75% em algumas cidades americanas, que uma em cada cinco crianças americanas vive na pobreza e que 44,3 milhões de pessoas não têm seguro saúde, mas você nunca soube disso como consumidor da mídia superficial.

A reportagem ocasional pode ter surgido sobre as pessoas que a prosperidade '*deixou para trás*' (como se obra de algum erro tipográfico cósmico), mas na mídia nacional dominante tem havido muito pouco apetite por essas reportagens deprimentes.

Isso não causa grande surpresa. Os jornalistas (ou '*provedores de conteúdo*') têm estado no centro da transição da '*velha economia*' para a nova, uma transição que fez da mídia, da informação, das idéias e da cultura os produtos de primeira necessidade mais cobiçados do mundo. E o pior lugar para obter um quadro preciso de um furacão é exatamente quando se está postado na relativa calma do seu olho. Agora que o turbilhão da nova economia está amainando, pescoços começam a se espichar para ver o que foi perdido.

Bairros inteiros. O caráter de cidades como São Francisco. E talvez por causa desta pausa na ação (combinada com a ação afrontosa de redução de impostos de George Bush), finalmente a pobreza nos Estados Unidos está sendo discutida em termos menos exóticos e misteriosos.

Segundo várias novas reportagens, o motivo para o aprofundamento da pobreza nos Estados Unidos é muito simples: são todas essas pessoas ricas. A riqueza extrema gerada na camada superior da economia em vez de escoar para baixo e melhorar a vida de todos, está tendo impacto negativo direto sobre os que vivem em extrema pobreza, na camada mais inferior.

Sobrevivência: Em seu novo livro, *Nickel e Dimed*, Barbara Ehrenreich, uma das mais respeitadas críticas sociais da América, sobrevive '*disfarçada*' de salário mínimo. Ela trabalha como empregada doméstica sem vínculo empregatício no Maine, como caixa do Wal-Mart em Minnesota, como garçonete na Flórida. Seu desafio é simples: sobreviver com seus salários.

Começou descobrindo que precisava de dois empregos para arcar com despesas de US$ 624,00 ao mês do seu *trailer* em Key West, na Flórida, e a odisséia chega a um final abrupto quando não consegue pagar por um quarto de hotel em Minneapolis (único aluguel disponível) com seu salário do Wal-Mart.

O lado negativo da elitização é também um tema recorrente de *Secrets of Silicon Valley*, um importante novo documentário de Alan Snitow e Deborah Kaufman. A história acompanha trabalhadores temporários da alta tecnologia que montam computadores e impressoras – e não ganham o suficiente para alugar uma moradia em uma cidade onde as casas regularmente são vendidas por US$ 100 mil dólares a mais que o preço de oferta.

À medida que o sistema de classes invisível da nova economia dos Estados Unidos torna-se mais visível, tem muito a ensinar a outros países que estão lutando para imitar o chamado *milagre da alta tecnologia*."

TRABALHAR PARA O OUTRO: UMA SAÍDA PARA A EMANCIPAÇÃO HUMANA

Delson Ferreira

"Vivemos na sociedade do *trabalho*. Todas as formas de vivência social humana incluem-no e, da infância à velhice, vivemos de operar tudo o que pensamos pela atividade de nossas mãos. Sendo assim, não conseguimos imaginar o viver sem algum tipo de atividade. Tipicamente moderna, a separação conceitual entre *trabalho* e *lazer* é fruto da perda do sentido profundo do seu significado para o desenvolvimento do espírito humano. Hoje, somos obrigados a trabalhar apenas para sobreviver, vinculamo-nos com os nossos *empregos* na luta pela garantia da subsistência imediata e poucos de nós sentem, no cotidiano, a realização plena de suas potencialidades por meio do *trabalho*.

Na medida em que o *trabalho* transformou-se em mero *emprego* e, portanto, em uma mercadoria como outra qualquer, distanciamo-nos da possibilidade de tê-lo profundamente vinculado ao nosso ser interno. A nossa relação com ele passou a ser medida apenas pela quantidade de dinheiro obtida ao início de cada mês, o salário. Daí, a dificuldade vivida por muitos de nós às segundas-feiras e a ansiedade brutal pelo descanso dos finais de semana. Trabalhar passou a significar, para boa parte das pessoas, cansaço, aborrecimento e pressão. Não é demais lembrar a exploração comercial feita pela propaganda da cerveja, com os '*amigos*' cantando: '*Hoje é Sexta-feira...*'

A sociedade conquistou muitos benefícios materiais com a massificação da atividade produtiva humana, mas a distribuição de tanta riqueza acumulada continua extremamente injusta em todo o mundo. Por outro lado, a *revolução tecnológica* prometeu o paraíso: a diminuição do tempo de *trabalho* e o aumento correspondente do tempo livre para que pudéssemos dedicá-lo ao *lazer*, à *cultura* e a nós mesmos. Nada disso aconteceu e, nos dias de hoje, além de trabalhar como nunca em sua História, a humanidade vive perplexa diante do que os economistas chamam, com certa naturalidade conceitual, de *desemprego estrutural*. Um erro essencial continua pairando no ar, ou, como diz o poeta, '*... alguma coisa está fora da nova ordem mundial*'. Poucos realizam-se pelo *trabalho* e muitos perdem-se na labuta diária de seus *empregos* e *subempregos*.

Precisamos retomar o sentido profundo do *trabalho* humano, de modo a emancipá-lo da sua função meramente econômica, resgatando, assim, o seu sentido de realização para o nosso espírito. Talvez seja essa a grande questão humana desse início de século: trabalhar com o outro, pelo outro e, ao mesmo tempo, manter com dignidade a vida material. Nesse sentido, alguns sinais começam a aparecer no horizonte humano, à medida que parece crescer o número de pessoas que buscam soluções para humanizar novamente a atividade do *trabalho*. Saber que se pode contar com o outro para transformar a natureza em utilidade social e, simultaneamente, não ter a coragem de explorá-lo, parece utopia, mas, ou a realizamos, ou estaremos fadados todos – patrões e empregados – ao eterno sono enfastiado que sentimos nas segundas-feiras urbanas.

DESIGUALDADE SOCIAL **145**

Por isso, não basta percebermos que precisamos gostar apenas do 'nosso' trabalho individual, é necessário que criemos condições sociais para que *todos* possam trabalhar pelo prazer de realizar para si e para os *outros*. Descobrimos a sociedade do 'ter' e nela nos sentimos sós, a partir disso precisamos redescobrir a sociedade do 'ser'. E *ser* só é possível se for para o *outro*, com o *outro*.

O filósofo Hegel considerou que há uma *relação de troca mútua entre o homem e a natureza*. Marx avançou em relação a essa idéia: para ele, quando o homem altera a natureza ele mesmo também se altera. Ou seja, quando o homem trabalha, ele interfere na natureza e deixa nela suas marcas, mas no processo de *trabalho* também a natureza interfere no homem e deixa marcas em sua consciência. Ambos perceberam que não temos saída: é necessário resgatar o prazer diário no *trabalho emancipado*, que não pode ser mais deleite de alguns – os chamados *descolados* –, devendo estar disponível a todos. Nesse aspecto, Steiner demonstra razão quando fala sobre o *trabalho* comunitário. A seu ver, '... *para que alguém trabalhe para outro é necessário que encontre neste outro o motivo para o seu trabalho; e da mesma forma é necessário que aquele que deve trabalhar para um grupo de pessoas também reconheça o valor, o ser e o significado deste grupo'*.

Talvez aí esteja uma das saídas para a *emancipação humana*: trabalhar não apenas para si ou para alguém que o explora, mas para todos. Descobrir no outro a razão de seu e do crescimento coletivo humano. Perceber com clareza que a *liberdade* tem duas dimensões, a *individual* e a *social*, e que, uma sem a outra significa a continuidade, como pensou Michel Foucault, da *imensa prisão* que criamos para nós mesmos."

11

Movimentos Sociais

11.1 MOVIMENTOS SOCIAIS: CONCEITOS

Os conceitos definidores de *movimento social* referem-se à esfera das *ações* de *grupos organizados* para a conquista de determinados *fins* estabelecidos *coletivamente,* que partem de *necessidades* e *visões específicas de mundo e de sociedade* e objetivam *mudar* ou *manter* as *relações sociais.* Esses *movimentos* constituem parte integrante fundamental das sociedades, e são sufocados nas que são *autoritárias* e reconhecidos nas *democráticas,* devendo ser vistos e analisados como *fenômenos internos* aos constantes *processos* de *mudança* e *conservação* dos sistemas e estruturas sociais.

Lakatos (1990:294), ao sintetizar as definições de diversos autores, afirma que os *movimentos sociais* podem ser considerados com base em sua

> "origem em uma parcela da sociedade global, com características de maior ou menor organização, certo grau de continuidade e derivando da insatisfação e/ou das contradições existentes na ordem estabelecida, de caráter predominantemente urbano, vinculados a determinado contexto histórico e sendo de transformação ou de manutenção do status quo".

Deve-se notar que, se eles visam à *conquista de determinados fins,* estes só podem ser determinados com base no estabelecimento de *projetos de ação;* se partem de *necessidades e visões específicas de mundo e de sociedade,* é porque possuem *ideologias específicas* que os orientam; se agem coletivamente baseados na constituição de *grupos organizados,* é em razão de incluírem a *organização* como um dos elementos definidores centrais da própria *ação.*

São esses, segundo Scherer-Warren (1984), os *elementos* que constituem os *movimentos sociais: projeto, ideologia e organização*. O *projeto* demonstra a idéia que se forma para executar ou realizar algo no futuro, os planos, os intentos. Constitui a proposta de *ação* de um *movimento*; ele pode ser de *mudança* ou *conservação* das *relações sociais*, conforme o caso analisado. Dele resultam suas metas e seus objetivos, que orientam o conjunto de estratégias que impulsionam a *ação* e revelam sua força na sociedade.

A *ideologia* é configurada por um conjunto articulado de valores, opiniões e crenças que expressam e reforçam as relações que dão unidade a determinado *grupo* ou *movimento social*, seja qual for o grau de consciência que tenham seus integrantes. Ao mesmo tempo, ela define os sistemas de idéias que são organizados e adotados como instrumentos de luta política. A referência à *ideologia* como *visão de mundo*, com base nas reflexões do pensador italiano Antonio Gramsci, liga-se às necessidades atuais de uma compreensão sociológica ampliada de seu significado para os chamados *novos movimentos sociais*, uma vez que ela, a *ideologia*, orienta seus projetos e práticas, além de mostrar e indicar o propósito de suas lutas. As formas *ideológicas* assumidas pelos *movimentos* revelam, ainda, a natureza de suas ações pela *mudança* ou pela *conservação* do *status quo* da sociedade.

As formas de *organização* de um *movimento* denotam seus *modus operandi* internos e as conformações hierárquicas que eles assumem, que podem ser, conforme o caso, *centralizadas* ou *descentralizadas*. No primeiro, a *organização* pautada por uma *estrutura definida* é conduzida por um ou mais líderes, periodicamente eleitos ou permanentes, posicionados acima dos demais integrantes do *movimento*, que assumem o papel de direção das *ações*. Ao lado de ser possível maior *eficácia* nesse âmbito, há a probabilidade do exercício de práticas internas excludentes, que deixariam os demais integrantes na condição de *massa de manobra* do *movimento*. Quando é *descentralizada*, os atos *organizativos* não definem líderes ou corpos dirigentes fixos e determinados. A direção das *ações* acontece coletivamente e em permanente revezamento entre os integrantes na função de liderança, que se dá sob as formas de coordenação, busca de consenso e integração. Essa forma de *organização* pode levar, nos casos em que não há coesão e integração interna no *movimento*, ao não-planejamento efetivo das *ações* e a negociações e debates demorados e desgastantes, nas ocasiões que demandam tomadas de decisão, o que resulta em maior *ineficácia* na condução de suas lutas.

11.2 CONFLITO E AÇÃO COLETIVA: MUDANÇA E CONSERVAÇÃO

A primeira necessidade objetiva colocada pelo conceito de *conflito* é relativa a seu entendimento com base em um ponto de vista sociológico. Nesse sentido, o *conflito* é o *elemento central motivador* de qualquer *movimento social*. Uma vez que,

148   A QUESTÃO SOCIAL

em qualquer *relação social*, surjam divergências de interesse no tocante a algum tema ou objeto comum, abre-se um *conflito*, que pode ou não resultar na *organização* de um *movimento social*. Além disso, *conflito* não significa, de modo apriorístico, *confronto aberto*, uma vez que este é, por vezes, o resultado e o fruto final de tentativas de negociação anteriormente frustradas.

Os *movimentos sociais*, diante dos *conflitos* que os motivam, *agem* de formas diversas, que se iniciam nos processos de negociação, passam pelos protestos organizados e chegam, em certas situações, aos confrontos declarados. Desse modo, chega-se a um axioma que torna possível a compreensão sociológica do conceito: a existência real de *interesses conflitantes* na sociedade *impulsiona* a *ação coletiva organizada* no palco social, no intuito de sua resolução.

Seguindo essa linha de raciocínio, as *ações* dos *movimentos sociais* demonstram as *correlações de força* e as *relações de poder* que estão em jogo na sociedade em cada momento conjuntural, que implicam, por sua vez, possibilidades de *mudanças* ou *manutenção* das condições que determinam as circunstâncias em que se dão as relações sociais. Essas *correlações de força* podem ser estabelecidas de modo genérico: de um lado, se vê a luta política de grupos pela conquista de *direitos*, que buscam a libertação de condições impostas pela opressão, ou que visam à *emancipação* política; de outro, se assiste à *organização* de grupos com a finalidade de impedir a conquista dos *direitos sociais*, pautando-se na *ação de conservação* dos *direitos*, privilégios e garantias para poucos. É nessas direções que os *movimentos sociais* podem ou não provocar *mudanças* relevantes no interior da sociedade: ao provocá-las, encaminham-nas na direção da satisfação das necessidades de parcelas maiores; ao impedi-las, bloqueiam essas chances.

11.3 NOVOS MOVIMENTOS SOCIAIS

O conceito de *novos movimentos sociais* é de elaboração recente. Por que eles teriam passado a existir, de um momento para outro, se *os movimentos já constituem parte integrante fundamental das sociedades*, como foi definido? Na busca dessa e de outras respostas, quanto aos sentidos e significados do *social* e do *político na pós-modernidade*, o sociólogo português Boaventura de Souza Santos (1995:256-269) realizou um esforço teórico de definição e mapeamento dessa *nova* problemática, que merece menção maior. Nesse esforço, ele define e ressalta a *novidade* que caracteriza esses *movimentos*. Em sua visão, as profundas mudanças que vêm ocorrendo na sociedade capitalista, de meados da década de 70 do século passado em diante, estão a provocar o que ele chama de *"hipertrofia do princípio do mercado"*, assinalando *"um novo desequilíbrio entre regulação e emancipação"*, que favorece a primeira em detrimento da segunda.[1]

Daí ele não se surpreender, quando fala do surgimento dos *novos movimentos sociais*, com o fato da convivência entre o *excesso de regulação* e o advento de *movimentos emancipatórios poderosos*, que testemunham a emergência de novos protagonistas num renovado espectro de inovação e transformação sociais. Nesse sentido, a *contradição* residiria na constatação de que a hegemonia do mercado e seus atributos e exigências atingiram um nível tal de *naturalização social* que, embora o cotidiano seja impensável sem eles, não se lhes deve, por isso mesmo, qualquer lealdade cultural específica. Por isso, seria socialmente possível viver sem duplicidade e, com igual intensidade, a *hegemonia do mercado* e a *luta contra ela*. É claro que a concretização dessa possibilidade dependeria de muitos fatores, sendo seguro dizer que a *difusão social da produção* contribuiu para *desocultar novas formas de opressão* e que o isolamento político do *movimento operário* facilitou a emergência de *novos sujeitos sociais* e de *novas práticas* de *mobilização social*.

Segundo esse autor, *a sociologia da década de 80 foi dominada pela temática dos novos sujeitos sociais* e dos *novos movimentos sociais (NMSs)*, mesmo aqueles que não partilham a posição de Touraine (1978), para quem *o objeto da sociologia é o estudo dos movimentos sociais,* reconhecem que essa temática se impôs com uma força sem precedentes, sendo apenas objeção de debate o elenco e a hierarquização das razões explicativas desse fenômeno.

A definição genérica do campo de ação do conceito é dada por dois autores, que sustentam que esses *novos movimentos* representam *"um setor significativo da população que desenvolve e define interesses incompatíveis com a ordem política e social existente e que os prossegue por vias não institucionalizadas, invocando potencialmente o uso da força física ou da coerção"* (Dalton e Kuechler, 1990:227). Boaventura, no entanto, considera insuficiente essa formulação, por abranger *realidades sociológicas tão diversas que o que destas se diz é afinal muito pouco*. Em sua compreensão, se nos países centrais a enumeração dos *novos movimentos sociais* inclui tipicamente os *movimentos ecológicos, feministas, pacifistas, anti-racistas*, de *consumidores* e de *auto-ajuda*, a enumeração na América Latina – onde também é corrente a designação de *movimentos populares* ou *novos movimentos populares* para diferenciar sua base social da que é característica dos *movimentos* nos países centrais (*a nova classe média*) – é mais ampla e heterogênea.

---

1. De acordo com Boaventura, a *modernidade burguesa* foi originalmente instaurada sobre dois *pilares* fundamentais: o da *emancipação* e o da *regulação*. O primeiro, fincado sobre o desenvolvimento das ciências, das leis e das artes, segundo as novas concepções que surgiam; o segundo, sustentado pelos princípios do Estado, da política e da visão de *comunidade* que a burguesia elaborava. O *"novo desequilíbrio"*, ao qual ele se refere, estaria ocorrendo em função do crescimento desmedido, provocado pelas mudanças recentes do capitalismo, do *pilar da regulação*, que teve o antigo princípio de *comunidade* substituído pelo de *mercado global*, sobre o *pilar da emancipação*. Esse fato estaria a desequilibrar o edifício paradigmático da *modernidade burguesa* de tal forma que já seria possível argumentar (1995:10) *"em favor de uma pós-modernidade inquietante e de oposição"*.

150 A QUESTÃO SOCIAL

O *Sandinismo*, por exemplo, que surgiu na Nicarágua como um grande movimento social, de caráter pluriclassista e pluriideológico; as formas diferentes que assumem a luta popular no Peru, tanto ao nível dos bairros (*"Pueblos Jóvenes"*) como ao nível regional (*Frentes Regionais para a Defesa dos Interesses do Povo*); as novas experiências de *"greves cívicas nacionais"*, com a participação de sindicatos, partidos políticos e organizações populares (grupos eclesiásticos de base, comitês de mulheres, grupos estudantis, culturais etc.) no Equador, na Colômbia e no Peru; os movimentos de ocupações ilegais de terrenos em São Paulo; as invasões maciças de terras pelos camponeses do México e outros países; as tentativas de autogestão nas favelas das grandes cidades, como Caracas, Lima e São Paulo; os *Comitês de Defesa dos Direitos Humanos* e as *Associações de Familiares de Presos e Desaparecidos*; estas duas últimas iniciativas surgiram basicamente dos *movimentos sociais* (Kärner, 1987:26).

Estabelecido o campo abrangido pelo conceito e delimitada sua amplitude, Boaventura utiliza-o para identificar alguns dos *fatores novos*, que os *movimentos sociais* das duas últimas décadas, entre 1975 e 1995, vieram a introduzir na *relação regulação-emancipação* e na *relação subjetividade-cidadania*, no intuito de mostrar que esses fatores não estão presentes do mesmo modo em todos os *NMSs* de todas as regiões do planeta.

Nesse sentido, a novidade maior dos *NMSs* residiria no fato de eles constituírem tanto uma *crítica da regulação social capitalista*, como uma *crítica da emancipação social socialista*, tal como ela foi definida pelo *marxismo*. No momento em que identificam novas formas de opressão que extravasam das *relações de produção* e nem sequer são específicas delas, como a *guerra*, a *poluição*, o *machismo*, o *racismo* ou o *produtivismo* e, ao advogar um *novo paradigma social* menos assente na riqueza e no bem-estar material do que na cultura e na qualidade de vida, os *NMSs* denunciam, com uma radicalidade *nova* e sem precedentes, os *excessos de regulação da modernidade*. Esses excessos causam fortes impactos não só no *modo como se trabalha e produz*, mas também no *modo como se descansa e vive*; a *pobreza* e as *assimetrias das relações sociais* são a outra face da *alienação* e do *desequilíbrio interior dos indivíduos*; finalmente, essas formas de opressão não atingem especificamente uma *classe social* e sim *grupos sociais transclassistas* ou mesmo a *sociedade em seu todo*.

Em função dessa gama ampliada de problemas sociais, a denúncia de novas formas de opressão implicaria a denúncia das *teorias* e dos *movimentos emancipatórios*, que as passaram em claro, que as negligenciaram, quando não pactuaram com elas. Implicaria, portanto, a *crítica do marxismo* e do *movimento operário tradicional*, bem como a crítica do chamado *socialismo real*. Na mesma medida, o que é visto por eles como fator de *emancipação* (o *bem-estar material*, o desenvolvimento tecnológico das *forças produtivas*) transforma-se, nos *NMSs*, em fator de *regulação*. Para Boaventura, o fato de o *movimento operário* dos países centrais ter estado muito envolvido na *regulação social fordista do segundo período do desenvolvimento capitalista* tenderia a fazer dele um *freio*, mais do que um *motor de emancipação* nesse *terceiro período*.

MOVIMENTOS SOCIAIS **151**

E, por fim, mesmo que as novas opressões não devam fazer perder de vista as velhas, a *luta* contra elas não pode ser feita em nome de um *futuro melhor numa sociedade a construir*. Ao contrário, a *emancipação* pela qual se *luta* visa *transformar o cotidiano das vítimas da opressão aqui e agora e não num futuro longínquo*. Em seu modo de ver, a *emancipação* ou começa hoje ou não começa nunca. Daí os *NMSs*, com a exceção parcial do *movimento ecológico*, não se mobilizarem mais por *responsabilidades intergeracionais*. Mesmo assim, se em alguns *movimentos* é discernível um interesse específico de um *grupo social* (as mulheres, as minorias étnicas, os favelados, os jovens), em outros, o *interesse é coletivo* e o *sujeito social* que os titula é potencialmente a *humanidade* em seu todo (*movimento ecológico, movimento pacifista*).

Segundo Boaventura, para uma primeira vertente de autores, os *NMSs* representam a *afirmação da subjetividade perante a cidadania*, do *sujeito* ante o *coletivo*. A *emancipação* pela qual eles lutariam não seria *política*, mas *pessoal, social* e *cultural*. As *lutas* em que se traduzem seriam pautadas por *formas organizativas* (*democracia participativa*) diferentes das que presidiram as *lutas* pela *cidadania* (*democracia representativa*). Os protagonistas dessas *lutas* não seriam mais as *classes sociais*, ao contrário do que se deu com o duo *cidadania-classe* social no período do capitalismo organizado, seriam os *grupos sociais*, ora maiores, ora menores que *classes*, com contornos mais ou menos definidos em vista de *interesses coletivos* por vezes *muito localizados*, mas potencialmente *universalizáveis*.

As formas de opressão e de exclusão contra as quais eles lutam não poderiam, em geral, ser abolidas com a mera *concessão de direitos*, como é típico da *cidadania*, uma vez que exigiriam uma *reconversão global* dos *processos de socialização* e de *inculcação cultural* dos *modelos de desenvolvimento*, no âmbito *macroestrutural*; e *transformações concretas imediatas e locais* (por exemplo, o encerramento de uma central nuclear, a construção de uma creche ou de uma escola, a proibição de publicidade televisiva violenta), no âmbito da *microestrutura*. A amplitude dessas exigências, em ambos os casos, extravasaria a mera *concessão de direitos abstratos e universais*. Por último, os *NMSs* ocorreriam no marco da *sociedade civil* e não no marco do *Estado*, mantendo, em relação a este, uma distância calculada, simétrica da que mantêm em relação aos partidos e aos sindicatos tradicionais.

As concepções que assentam a *novidade* dos *movimentos sociais* na *afirmação da subjetividade sobre a cidadania* têm sido, como demonstra Boaventura, amplamente criticadas por outros autores. A crítica mais frontal provém dos que contestam precisamente a *novidade* dos *NMSs*. Para eles, os *NMSs* seriam, de fato, *velhos* (os *movimentos ecológicos, pacifistas, feministas* do século XIX e o *movimento anti-racial* dessa época e dos anos 50 e 60); ou seriam portadores de reivindicações que foram parte integrante dos *velhos movimentos sociais* (o *movimento operário* e o *movimento agrário* ou *camponês*); ou, por último, corresponderiam apenas a *ciclos* da *vida social* e *econômica* e, por isso, sua *novidade*, porque recorrente, seria nada mais que *aparente*. Os modos de *mobilização de recursos organizativos* e outros aspectos, e não a *ideologia*, deveriam ser, para esses autores, o *ponto fulcral* da análise dos *NMSs*.

152 A QUESTÃO SOCIAL

De acordo com essa segunda concepção, o *impacto* procurado pelos *NMSs* seria, em última instância, *político*, e sua lógica apenas prolongaria a da *cidadania* que orientou os *movimentos sociais* do passado. A distância dos *NMSs* em relação ao Estado seria mais aparente do que real, uma vez que as *reivindicações globais-locais* acabariam sempre por se traduzir em exigências feitas ao Estado e nos termos em que este se sentisse na contingência política de ter de lhes dar resposta. Aliás, a prova disso estaria no fato de os *NMSs*, não raro, jogarem o jogo da *democracia representativa*, mesmo que fosse pelos caminhos do *lobby* e pela *via extra-parlamentar*, entrando, assim, em alianças mais ou menos oficiais com sindicatos e partidos, quando não se transformassem eles próprios em partidos políticos.

Na opinião de Boaventura, não há necessidade de recusa frontal à *novidade* dos *NMSs* para tecer crítica às ilações que dela retira a primeira concepção apresentada. Essa *novidade*, tanto no âmbito da *ideologia* quanto no das *formas organizativas*, parece-lhe evidente, mesmo que não possa ser defendida em termos absolutos, devido ao fato de os *NMSs* não poderem ser explicados, em sua totalidade, por uma teoria unitária.

A *novidade* dos *NMSs* não residiria, então, na *recusa da política* mas, ao contrário, no *alargamento da política para além do marco liberal da distinção entre Estado e sociedade civil*. Para ele, os *NMSs* partem do pressuposto de que as *contradições* e as *oscilações* periódicas entre o *princípio do Estado* e o *princípio do mercado* são mais aparentes do que reais, tendo em vista que *o trânsito histórico do capitalismo* seria *feito de uma interpenetração sempre crescente entre os dois princípios, que subverte e oculta a exterioridade formal do Estado e da política perante as relações sociais de produção*. Nessas condições, invocar o *princípio do Estado* contra o *princípio do mercado* seria *cair na armadilha da radicalidade fácil de transformar o que existe no que já existe, como é próprio do discurso político oficial*.

Quando, na conclusão do tema, relaciona os *NMSs* ao que chama de *sistema mundial*, o autor estabelece uma comparação quanto à atuação desses *movimentos* nos países centrais e na América Latina. Em sua visão, nos primeiros, *eles* combinam *democracia participativa* e *valores* ou *reivindicações pós-materialistas*, enquanto na América Latina associam, na maior parte dos casos, *democracia participativa* com *valores* ou *reivindicações de necessidades básicas*. Por isso, não deveria haver mais dúvidas de que os *NMSs* significaram uma *ruptura com as formas organizativas e os estilos políticos hegemônicos*, e seu *impacto* na cultura e na agenda política dos países, onde ocorreram com mais intensidade, transcenderia, em muito, as vicissitudes de trajetória dos *movimentos* em si mesmos.

Esse *impacto* pode, em sua concepção, ser dividido em dois pontos cruciais: o primeiro, na *tentativa de inverter o trânsito da modernidade para a regulação e para o excesso de regulação, com o esquecimento essencial da emancipação, ao ponto de fazer passar por emancipação o que não era, afinal, senão regulação sob outra forma*. Por isso, a *emancipação* pôde regressar aos dizeres e fazeres da *intersubjetividade*, da *socialização*, da *inculcação cultural* e da *prática política*. E o segundo, na *tentativa de procurar novas* formas de *equilíbrio entre subjetividade e cidadania*.

Se, diz Boaventura, alguns dos *NMSs* se afirmaram aparentemente contra a forma clássica da *cidadania*, foi na busca de uma *nova cidadania de nível superior, capaz de compatibilizar o desenvolvimento pessoal com o coletivo e fazer da "sociedade civil" uma sociedade política onde o Estado seja um autor privilegiado, mas não único.* Daí, em seu entender, serem essas razões suficientes para os *NMSs* não deixarem de ser *referência central* quando se trata de imaginar e compreender os caminhos da *subjetividade,* da *cidadania* e da *emancipação* nos anos 90.

O roteiro, que esse sociólogo oferece sobre a problemática dos *novos movimentos sociais,* indica caminhos seguros para uma primeira abordagem desse tema que é, com segurança, um dos mais importantes assuntos do século XXI. Esses *novos movimentos* são parte integrante e estão imbricados nas mais candentes discussões atuais sobre tais temas, como *mundialização/globalização, democracia representativa/participativa, transformações no mundo do trabalho, terceiro setor, informação e realidade virtual, meio ambiente, pacifismo, feminismo, racismo, relações de consumo, desigualdades e justiça social, posse da terra, distribuição de renda, direitos humanos, pós-modernidade* e *papel da ciência na vida individual e coletiva.* A amplitude dos problemas sociais que eles englobam demonstra de forma inquestionável que, ao contrário do que muitos queriam, *a história não acabou,* estando, como sempre, aberta aos *questionamentos, mudanças, rupturas* e *emancipações* necessários.

11.4 MOVIMENTOS SOCIAIS NO BRASIL CONTEMPORÂNEO

O Brasil acumula uma longa história de mobilização e luta de *movimentos sociais* que remonta aos períodos colonial e imperial, pré e pós-independência. Essa biografia coletiva, objeto de uma produção historiográfica já extensa e apoiada em vasta documentação, demonstra que o *ciclo colonial* foi pontuado por uma miríade de *movimentos* motivados pela luta contra o peso da espada política e econômica lusitana, sem que houvesse vinculação direta, pelo menos até a primeira metade do século XVIII, com a necessidade da luta pela emancipação política. Foi somente no bojo dos processos da Revolução Francesa e da Independência norte-americana, relacionado, portanto, ao *pensamento liberal,* que o ideário da emancipação política configurou, *pelo alto* da escala social, *movimentos* geradores de uma *independência* que, a despeito de trocadilhos, pode ser definida com rigor como *dependente.*

Esse *caráter* marcou o mesmo *liberalismo* de caráter *conservador,* que impulsionou os ímpetos republicanos brasileiros que, embora carregasse alguns traços de *motivações populares* em seus inícios, nos *movimentos* que ocorreram ainda no *período imperial,* não alteraram significativamente o embasamento político que veio sustentar a futura implantação, também *pelo alto* e sem as lutas características das revoluções burguesas clássicas, da República oligárquica no Brasil.

154 A QUESTÃO SOCIAL

Foi com ela – a despeito das marcas indeléveis da crueldade dos *donos do poder* para com o homem do campo, que os *movimentos* de Canudos e do Contestado deixaram como sinal futuro do trato sempre rude com a *questão agrária* – que os *movimentos sociais* brasileiros principiaram a tomar suas feições modernas, assumidas com base na configuração das problemáticas atinentes ao trabalho urbano. Como já foi dito, se para o governo oligárquico a *questão social* era *caso de polícia*, quem se mobilizasse por resolvê-la era sempre aguardado pela prontidão da bota e do porrete. Esse tratamento não impediu, todavia, que os *movimentos sociais urbanos* se organizassem já nos primeiros anos do século XX, chegando a 1920 com um grau importante de articulação e mobilização. Foi o momento do surgimento das primeiras organizações sindicais vinculadas ao operariado urbano, da organização dos trabalhadores imigrantes por meio do chamado *anarcossindicalismo*, e da fundação do Partido Comunista, em 1922.

O período que ficou conhecido como *Era Vargas*, a partir de 1930, alterou as bases de mobilização em torno da *questão social* por meio da articulação de um processo bem-sucedido de incorporação, institucionalização e controle, por parte do Estado, no âmbito da relação capital/trabalho. A publicação da *Consolidação das Leis do Trabalho* (CLT) difundiu em todo o país a imagem *populista* do *Estado protetor*, que passava a atender a uma parcela importante das reivindicações já históricas do *movimento operário*, ao mesmo tempo que provocava um refluxo importante de sua mobilização.

O conhecido ardil de *dar sempre uma no cravo e outra na ferradura* iniciava sua longa carreira política no Brasil. Essa postura caracterizou também o tratamento real dado à *questão social* pelo regime ditatorial *varguista*: como também já foi referido anteriormente, ela não deixou de ser *caso de polícia*. A repressão policial à continuidade das tentativas de organização independente do *mundo do trabalho* aconteceu sem trégua e sem quartel. O sindicalismo autônomo foi duramente reprimido, ao mesmo tempo em que se facilitava o surgimento dos sindicatos atrelados ao controle do Estado. Foi o nascimento do chamado *peleguismo sindical*, hoje conhecido e transformado no *sindicalismo de resultados*.

Durante o *ciclo populista democrático*, entre 1946 e 1964, na mesma medida da ampliação das discussões sobre os rumos a serem tomados pelo *desenvolvimento econômico*, crescia a consciência a respeito da vinculação direta entre os *problemas sociais* e as decisões, que eram tomadas no âmbito das opções possíveis em política econômica. A vigência supracitada do regime democrático permitiu uma mobilização, sem precedentes na história política brasileira, dos *movimentos sociais* vinculados aos *desfavorecidos* pelas formas históricas de ordenação econômico-social do país.

A reorganização dos *movimentos sociais* deu-se com base em ações dos trabalhadores vinculados ao *movimento operário*, por meio da articulação exercida por suas confederações e centrais sindicais; dos trabalhadores rurais, que organizaram as *Ligas Camponesas do Brasil*; pela ação de estudantes, artistas, escritores e outros intelectuais, em torno de novas necessidades de incremento da vida cultural. A amplitude da

MOVIMENTOS SOCIAIS **155**

bandeira política das *reformas de base* mexeu com todo o país e a *ação* intensa dos *movimentos sociais* em todas as áreas da sociedade alargou os fundamentos e os conteúdos do conjunto de demandas que vinham sendo reprimidas desde longa data.

O retorno da brutalidade do coturno no trato com a *questão social*, a partir de março de 1964, deu-se pela necessidade dos setores vinculados ao grande capital monopolista de calar os *movimentos* e reclamos, cada vez mais altos, daquela que pode ser chamada de *voz crescente das ruas*. O amplo processo de desarticulação militar dos *movimentos sociais*, feito em nome da *segurança nacional* e do *anticomunismo* entre 1964 e 1976, atendeu a essas e outras necessidades mais escusas, que justificaram a repressão, a tortura e os assassinatos políticos daqueles que lutavam por causas distintas das que foram definidas dali por diante pelo regime militar.

Essa ação, no entanto, não matou as sementes plantadas pelo clamor das necessidades. Como diz Boaventura de Souza Santos (1995:257 e 265-266), a partir de Scherer-Warren e Krischke (1987), o Brasil, com uma tradição acidentada de *velhos movimentos sociais*, conheceu, de meados da década de 70 em diante e durante a de 80, sob a vigência de uma fase mais branda da ditadura, um notável florescimento de *novos movimentos sociais* ou de *movimentos populares*, dos quais destacam-se a parcela dos *movimentos urbanos* propriamente ditos, as *Comunidades Eclesiais de Base* (*CEBs*), organizadas pela militância católica; o *novo sindicalismo urbano*, que gerou a *CGT*, a *CUT* e o *Partido dos Trabalhadores*, e, mais recentemente, também o *sindicalismo rural*, o *movimento feminista*, o *movimento ecológico*, o *movimento pacifista* em organização, além de diversos setores do *movimento de jovens* e outros.

Para ele, devido possivelmente ao *caráter semiperiférico* da sociedade brasileira, combinam-se nela *movimentos* semelhantes aos que são típicos dos *países centrais* (*movimentos ecológicos* e *feministas*, ainda que as reivindicações concretas sejam distintas), com *movimentos* próprios orientados para a reivindicação da democracia e das necessidades básicas (*movimentos dos sem-terra, sem-teto* e *favelados*). Por isso, tanto as semelhanças como as diferenças têm de ser especificadas. Em Cubatão, por exemplo, um *movimento ecológico* nada teria de *pós-materialista*; seria a reivindicação de uma necessidade básica. E, ao contrário, entre os *ocupantes selvagens* de Berlim e de São Paulo não haveria só diferenças.

Chega-se, dessa forma, do ponto de vista dos *movimentos sociais*, à década de 90 do século passado com as franquias democráticas reconquistadas e mantidas pelo Estado de Direito. Esse fato trouxe de volta para o cenário político brasileiro a ação dos mais diversos *movimentos de base popular*, dos quais os ligados à *questão da terra*, por exemplo, emergem com força, demonstrando que não bastam séculos de *trato sempre rude*, com mentalidade de *capitão do mato*, para resolvê-la a bom termo. A *questão social* continua na atualidade, como já foi largamente demonstrado nos itens precedentes, a ser um espinho entravado na pauta do país, uma vez que grande parte dos problemas a ela ligados ainda estão pendentes de solução e o Estado, por seu turno, inteiramente voltado e comprometido com as *reformas* e *ajustes estruturais neoliberais*.

156 A QUESTÃO SOCIAL

Como foi dito na introdução desse item, *os movimentos sociais já são parte integrante fundamental da sociedade, sendo hoje reconhecidos como sua própria expressão democrática, devendo, portanto, serem vistos e analisados como fenômenos internos aos processos permanentes de mudança e conservação dos sistemas e estruturas sociais.* Conscientes disso e de sua condição de setor de ponta da sociedade civil, eles têm buscado aprofundar sua luta pela conquista definitiva dos *direitos coletivos,* que desde há muito lhes são negados. Se as tentativas de busca de solução pela *via revolucionária* estão historicamente esgotadas, por serem parte integrante dos paradigmas de uma *modernidade* que se exaure em si mesma a cada passo, a *ação* constante de questionamento vigoroso no interior da própria *estrutura social* revela-se cada vez mais necessária nesse momento, uma vez que, *do alto,* parece não haver o que esperar.

EXERCÍCIOS REFLEXIVOS

1. Leitura complementar:

CONTRA-ATAQUE

A globalização liberal contorna as nações e as rebaixa ou as recusa como espaço para a expressão democrática

Entrevista: Contra-Ataque. *Carta Capital,*
São Paulo: Carta Editorial, ano 7, nº 139,
p. 34-36, 24 jan. 2001.

"BERNARD CASSEN é Diretor-Geral do *Le Monde Diplomatique* e um dos fundadores do ATTAC, organização não governamental que advoga a cobrança de um imposto sobre a movimentação dos capitais que entram e saem livremente dos países, causando instabilidades e, muitas vezes, graves crises cambiais e financeiras. Ele foi um dos organizadores do Fórum Social Mundial, que será realizado em Porto Alegre entre 25 e 30 deste mês. O Fórum foi concebido como um grande encontro internacional das forças sociais que se opõem aos rumos da globalização, impostos pelos interesses das grandes corporações e dos mercados financeiros. No final de 2000, Cassen pronunciou uma conferência na Universidade de Campinas e teve como interlocutor Luiz Gonzaga Belluzzo, consultor de economia da *Carta Capital.* Estes são os principais trechos do debate.

CARTA CAPITAL: A equipe do *Le Monde Diplomatique* está entre os críticos mais antigos e implacáveis da globalização. Muita gente entende que, às vezes, vocês exageram.

BERNARD CASSEN: Há duas palavras que não devem ser confundidas: a globalização *(mondialisation ou globalisation)* e a internacionalização. Esta última constitui uma etapa entre o sentimento de pertinência a uma comunidade... francesa, brasileira ou outra qualquer, mas é uma etapa em direção ao universal; e essa aspiração se exprime naquilo que chamamos organizações multilaterais, a ONU, a Unesco etc... ou então nas redes que são internacionais, mas que estão, cada uma delas, ancoradas nacionalmente: ATTAC na França, ATTAC no Brasil, ATTAC na Bélgica. A internacionalização parte das comunidades nacionais e se eleva em direção ao universal. A globalização liberal não tem estritamente nada a ver com tudo isso. Os atores da globalização liberal não são os cidadãos organizados em comunidade, mas os mercados financeiros e as empresas multinacionais.

CC: Os mercados financeiros são os protagonistas centrais da globalização?

BC: São os bancos, os seguros, os fundos de pensão, os fundos de investimento etc. Então, essa globalização liberal contorna as nações e as rebaixa, ou seja, ela as rebaixa ou as recusa como espaço pertinente para a expressão democrática, para a intervenção democrática. E, no entanto, essa globalização que contorna, que ignora e que rebaixa as nações criou seu próprio Estado supranacional. Ora, isso pode parecer-lhes um paradoxo, mas, olhando-se a constelação constituída pelo Fundo Monetário Internacional, Banco Mundial, Organização Mundial do Comércio, OCDE, G7, têm-se os elementos de um poder supranacional de fato. A OCDE, que é menos comum porque o Brasil não faz parte dela, é apenas observador, reúne os 29 Estados considerados os mais ricos do planeta...

CC: Esses são os produtores e propagandistas do "pensamento único"?

BC: Essa constelação de organizações, quer seja a OMC, o FMI ou o Banco Mundial, age conforme uma única ideologia. Todas elas têm exatamente a mesma linha ideológica e também possuem substitutos, transmissores, extremamente poderosos em todos os países. Todas, ainda, consideram que acima da democracia estão os mercados financeiros. Temos então, aí, um tipo de Estado sem sociedade, o que significa que as próprias sociedades têm Estados sem poder. E é por isso que ouvimos os dirigentes políticos em todos os países, no seu país, no meu, dizerem: "Sentimos muito, mas são os mercados que governam." Ou seja: "Nós gostaríamos muito de fazer isso ou aquilo, mas não podemos porque não somos nós que decidimos, são os mercados." Isso quer dizer que os centros de decisão não estão mais, em grande parte, onde acreditamos que estejam, ou seja, onde estão pessoas eleitas, presidentes, ministros.

CC: Isso significa, na verdade, um aviltamento da democracia e das instituições republicanas.

BC: Ora, isso cria um grande problema para a democracia, pois a forma como votamos, de qualquer modo, não tem importância fundamental, já que não são os eleitos que vão decidir; a decisão se opera em nível superior. Então, esse êxodo do poder em direção aos centros de decisão extraterritoriais explica, em muitos países, a perda de legitimidade do poder político... do poder político do governo... porque esses governos são responsabilizados pelos cidadãos, quando na realidade não são eles que tomam as decisões.

CC: Mas muitos governos são cúmplices dos mercados na desvalorização da democracia e na tarefa de rebaixar a cidadania.

BC: Parece que eu considero os governos como vítimas dos mercados financeiros. Não é absolutamente o caso... a imensa maioria dos dirigentes governamentais está totalmente de acordo com as determinações das organizações.

CC: Esse sistema é baseado no que denominamos Consenso de Washington, isto é, o consenso que reina entre o Banco Mundial, o FMI e o Departamento do Tesouro americano?

BC: No Brasil, assim como em outros países em via de desenvolvimento, pelos planos de ajustamento estrutural etc., que vocês conhecem muito bem. O que mudou nos últimos anos é que o balanço dessa globalização, que nos foi apresentada como algo que deveria trazer felicidade e prosperidade para todos, revelou-se catastrófico. Não sou eu quem o diz, mas os próprios relatórios de organismos como o Banco Mundial, a CNUSED, ou seja, a sigla inglesa que vocês utilizam, Unctad, o PNUD, que foram todos obrigados a constatar que a globalização, de acordo com sua atuação nos últimos 20 anos, não somente deixou de produzir os resultados previstos, como também produziu resultados exatamente contrários. É por esse motivo que o FMI e o Banco Mundial estão agora declarando *mea-culpa*.

CC: Mas agora o Banco Mundial e o FMI estão empenhados em reduzir a pobreza.

BC: Há alguns meses, o Banco Mundial descobriu que existia pobreza no mundo. Foi, aliás, um amigo brasileiro quem me contou sobre uma conversa que teve com o antigo diretor-geral do FMI, o francês Michel Camdessus. Quando lhe falou da pobreza, Camdessus ficou estarrecido. Sim, ele é um cristão sincero e ficou muito penalizado. Nós rimos, mas, na realidade, é trágico. Bem, nos discursos do Banco Mundial, nos últimos meses, há uma espécie de arrependimento, confissão de culpa. E há razões de sobra para isso, pois parece que as estatísticas fornecidas pelo banco são assustadoras. Vocês sabem tanto quanto eu que há, no mundo, mais de 3 bilhões de pessoas que vivem com menos de US$ 2 por dia. Há cerca de 1 bilhão que não tem acesso à água potável, e cerca de outro bilhão, às vezes o mesmo, sem teto, que dorme ao relento etc. etc.

CC: A globalizagão agravou a desigualdade entre os países e dentro de cada país.

BC: Eu poderia lhes dar uma enorme quantidade de números, tenho muitos e posso dá-los se quiserem, mas basta que vocês olhem a realidade brasileira e estarão em melhor posição do que eu para constatar o que é a progressão fantástica das desigualdades sob essa globalização liberal. A globalização liberal se traduziu, então, por uma grande concentração da riqueza no interior de alguns países e por um enorme desenvolvimento das desigualdades, quer internamente quer entre países diversos.

MOVIMENTOS SOCIAIS **159**

CC: O crescimento americano da década de 90, considerado espetacular, foi acompanhado de uma grande concentração de renda e de riqueza.

BC: Os Estados Unidos apresentam, sob esse ponto de vista, a situação mais caricatural: as desigualdades, literalmente, explodiram entre os mais ricos e os mais pobres e foi preciso criar uma nova categoria social, que até se difundiu em outros países, denominada os 'working poors'. Então, antigamente, os pobres eram aqueles que não tinham emprego, e agora pode-se ter um emprego e, ainda assim, ser pobre. Trata-se de uma nova categoria social. E o nível dos salários, nos Estados Unidos, não sofreu nenhum aumento nos últimos 20 anos. O nível médio dos salários, em alguns casos, até diminuiu.

CC: Em compensação, as taxas de desemprego nos Estados Unidos são muito mais baixas do que as européias.

BC: Há um número relativo aos Estados Unidos, que se deve guardar na memória: é que nesse país há 2 milhões de pessoas encarceradas. Dois milhões! Respeitando a lógica, é preciso incluir estas pessoas no número de desempregados. Para estabelecer uma ordem de grandeza, comparando-se a França e os Estados Unidos, existem na França 55 mil presos. Nos Estados Unidos, 2 milhões. A relação entre o número de habitantes dos dois países é da ordem de um para cinco. Caso se mantivesse nos Estados Unidos a mesma proporção de pessoas presas na França, deveria haver nos Estados Unidos mais ou menos 250 mil prisioneiros, e são 2 milhões! Isto explica muito bem certas situações. O número de presos é um indicador de importância primordial. Pode ilustrar muita coisa a respeito do nível de civilização. Vamos comparar a situação da previdência social na Europa e nos Estados Unidos. Há 40 milhões de norte-americanos sem nenhuma cobertura social. Na Europa, praticamente todo mundo tem seguro social. Não desejo que vocês fiquem doentes; principalmente não lhes aconselho ficar doentes nos Estados Unidos, se não tiverem um seguro saúde, muito caro, aliás. Se ficarem doentes na Bélgica, Alemanha ou França, serão tratados gratuitamente. Se forem internados num hospital, em caso de urgência, ninguém lhes pedirá primeiramente os documentos, o seguro saúde etc. Vocês serão atendidos com prioridade. Trata-se de experiências que, infelizmente, alguns de vocês já tiveram; tenho amigos que foram submetidos a elas, nos Estados Unidos.

CC: As manifestações antiglobalização de Seattle foram as primeiras a conseguir um espaço maior na mídia.

BC: É claro que os governantes submissos aos princípios liberais e à mídia que lhes serve de porta-voz não têm o menor interesse em mostrar que há lutas em toda parte. É isso que está mudando. Cada vez mais toma-se consciência de que o centro das decisões estruturais está situado num nível supranacional. Vimos isso agora há pouco... o Banco Mundial, o FMI, o G7, Davos etc. A partir desse consenso supranacional, do qual participam os governos, repito, são formuladas, *a posteriori*, as políticas nacionais. É uma lógica denominada em inglês *Top Down*. É isso que começa a ser compreendido. Penso que, agora, as forças que lutam contra a globalização liberal começam a fazer a mesma coisa. Como? Primeiramente, apoiando-se nos

160 A QUESTÃO SOCIAL

encontros internacionais das demais organizações. Isso ficou bem claro em Seattle, durante a reunião da OMC. Ali, observamos dezenas de milhares de pessoas de várias nacionalidades, sobretudo americanos, manifestando-se contra a OMC.

CC: A mídia e os críticos conservadores trataram as manifestações como a reedição da Torre de Babel, como uma aliança entre protecionistas ressentidos e malucos de todo o gênero.

BC: Cada organização tem objetivos próprios, muitas vezes diferentes daqueles dos demais participantes. Não se deve subestimar o enorme impacto da reunião de Seattle. De qualquer forma, com ou sem manifestações, o ciclo do milênio teria capotado, teria sido um fracasso de qualquer maneira, porque as posições eram muito antagonistas. Mas há um certo caos mediático da OMC. A mídia deu tanto espaço a essas manifestações que a OMC foi totalmente nocauteada. Eu pude verificar, na França, o impacto provocado por essas manifestações. Um número cada vez maior de pessoas compreendeu que a OMC, que era uma sigla pouco conhecida, tinha repercussões na vida cotidiana de todos nós. Aqui, no Brasil, quando se fala em FMI, imediatamente todos compreendem e vocês não nutrem uma grande simpatia pela organização. Na França, não somos obrigados a suportar o FMI nem o Banco Mundial, porque essas organizações intervêm mais nos países fora da OCDE, nos países menos ricos, mas temos de suportar a OMC. Creio que é um momento muito importante, que, na consciência dos cidadãos, o que era uma sigla sem significado se torne agora algo concreto e que se reconheça a sua importância.

CC: Como o movimento internacionalizado lida com tal diversidade de propósitos e de pontos de vista?

BC: Temos, em nível internacional, grupos que se dedicam a um problema... por exemplo, os que debatem a questão da dívida, outros trabalham sobre o imposto Tobin, o movimento feminista se interessa pelos problemas das mulheres... A primeira coisa a fazer é, antes de mais nada, *mutualizar* as campanhas. Ou seja, fazer com que aqueles que lutam pelos direitos das mulheres percebam que essa luta vai de par a par com o trabalho a ser realizado em relação às outras questões, tais como a dívida, o imposto Tobin etc., porque o neoliberalismo constitui um todo, não pode ser cortado em fatias. Dessa maneira, enquanto nós, no momento, somos fatias, não formamos um conjunto; e é por isso que essa mutualização dos campos é uma primeira etapa absolutamente indispensável. É preciso que a luta das mulheres, por exemplo, leve em consideração o problema da dívida e vice-versa. Não haverá problemas porque, desde que tudo seja explicado, as pessoas concordam; mas isso requer, eu diria, uma amplificação da ótica de todos os interessados. Ninguém deve ficar limitado à sua área. Existem assuntos sobre os quais todos estão de acordo, mas há outros em que ainda não há consenso.

CC: O Fórum de Porto Alegre vai representar um avanço nesse processo de unificação na diversidade?

BC: Até o momento, nos apoiamos, de certa forma, como dissemos, nas planificações dos outros; agora estamos efetuando uma guinada que não hesito em qualificar de histórica, com o Fórum Social Mundial de Porto Alegre. Isso significa que, pela primeira vez, são os sindicatos, as organizações progressistas, os eleitos que se reunirão em torno de seus próprios objetivos e, simbolicamente, na mesma data da reunião em Davos. Quer dizer, começamos a estabelecer nossa própria planificação. É por essa razão que considero esse momento como histórico. A única diferença em relação às outras reuniões é que não vamos ter uma contramanifestação da OMC... Não acho que haverá uma contramanifestação do FMI, da OMC e do Banco Mundial em Porto Alegre; contudo, acho que será um grande sucesso e convido cada um de vocês, no Brasil, como fazemos na Europa, e principalmente na França, a esforçar-se para garantir o sucesso deste momento muito importante, que, na minha opinião, inaugura uma nova era na relação entre as forças internacionais."

2. Redija um texto no qual você estabeleça relações entre a problemática dos *novos movimentos sociais*, tanto no mundo quanto no Brasil, e a entrevista de Bernard Cassen que você acabou de ler.

Parte V

A Sociedade da Comunicação e da Informação

12

Os Processos de Comunicação de Massa e a Sociedade Contemporânea

12.1 QUE É *COMUNICAÇÃO*: ORIGEM E DESENVOLVIMENTO DO CONCEITO

Já não existem controvérsias teóricas quanto ao fato de a *comunicação* e a *informação* constituírem uma das bases fundamentais de todos os *contatos sociais*. Desde o tempo das inscrições rupestres pré-históricas até o das redes computacionais virtuais, os seres humanos *comunicam* seus sentidos, anseios e necessidades, construindo, assim, a teia relacional que sustenta os *processos sociais*. Não é novidade nenhuma, portanto, dizer que vivemos em uma *sociedade da comunicação e da informação* e que, devido a isso, a *comunicação* é crucial para o estabelecimento e continuidade da *vida social*. A questão que se coloca para os primeiros dias do século XXI, por meio desse título, vai além dessas constatações e é mais ampla: dada a profusão no século XX, sem precedentes na história humana, de *meios* para se *comunicar*, estes dois elementos, *comunicação* e *informação*, tornaram-se imprescindíveis para a compreensão dos problemas relativos à rede de complexidade, que hoje envolve todos os âmbitos das *relações sociais*.

Retomando a origem do conceito, José Rodrigues dos Santos (1992:10) afirma que *comunicar* é, antes de tudo, *significar através de qualquer meio* e que

> *"durante milênios, isso quis dizer que o ato de comunicação se limitou aos sinais sonoros, visuais e sensoriais emitidos pelo corpo humano. Mas houve uma altura em que o homem entendeu que este era um meio demasiado limi-*

166 A SOCIEDADE DA COMUNICAÇÃO E DA INFORMAÇÃO

tado para comunicar e precisou de alternativa. Ele quis ir mais longe e, para ultrapassar as barreiras da distância, inventou aquilo a que mais tarde Marshall McLuhan designaria por 'extensões dos sentidos'. O tambor transformou-se numa extensão da fala e os sinais de fumo numa extensão dos gestos. Nasceu assim a comunicação de massas, com a evolução técnica, essas extensões transformaram-se numa panóplia de meios de difusão de comunicação maciça, que culminou com a invenção da televisão".

Desse modo, o conceito *comunicação* desenvolveu-se à proporção que cresceu a diversidade dos *meios* necessários para fazê-la. Esse fato levou ao estabelecimento de uma miríade de confusões e equívocos conceituais entre os termos *comunicação, meio* e *mensagem*. Uma das maiores e mais importantes foi instalada por uma célebre frase de efeito de McLuhan: *"o meio é a mensagem"*.[1] Nesse sentido, para efeitos explicativos quanto ao campo de delimitação e abrangência de cada um desses conceitos, é pertinente retomar os significados que as obras de referência da língua portuguesa dão a eles, para, em seguida, tecer outras considerações. O Aurélio[2] refere-se aos três verbetes da seguinte forma:

- Comunicação: *"Ato ou efeito de emitir, transmitir e receber mensagens por meio de métodos e/ou processos convencionados, quer através da linguagem falada ou escrita, quer de outros sinais, signos ou símbolos, quer de aparelhamento técnico especializado, sonoro e/ou visual. A mensagem recebida por esses meios. Transmissão de mensagem entre uma fonte e um destinatário, distintos no tempo e/ou no espaço, utilizando um código comum."*

- Meio: *"Aquilo que exerce uma função intermediária na realização de alguma coisa; via, caminho. Teoria da Comunicação: canal ou cadeia de canais que liga a fonte ao destinatário (ou o emissor ao receptor) na transmissão de uma mensagem; p. ex., a televisão, a telegrafia, a fala/audição, a página impressa etc.; veículo de comunicação. Meios ou veículos utilizados na comunicação de massa: mass media."*

- Mensagem: *"Notícia ou recado verbal ou escrito. Teoria da Informação: estrutura organizada de sinais que serve de suporte à comunicação; o enunciado considerado apenas ao nível do plano de expressão, com exclusão dos conteúdos investidos."*

---

1. Santos (1992:74-75) explica aquela que se tornou uma *expressão de culto*: *"Para McLuhan, o que verdadeiramente interessa não é o que o rádio ou a televisão dizem. O mais importante é o fato de existirem, trazendo transformações à sociedade. Essas transformações são a sua mensagem."* Segundo o autor, o conceito *mais aclamado* desse professor canadense foi amplamente contestado por intelectuais contemporâneos a ele: *"Embora aceitando a noção como válida até certo ponto, autores como Wilbur Schramm e William Porter (Men, women, messages and media, arper&Row, 1982. p.17) não deixaram de sublinhar que 'a mensagem é a mensagem e o meio é o meio'."*

2. *Novo dicionário Aurélio eletrônico: século XXI. Versão 3.0.* Rio de Janeiro: Nova Fronteira, 1999.

OS PROCESSOS DE COMUNICAÇÃO DE MASSA E A SOCIEDADE CONTEMPORÂNEA **167**

Por demonstração, surgem definições distintas quanto a sua origem etimológica e complementares quanto a sua aplicabilidade nas ciências da comunicação. Isso significa, em primeiro lugar, que frases de efeito não resolvem problemas conceituais: o *meio* não é a *mensagem*, é apenas *canal* de passagem, *veículo*. Em segundo, torna pertinente a concepção de *comunicação* que Santos (1992:9-10) postula, quando diz que hoje essa palavra *"já é entendida sobretudo como sendo o transporte de idéias e emoções expressas através de um código"*, significando *"essencialmente transmitir sentidos, casuais ou intencionais, de um ponto para o outro"*.

Se, quando nos *comunicamos*, utilizamos os *meios* que criamos para *transportar* nossos *sentidos* de *um ponto para outro* ou para vários *pontos* simultaneamente, isso pressupõe que a *comunicação* não consegue prescindir de seu *agente*, de seu *operador*, que é sempre um *indivíduo* ou um *grupo social*, com interesses específicos e pré-determinados. Daí a inadequação conceitual das idéias e teorias que privilegiam os *meios* em detrimento dos *agentes*. Os problemas gerados pela complexidade que hoje envolve as *relações* entre a *comunicação*, seus *meios* e a *sociedade* são efetivamente *novos*, e estão a exigir a construção de *formas científicas* ainda não tentadas, que possam propiciar o entendimento das *novidades* que se apresentam em torno dessa problemática, entre elas a premência em se repensar o papel, tanto dos *agentes* (*sujeitos*) quanto da cidadania nos *processos comunicacionais*.

12.2 A QUESTÃO DA *MASSIFICAÇÃO*

O conjunto das reflexões científicas construído por várias linhas de pensamento até os dias atuais, sobre o papel da *comunicação* na *sociedade moderna*, não deixa margem para dúvidas: vivemos em uma *sociedade de massas*. Todavia, o que isso significa? Somos vítimas de um processo articulado de *despersonalização* que nos leva à condição de meros fantoches de um poder manipulador e aniquilador de vontades e opiniões próprias?

Entre as definições comumente aceitas do conceito de *massa*, há certo consenso de que ela caracteriza-se por ser um *conjunto de elementos* no qual *o número de pessoas que expressam opinião* é sempre muito *menor do que o das que recebem*. Nesse sentido, a *massa* seria constituída por *uma coleção abstrata de indivíduos* que viveriam a receber *impressões e opiniões já formadas*, antes construídas e depois *veiculadas pelos meios de comunicação de massa*. No sentido dessas definições, o termo *massificar* refere-se à ação de orientar e/ou influenciar *indivíduos* e *grupos* por meio desse tipo de *comunicação social*, ação essa voltada diretamente para transformar-lhes e/ou estereotipar-lhes as reações, condutas, desejos e necessidades, tornando-os passíveis de pensar e consumir apenas as idéias ou objetos induzidos e/ou determinados pelos centros de elaboração e articulação dos *sistemas midiáticos*.

168 A SOCIEDADE DA COMUNICAÇÃO E DA INFORMAÇÃO

Como decorrência lógica dos dois conceitos anteriores, a *massificação* a que *indivíduos* e *grupos* são submetidos na *sociedade moderna* surgiu como um problema crucial para os cientistas, que têm-se dedicado à reflexão sistemática sobre esse tema. Como diz Santos (1992:11) na mesma proporção do surgimento de *novos meios*, *"o homem foi ficando cada vez mais fascinado e aterrado"* com os instrumentos que criava. *Cada "extensão" de seus sentidos*

> *"trazia em si um mundo de promessas e um inferno de ameaças. Os meios de comunicação de massas nasceram para libertar, mas continham o gérmen da opressão, e esta sua ambivalência assustou os que pararam para pensar no assunto. O receio cresceu paralelamente ao aumento de poder de cada meio, e parece ter-se tornado uma obsessão incontrolada".*

As controvérsias em torno do *poder* e dos *efeitos* da *massificação* que é provocada pelos *meios de comunicação social* vêm acontecendo, ao sabor das febres das paixões, desde pelo menos 1919. Diversas teorias, como se verá em seguida, surgiram e foram ao ocaso até os dias atuais, o que demonstra um fato: a questão continua, a despeito da amplitude e do alcance dos estudos já realizados, aberta. Isso significa, por exemplo, que ainda não há um consenso amplo e plenamente estabelecido sobre a necessidade ou não de tal ou qual tipo de ação reguladora da sociedade e do Estado democrático sobre as diversas atividades da *comunicação social*. Paralelamente ao avanço do conhecimento científico sobre os problemas decorrentes da *massificação*, as discussões ainda continuam movidas pelo ardor, pelo fascínio e pelo *medo*, como provam os debates calorosos mais recentes, que ocorrem por toda parte, acerca dos impactos causados pela Internet e outras redes computacionais virtuais na vida dos indivíduos.

12.3 CARACTERÍSTICAS DA *COMUNICAÇÃO DE MASSA*

A *comunicação de massa* deve ser caracterizada, fundamentalmente, com base em seus contornos gerais, ou seja, pela forma como ela é definida por seus *produtores* e pelo modo como ela é recebida pela sociedade. Segundo as conceituações mais genéricas da *Teoria da Informação*, ela é uma forma de *comunicação social* voltada para ampla faixa de *público*, que é *anônimo*, *disperso* e *heterogêneo*. Nesse sentido, para *atingir* esse *público*, deve voltar-se prioritariamente para a obtenção da chamada *grande audiência*, pelo recurso à utilização de seus *meios* e *técnicas de difusão coletiva*.

Se ela se constitui como uma *forma*, como se poderia definir *comunicação social*? Ainda de acordo com a *Teoria da Informação*, *comunicação social* é um processo de *caráter indireto e mediato* que é estabelecido no seio da sociedade pela *ação propagadora* de seus *meios*, os quais podem ser jornais, revistas, rádio, televisão, teatro, cinema, redes computacionais, publicidade e propaganda, entre outros.

OS PROCESSOS DE COMUNICAÇÃO DE MASSA E A SOCIEDADE CONTEMPORÂNEA **169**

Quanto à *forma como é definida por seus produtores*, antes de qualquer consideração, a *comunicação de massas* é um negócio definido pelas convenções e regras, que são estabelecidas pela *lógica do mercado*, ou seja, ela é uma atividade empresarial como qualquer outra, sustentada pelos aportes da publicidade e da propaganda. A redução da presença do Estado – ela é cada vez menor em todo o mundo – nas atividades de *comunicação social* comprova esse fato. Dessa forma, qualquer consideração a ser feita sobre os *produtos da comunicação de massa* deve partir desse seu caráter capitalista essencial: na condição de negócio, ela deve retornar lucro a quem investe em sua *produção*.

As implicações que podem ser inferidas dessa constatação são evidentes e produzem impactos importantes em todos os setores da *vida social*, notadamente no âmbito cultural: os *meios divulgam* (*comunicam*) apenas os *produtos*, que são considerados *vendáveis*: de uma notícia a uma peça de teatro, de um filme a um espetáculo musical, de uma forma de conexão à rede mundial de computadores a um candidato a qualquer cargo eletivo na vida política. Essa redução da *comunicação* ao mero caráter de mercadoria, vendável ou não, coisifica indivíduos, destrói identidades culturais coletivas centenárias ou milenares e tenta impor uma lógica de *pensamento único*, para a qual pretende não oferecer saída: a sociedade só existiria, do ponto de vista de sua finalidade, para comprar e vender em escala global.

Essas *implicações* e *impactos* definem o *modo como ela*, a *comunicação de massa, é recebida pela sociedade*. O que caracteriza essa *recepção* é a *imposição*, ou seja, a sociedade pode e consegue escolher os *meios de comunicação* que consome, mas não o que eles decidem *comunicar*. É claro que a escolha é feita de acordo com o que determinados *meios comunicam*, mas a *lógica única do mercado*, anteriormente definida, permanece subjacente a todas as alternativas que são oferecidas pelos *meios* para a *escolha* possível. Isso significa que a *comunicação de massa* é estabelecida e realizada com base em um viés: o da *imposição* da *informação* cultural mercantilizada.

Alguns dados globais e nacionais relevantes comprovam esse *caráter impositivo*. A Unesco publicou recentemente um relatório mundial *"sobre diversidade cultural, conflito e pluralismo nos dias de hoje,"*[3] denominado *Word Culture Report* (2000). No tocante ao *"peso do mercado cultural, especialmente o do audiovisual"*, os subsídios do relatório apontam o predomínio do *"poder do cinema de Hollywood, que domina 85% do mercado mundial"*, chegando ao ponto de, em países como Portugal e Brasil, *"proporcionalmente, só os EUA assistirem a mais filmes norte-americanos do que os dois países lusófonos"*, sendo a diferença dos números muito pequena. Os dados que a Unesco tabulou *"revelam que no Brasil e em Portugal*

---

3. SEREZA, Haroldo Ceravolo. Unesco aponta desafios da globalização cultural. *O Estado de S. Paulo*, São Paulo, 5 maio 2001, Caderno 2, p. D5.

170 A SOCIEDADE DA COMUNICAÇÃO E DA INFORMAÇÃO

95% do mercado cinematográfico fica com os filmes norte-americanos", enquanto *"nos EUA, o número é de 96%".*

No Brasil, de acordo com pesquisa recente do IBGE, denominada *Perfil dos Municípios Brasileiros*, 98,3% das cidades brasileiras são atingidas por sinais de uma rede de televisão, mais precisamente da *Rede Globo*, que é seguida pelo *Sistema Brasileiro de Televisão (SBT)*, com 88%, e pela *Rede Bandeirantes*, com 75% de cobertura do território do país. Sobre esses dados, que devem ser relacionados com a *imposição* que caracteriza o *modo como a comunicação de massa é recebida pela sociedade*, o jornal *O Estado de S. Paulo*, em editorial,[4] lança o que ele chama de

> *"simples indagação: será que existe a plena consciência desse poder de influência, assim como das responsabilidades sociais que dele derivam? E que tipo de interferência crítica pode ser exercitada pela cidadania, que possa funcionar – sempre dentro da liberdade de expressão assegurada pela vigência da plena Democracia – como proteção aos valores (éticos, culturais) que a sociedade pretende ver preservados, para as futuras gerações?"*

Uma vez que a *comunicação de massas* é um negócio pautado pela *lógica do mercado* e *recebida pela sociedade* como *imposição*, novas discussões continuam a colocar-se como necessidade a cada momento e diante de problemas sempre novos, no sentido de se rediscutir e se redefinir seu papel para além dessa *lógica* e dessa *imposição*. A sociedade não pode prescindir da *comunicação* e da *informação*, mas elas também não podem continuar sendo monopólio comercial de poucos e fonte inesgotável de exercício de poder sobre muitos.

12.4 *EFEITOS* E *IMPACTOS* DOS PROCESSOS DE COMUNICAÇÃO DE MASSA SOBRE A SOCIEDADE

Se há um consenso entre os estudiosos da *comunicação de massas*, este é estabelecido da constatação de que os *meios de comunicação* produzem *efeitos* e, portanto, *impactam* de modo mais ou menos importante, segundo cada vertente teórica, a sociedade. As divergências e controvérsias surgem, portanto, quando se trata de definir a intensidade e as características desses *efeitos*. Nesse sentido, pode-se afirmar que *"a história das teorias da comunicação resume-se, afinal, a uma incessante busca dos investigadores da medida exata dos efeitos produzidos pela comunicação social"*, estando *"na base dessa procura o legado do medo".*

---

4. O GRANDE Irmão Global. *O Estado de S. Paulo*, São Paulo, 22 abr. 2001, p. A3. O texto completo está reproduzido em Leitura Complementar deste capítulo.

OS PROCESSOS DE COMUNICAÇÃO DE MASSA E A SOCIEDADE CONTEMPORÂNEA **171**

Ao traçar um retrospecto mais detalhado dessas teorias – do início de seus estudos, a partir do fim da Primeira Guerra Mundial, aos dias atuais –,[5] percebe-se que, na origem, os teóricos não conseguiram chegar a conclusões que fossem muito além da idéia *aterradora* de que a *ação* dos *meios de comunicação* produzia *efeitos precisos*, de acordo com *estímulos predeterminados* que levariam a *respostas* previstas e esperadas pelos elaboradores dos *estímulos*. A influência da *psicologia behaviorista* foi notável e constituiu o paradigma dessas primeiras formulações. Da primeira teoria, que recebeu o sugestivo nome de *teoria das balas mágicas,* passando pelas preocupações com o poder de influência do cinema e do rádio, os cientistas sociais norte-americanos chegaram à conclusão de que *"o público não era uniforme e que a comunicação social não atingia a todos da mesma maneira".*

Essa constatação levou a um primeiro avanço conceitual dos modelos teóricos até então fundamentados no binômio *estímulo-resposta*, sendo o primeiro e mais importante deles o que ficou conhecido como *paradigma de Lasswell* (1948), que carregou, pela autoria, o nome desse cientista-político norte-americano. Formulou-se, ali, o primeiro modelo de estudo sistemático sobre os *efeitos* produzidos pela *comunicação de massas* nos indivíduos e na sociedade. Segundo esse modelo, ao estudar os *processos comunicativos*, deve-se buscar responder, conforme o objeto específico de estudo, às seguintes questões: *"quem (o comunicador, estudos de controle), diz o que (a mensagem, análise de conteúdo), em que canal (os meios, análise dos meios), a quem (o receptor, estudos de audiência), e com que efeito (efeitos do processo, análise dos efeitos)".* Apesar de criticado por ressaltar os *efeitos*, por *compartimentar* excessivamente os campos de estudo e por não levar em conta os processos de *feedback* nos *atos comunicativos*, o paradigma *lasswelliano* constituiu escola e fundamentou pesquisas por longo tempo posterior.

Seguindo outro caminho, buscando compreender *"os mecanismos que fazem com que as pessoas votem da forma que votam"*, Paul Lazarsfeld, Bernard Berelson e Hazel Gaudet jogaram por terra os pressupostos que fundamentavam as teorias anteriores, assentados no princípio dos *efeitos totais*. Para Lazarsfeld e Katz (1955), o modelo explicativo da *ação* de *propagação* da *informação* pelos *meios de comunicação* era simples e acontecia em *dois tempos*: primeiro, ela chegaria aos que eles chamaram de *líderes de opinião* para, em seguida, ir até os demais indivíduos. Ao romper com o pressuposto do *isolamento dos indivíduos* colocado pelo paradigma de Lasswell, essa formulação, que ficou conhecida pelo nome de *two-step flow of communication*, trouxe de volta a idéia de que estes são *"membros de grupos sociais em interação com outras pessoas"*. Daí a conclusão relevante à qual chegaram esses pesquisadores: no momento da formação de sua opinião, as pessoas receberiam outras influências, *mais poderosas* do que a tentativa de *persuasão* direta exercida pela *comunicação de massas*.

---

5. As citações e grifos desse subitem são creditadas a SANTOS, 1992. passim.

172 A SOCIEDADE DA COMUNICAÇÃO E DA INFORMAÇÃO

O modelo de comunicação *two-step* que Lazarsfeld formulou – dos *meios* para os *líderes de opinião* e destes para os *indivíduos* –, apesar de derrubar o papel de *manipulador onipotente* que até então era atribuído à *comunicação de massas*, foi criticado e reformulado por seu próprio autor, que reconheceu posteriormente ser muito restrito esse caminho para a circulação social da *informação*. Da percepção de que o papel dos *líderes de opinião* era mais dinâmico em relação ao que fora inicialmente pensado, ele chegou à conclusão de que a *comunicação* acontecia em *vários tempos* ou em *multi-step*. O pressuposto da *relação social*, somado à idéia de que a *comunicação* dava-se em *tempo múltiplo*, levou os pesquisadores a um novo e importante parâmetro: a *comunicação de massas* não *manipularia* os indivíduos, mas exerceria uma *influência* relativa sobre eles. Seus *efeitos* seriam, portanto, *limitados*. Caía em descrédito, pelo menos nos Estados Unidos, uma das *mensagens* principais da *teoria das balas mágicas*, chamada por Santos de *legado do medo*.

Entre os intelectuais europeus, principalmente os que professavam na linha *marxista*, o entendimento não era o mesmo. Para eles, os *meios de comunicação de massas* continuavam a exercer intencionalmente uma ação *manipuladora* forte e preconcebida. Em conseqüência da constatação de que a *manipulação* era um fato, cabia estudar, por meio de uma *teoria crítica*, como funcionava a *comunicação* sob o regime capitalista de produção. A primeira conclusão à qual chegaram foi de que, no capitalismo, a *comunicação de massas* tinha um objetivo fundamental: difundir, preservar e perpetuar a chamada *lógica do mercado*. Por isso, sua *operação* seria sempre determinada pelos interesses econômicos e de classe dos que a controlassem do ponto de vista acionário. Nesse sentido, a compreensão marxista definiu que, *grosso modo*, a *comunicação* exerceria um papel central no sistema, de *aceleração do movimento do capital*, pelo recurso ao incremento da velocidade do *processo de informação* necessário à otimização dos lucros a serem gerados por esse *movimento*.

Desse papel decorreria uma função maior atribuída à *comunicação*: contribuir para o *"funcionamento social em torno de um objetivo socioeconômico global"*, constituindo-se, dessa forma, em elemento fundamental da engrenagem econômico-social do sistema capitalista. Caminhava-se, assim, da esfera da *manipulação econômica* para a da *manipulação ideológica*. Partindo da revisão do conceito *marxista* de *ideologia* fundado no pressuposto da *falsa consciência*, das formulações da *teoria da hegemonia* de Gramsci, desenvolvidas posteriormente por Poulantzas e Althusser, e das reflexões produzidas pelos intelectuais da *Escola de Frankfurt*, chegou-se a uma idéia de que os *meios de comunicação de massa* haviam alterado o *percurso previsto da História* por meio da *cultura de massas*, instrumento eficientemente utilizado pela *classe dominante* para *modelar e condicionar* o comportamento e os hábitos de vida e consumo da *classe trabalhadora*.

De acordo com os pensadores da *escola frankfurtiana*, *"a cultura de massas não passa de uma indústria que se destina a conseguir a integração ideológica da sociedade"*. Visando, antes de tudo, à *eficácia comercial*, ou seja, *vender* cada vez mais e indefinidamente, essa *indústria cultural* seria a *menina dos olhos* do capitalismo, uma vez que ela cumpriria o papel de difusora maior de todos os *estereótipos* necessários à reprodução e à perpetuação dos *valores* da *sociedade produtora de mercadorias* e de *consumo*. Em oposição frontal aos *modelos experimentalistas* que vinham sendo desenvolvidos pelos cientistas sociais que trabalhavam nas universidades norte-americanas, a *teoria crítica marxista* defendeu que *"a comunicação social não pode ser analisada como um fenômeno isolado, mas como um dos aspectos de uma realidade muito mais vasta e complexa"*, que se apresentaria como uma *"totalidade social"*. Daí suas questões fundamentais: *"quais as funções da comunicação na estratégia social, o que é que sobrevive à censura da lógica do mercado, e por quê?"*

Ainda sob a influência do pensamento *marxista*, e na esteira das reflexões *frankfurtianas* e do *estruturalismo* francês, surgiu na Universidade de Birmingham, na Inglaterra, outro grupo de intelectuais voltado para a análise crítica da cultura, que fundou uma corrente de pensamento que passou a ser denominada de *cultural studies*. Capitaneados por Raymond Williams, esses intelectuais também recusaram as *visões empíricas* norte-americanas sobre o problema dos *efeitos* provocados pela atuação dos *meios de comunicação de massas*, propondo que a análise deveria basear-se em reflexões sobre o papel da *ideologia*. O *marxismo* professado por esse grupo manteve-se sempre distante da ortodoxia e foi voltado para as discussões teóricas centradas no conceito de *cultura*, o que abriu forte linha de interesse em torno da problemática dos *efeitos* da *ação* dos *meios de comunicação de massas*, que eram vistos como *"uma grande conspiração para manter o status quo"*.

Os intelectuais que criticaram os *modelos experimentais* consagrados pelos pesquisadores sociais norte-americanos, sem se valer do aporte da *teoria marxista*, atuavam sobretudo neste país. Suas idéias buscavam resgatar, contra o acúmulo de dados que a *pesquisa quantitativa* coletava, a *qualidade* da informação a ser obtida pela pesquisa. O caso da crítica cinematográfica ilustra essa busca: passou a interessar mais aos pesquisadores e críticos *"a popularidade dos temas narrativos dominantes no cinema, e não a popularidade dos próprios filmes"*. O interesse de alguns intelectuais voltou-se para o *"que não podia ser contabilizado em questionários ou inquéritos"*, e essa foi uma conclusão que delimitou a abertura de um novo campo da análise científica dos problemas relativos à *comunicação de massas*. As preocupações com os limites da dominação exercida pelas instituições na vida dos indivíduos, e se estes teriam perdido *"o controle dos acontecimentos"*, passaram a ocupar a atenção dos que duvidavam da concepção mercantilista de pesquisa científica.

174 A SOCIEDADE DA COMUNICAÇÃO E DA INFORMAÇÃO

A partir da década de 50 do século passado, apareceram no cenário intelectual as primeiras formulações centradas nos *efeitos* produzidos pelos *meios de comunicação de massas enquanto tecnologia*. Vindas sobretudo do Canadá, essas teorias inovaram o campo de estudos da *comunicação*. Para elas, os *meios de comunicação* exerciam uma influência no curso da História humana muito maior do que os historiadores tinham suposto até então. E mais: essa influência era altamente *positiva*, a tal ponto que *"não havia nada a temer de meios como a televisão ou o rádio"*. Assentada sobre o conceito do *determinismo tecnológico* (Park, 1940), que sustentava estarem *"os dispositivos tecnológicos modificando as estruturas e as funções da sociedade"*, essa *escola*, que ficou conhecida como *canadense*, deu ponto de partida a uma nova e controvertida forma de *ver* o papel dos *meios de comunicação* na sociedade.

Seu mentor foi um historiador e economista, Harold Innis, que, além de lançar as bases dessa *visão*, exerceu poderosa e decisiva influência sobre Marshall McLuhan, o mais célebre dos *comunicólogos* canadenses. Ele entendeu, ao analisar a importância da imprensa e da publicidade nos processos de crescimento econômico, que os conceitos de *tempo* e *espaço* dependiam dos *avanços tecnológicos* e deviam, por isso, ser *relativos* e *elásticos*. Exemplificando: *"os jornais, ao exigir que as notícias fossem difundidas rapidamente, estavam a alterar a concepção de tempo e espaço"*. A evolução de seu pensamento levou-o à idéia inusitada de que a *comunicação* seria o *motor* que movimentaria todo o processo de desenvolvimento da História humana. Em seu trabalho intelectual, Innis tentou relacionar a *ascensão e a queda* das civilizações aos *meios de comunicação* dominantes em cada período histórico, centrando seu objeto nas *revoluções tecnológicas da comunicação*, que teriam cumprido o importante papel de *organizar* as civilizações e as bases das relações humanas.

Marshall McLuhan, influenciado por Innis, foi decididamente um entusiasta da *comunicação* e da *cultura de massas*, segundo ele uma *nova* forma de cultura *"capaz de produzir objetos de grande valor estético"*. Suas reflexões voltaram-se para os elementos centrais dessas manifestações representativas do *"folclore do homem industrial"*: a publicidade, a televisão e o rádio. Em sua visão, *os produtos da comunicação de massas* constituíam a fonte primeira das *informações* que dariam base para que se pudesse fazer um *diagnóstico* do *"estado onírico"*, no qual a sociedade industrial teria *caído*. Sua forma de ver a *cultura popular* a definia como instância reveladora dos *"mitos característicos"* dessa sociedade, a saber *sexo*, *morte* e *progresso tecnológico*, elementos que, segundo ele, *dominavam os jornais, as revistas, as tiras de histórias em quadrinhos e a publicidade*. Essa sua forma peculiar de encarar a *cultura* entendia não ser *verdadeira* a *cultura letrada apreciada pelas elites intelectuais*, mas a que era *"produzida espontaneamente pela sociedade e veiculada pelos meios de comunicação de massas"*.

Na esteira de Innis, McLuhan reduziu a História ao estudo dos *impactos* causados pelas tecnologias comunicacionais *na percepção humana* e seus reflexos nas *organizações sociais*. No caso da sociedade industrial, esse *impacto* era tamanho

OS PROCESSOS DE COMUNICAÇÃO DE MASSA E A SOCIEDADE CONTEMPORÂNEA **175**

que o rádio e a televisão estariam a permitir e viabilizar nada mais nada menos do que uma espécie de nova *retribalização* humana que, ele entendia, havia sido perdida em períodos anteriores por causa do império da *cultura escrita e letrada*. Não por acaso, seu principal livro chamou-se *A galáxia de Gutemberg*. Esse intelectual considerava, como diz Santos, que

> *"a palavra falada era o meio mais completo de comunicação, porque, embora se destine a ser escutada, ela envolve também a participação de outros sentidos, como o tátil (os gestos) e o visual (as expressões faciais). Além disso, a cultura oral implicava uma comunicação coletiva e pessoal".*

Dessa forma, justificando sua hipótese histórica, McLuhan acreditou com convicção na seguinte idéia: a *nova cultura de massas* da *"era da eletricidade"* possibilitaria a promoção do resgate da *"base tribal"* da vida humana. Em conseqüência, cunhou o conceito, para ele incontestável, de *"aldeia global"*, que seria fruto da ação difusora da televisão e do rádio. Nesse sentido, a *tecnologia de comunicação eletrônica* carregava consigo um dom redentor para a sociedade humana, à medida que promovia o *"regresso à oralidade, à superação das fronteiras políticas e à instantaneidade na transmissão de conhecimentos"*.

Ao dar seguimento à evolução de seu pensamento, ele chegou ao conceito de que *"os meios de comunicação eram extensões do corpo humano"*. Em suas palavras, na entrada do livro *Understandig media*, de 1964: *"Após mais de um século de tecnologia elétrica, prolongamos o nosso sistema nervoso central num abraço global."* Por isso, *"contraído eletricamente, o globo transforma-se numa aldeia"*. Transformado, por conta da força midiática do aparato conceitual que elaborou, em ícone da *cultura pop* da década de 60 do século XX, McLuhan procurou convencer a sociedade de que a *ação* dos *meios eletrônicos de comunicação de massa* era *positiva* para o avanço da civilização, devendo, portanto, ser recebida com grande satisfação e sem quaisquer receios quanto a seus *efeitos*. Nesse sentido, seu trabalho popularizou, ao contrário dos que defendiam uma *perspectiva crítica* em relação à *comunicação de massas*, *"a noção de que os meios de comunicação não eram um fator de manipulação mas de progresso"*.

Um pouco antes da grande projeção pública alcançada por McLuhan, ainda na década de 50, outros pesquisadores começaram a preocupar-se com as *formas* por meio das quais os *operadores* dos *meios de comunicação de massa* escolhiam as *mensagens* a serem difundidas. Chamados de *produtivos*, esses estudos tomaram por objeto o exame dos *efeitos* partindo da *análise do trabalho dos produtores* de informação. O início desse processo deu-se com Kurt Lewin, que elaborou (1947) o conceito de *gatekeeper*, ou *guarda de portão*, que foi transposto para a análise da *viagem* realizada por uma notícia desde sua *fonte* até sua publicação por um *meio de comunicação*. Ele entendeu que *"na lógica do trabalho da co-*

176 A SOCIEDADE DA COMUNICAÇÃO E DA INFORMAÇÃO

municação social, cabe a um indivíduo ou a um grupo poder decidir se deixa passar a informação, ou se a bloqueia".

Partindo dessa premissa, David Write (1950) estudou os *gatekeepers* da informação, determinando um modelo para o estudo dos caminhos percorridos pelos processos de seleção dos assuntos que seriam ou não *notícia*. De uma série de *notícias potenciais* chegadas à redação de um jornal, poucas seriam selecionadas pelo *gatekeeper* para publicação, constituindo esse *operador* um *portão de filtragem* rigorosa das notícias. Outros estudiosos desenvolveram esse modelo, incorporando o *fator institucional* como elemento importante nos processos de seleção das informações a serem tornadas públicas, em função dos *interesses* tanto do público consumidor de notícias, quanto dos próprios *meios de comunicação*, o que pressupôs a existência de *critérios* para a execução do trabalho de *filtragem* da informação. Ainda foram sugeridos outros pontos de atenção: quanto à existência de vários *gatekeepers*, e não apenas um, selecionando notícias nas redações; sobre a inclusão do trabalho de *redução* dos conteúdos noticiosos, além da *seleção* e *rejeição*; e relativo à *seleção final* feita durante o *processamento noticioso* distante das influências exercidas pelas *fontes de informação*.

O avanço do modelo *gatekeeper* levou à ampliação de sua abrangência conceitual e à aceitação da definição de que, embora pareça arbitrário, o trabalho de *seleção noticiosa "funciona segundo uma lógica própria e pragmática"*. Esse parâmetro levou dois pesquisadores (Galtung e Ruge, 1965) a concluírem que, de fato, existem *critérios*, sendo a *seleção sistemática* e *seu resultado previsível*. Essa *lógica* foi denominada de *newsmaking*, referindo-se a todos os processos organizacionais envolvidos nas *rotinas* pertinentes à *produção* de materiais informativos. Nesse sentido, esses estudiosos definiram *"as principais características que um acontecimento tem de possuir para que se torne noticiável"*. A maior novidade em relação ao modelo inicial proposto por Write foi a introdução dos *nove critérios*[6] aos quais o *gatekeeper* recorreria quando atuasse em sua rotina diária de *seleção* das notícias que, supostamente, teriam maior impacto quando da divulgação.

Os estudos de *newsmaking* chegaram inevitavelmente a perspectivas críticas em relação ao papel que os *operadores* desempenham na *comunicação de massas*. Após pesquisar por dois anos (1968/69) nas redações das redes de televisão norte-americanas ABC, CBS e NBC, Edward Epstein chegou à conclusão de que as notícias que elas colocavam no ar *"não passavam de distorções, intencionais ou involuntárias, dos acontecimentos, em virtude das montagens e dos constrangimentos econômicos"*. Para ele, isso significava que os jornalistas não tinham a liberdade de trabalho que era propalada, sendo *"meras peças integradas numa máquina muito mais vasta"*. Em sua percepção, os estudos anteriores não contemplavam outras formas de pressão a que os jornalistas estavam submetidos no trabalho televisivo,

---

6. Momento do acontecimento, intensidade/magnitude, clareza, proximidade, consonância, surpresa, continuidade, composição e valores *socioculturais*.

OS PROCESSOS DE COMUNICAÇÃO DE MASSA E A SOCIEDADE CONTEMPORÂNEA **177**

que influenciavam decisivamente em seus processos de escolha dos acontecimentos[7] a serem noticiados. Daí sua conclusão: em função dessa série de impedimentos, *a televisão não era um espelho da realidade*, mas um *"espelho da hipérbole"*.

As críticas já se dirigiam ao âmago dos problemas apontados desde 1961, quando Daniel Boorstin publicou seu livro *A imagem: um guia para os pseudo-acontecimentos na América*. Nele foi apresentado o conceito de *pseudo-acontecimento*, referindo-se a *situações* ou *eventos*, criados por jornalistas, políticos[8] ou relações públicas, que não aconteceriam no curso normal dos fatos. O autor lidou com a esfera dos *acontecimentos* não espontâneos, que surgem do nada e são planejados e plantados como notícia relevante nos *meios de comunicação* pela ação de profissionais da divulgação, visando à *construção* de imagens que dariam *"estatuto de real ao que é fictício"*. Tendo realizado um exame sobre como os jornalistas trabalham na busca das notícias, o autor centrou seu foco na questão de a *"informação jornalística não ser um mero espelho da realidade, mas uma construção"* dessa mesma realidade com base nos conceitos que os profissionais da notícia carregam consigo.

Esse e outros estudos formaram o conceito de que o *jornalismo de massas* passava para o público apenas uma *visão distorcida* dos fatos do cotidiano. Pesquisas que foram realizadas posteriormente confirmam essas *distorções* e isentam, entretanto, os jornalistas da responsabilidade por essas *deformidades* dos processos informativos. Assim, elas deveriam ser atribuídas às *"características dos meios de comunicação em que trabalhavam"* e à forma como se organizava o trabalho de *produção jornalística*. Da *distorção deliberada das notícias* chegava-se à concepção de que essas *distorções* seriam *involuntárias* e os *efeitos* se dariam *a longo prazo*.

Parte dessas pesquisas foram estruturadas da idéia de que um dos *poderes* dos *meios de comunicação* consistiria em eles terem força suficiente para *agendar* os *temas* mais importantes a serem colocados para a discussão pública. Dessa idéia saiu o conceito que ficou conhecido como *agenda-setting*, que se refere ao seguinte: *"pelo simples fato de prestarem atenção a certos acontecimentos e ignorarem outros"*, os meios de comunicação *"produzem efeitos sobre as pessoas que os consomem"*, fazendo com que sejam eles que digam *"ao público em geral quais são os temas mais importantes da atualidade"*. Isso não quer dizer que sejam os *meios* que imponham ao público *como ele deve pensar*, mas sobre *quais* questões atuais *"é importante ter uma opinião, qualquer que seja ela"*. No caso da política, por exemplo, percebeu-se que seriam os *meios de comunicação* que estabeleceriam *"a agenda da campanhas, e que cada candidato adapta o seu discurso a temas que pensa poderem atrair mais a atenção da imprensa, garantindo-lhe assim publicidade"*.

---

[7]. Esses acontecimentos teriam prioridade para divulgação a partir de seu *valor noticioso*, de sua *previsibilidade*, do *valor de suas imagens*, dos *custos* de sua cobertura e da facilidade *logística*.

[8]. Por analogia, no mundo político e jornalístico brasileiro, é comum a referência ao termo *factóide*, que é caracterizado pelo Aurélio como um *brasileirismo* e uma *gíria*, definindo-se como um *"fato, verdadeiro ou não, divulgado com sensacionalismo, no propósito deliberado de gerar impacto diante da opinião pública e influenciá-la"*.

178 A SOCIEDADE DA COMUNICAÇÃO E DA INFORMAÇÃO

Segundo Santos, a questão levantada pelo conceito da *agenda-setting*

> *"constitui, na verdade, um problema de representação do real. Cada vez mais o grande público que vive nas sociedades industrializadas deixou de ter contato com importantes fatias da realidade, ficando por isso dependente da mediação exercida pelos meios de comunicação de massas. (...) O seu efeito de agendamento parece refletir-se, a um primeiro nível, na definição do que constitui ou não um tema da atualidade. A um segundo nível, a agenda-setting vai ainda mais longe, ao estabelecer a própria hierarquia e prioridade dos temas".*

Dois pesquisadores, Sandra Ball-Rokeach e Melvin De Fleur, apresentaram em 1976 um novo modelo voltado para a tentativa de medição da *previsibilidade dos efeitos a longo prazo*. Conhecido como *modelo da dependência*, pressupôs que seriam as chamadas *condições estruturais de uma sociedade* que fundamentariam os *efeitos* provocados pela *ação* da *comunicação social*. Dos resultados da relação entre *audiência-sociedade-meios de comunicação*, seriam determinados os *efeitos* produzidos pelos *meios* nas pessoas. Assim, o modelo supõe que, na sociedade contemporânea, *"as pessoas dependem da comunicação social para obter informações e explicações sobre o que está a acontecer à sua sociedade"*, implicando o aumento dessa *dependência* quanto mais a sociedade *"estiver sujeita à instabilidade, mudança e conflito"*. Para esses autores, existiriam três tipos de *efeitos* decorrentes da ação dos *meios de comunicação: cognitivos, afetivos e comportamentais.*

Os primeiros estariam implicados com os problemas relativos à *percepção da mensagem*, à *formação de atitudes* e à *construção, mudança e implantação* de novos *valores sociais*. Os *efeitos afetivos* seriam ligados aos *sentimentos* e *emoções* suscitadas pelos *meios de comunicação de massa* no público, tendo sido divididos em três categorias: a da *neutralização*, mormente ligada à *exibição freqüente e à banalização da violência*; a do *medo*, relacionada a *prolongadas exposições a mensagens alarmantes*; e a da *integração*, referente ao despertar do *sentimento de comunidade* e de promoção da *integração social*. Os chamados *efeitos comportamentais* teriam a capacidade de *estimular* o público para a *ação* e foram divididos em dois tipos: a *ativação*, conseqüente ao recebimento de *mensagens* que, após suscitarem *efeitos cognitivos* e *afetivos* profundos, levariam as pessoas a *mudanças comportamentais*, e a *desativação*, motivada pela *desmobilização* provocada pela *emissão* de certo tipo de *mensagens* que conteriam o ímpeto de *ação* das pessoas.

Sobre o problema da *formação das opiniões majoritárias*, que alguns consideram como *opinião pública*, Elizabeth Noelle-Neumann (1974) elaborou o conceito de *espiral do silêncio*. Em sua formulação, a *formação* desse tipo de *opinião* resulta de interações que acontecem entre *"os meios de comunicação de massas, a comunicação interpessoal e a percepção que cada indivíduo tem da sua própria opinião quando confrontada com a dos outros"*. A *espiral silenciosa* ocorreria, de acordo com essa concepção, quando um indivíduo pertencente a qualquer *movimento de opinião minoritário* tendesse a não expressar suas idéias por temer o *isolamento*, influenciando a tomada da *mesma atitude* por parte das pessoas próximas a seu círculo, o que propiciaria a preponderância das *opiniões* veiculadas pela *comunicação social* e dificultaria, para o analista, a percepção da *opinião dominante*.

O conceito de *hiato comunicativo* foi desenvolvido nos anos 70 do século passado, a partir da preocupação de diversos estudiosos sobre os alcances efetivos, em todas as faixas das populações, da democratização do acesso à *informação*, que teria sido, em tese, alcançada pelo advento dos jornais, do rádio e da televisão. Ao testar a veracidade da hipótese de que a proliferação dos *meios de comunicação* teria democratizado totalmente os acessos à *informação*, os pesquisadores constataram que *"quando o fluxo informativo é aumentado num sistema social, as classes mais favorecidas absorvem melhor a informação do que as mais baixas"*, provocando o que eles denominaram de *hiato informativo*. A conclusão dos estudos surpreendeu, pois detectou que *"a circulação de notícias, em vez de diminuir a distância cultural que se verifica entre as diversas classes"*, tenderia a aumentá-la,[9] incrementando os *hiatos culturais* e, segundo outros estudos, levando a *hiatos comportamentais*.

A corrente de estudos sobre os problemas da *comunicação*, que ficou conhecida como *neo-empirista*, abriu-se em diversas outras linhas de orientação de acordo com suas hipóteses e modelos de pesquisa específicos. Entre as mais importantes, que podem ser citadas, estão a dos *usos e gratificações*, a do *diferencial semântico*, a das *análises de conteúdo* e a dos *estudos psicológicos de efeitos comportamentais*.

As pesquisas fundamentadas na hipótese dos *usos e gratificações* constituíram-se ainda na década de 40 e buscavam analisar o *uso* que as pessoas faziam dos *meios de comunicação*. Nas décadas de 60 e 70, os estudiosos procuraram, além de conhecer esses *usos*, compreender o que os indivíduos *"faziam dos meios de comunicação para obter gratificações e satisfazer necessidades"* práticas. Em termos gerais, os estudos realizados nessa linha partiram de uma premissa básica: *"o consumo da produção dos meios de comunicação de massas não é passivo, mas ativo"*. Dessa forma, os consumidores seriam seletivos *"na escolha dos jornais e dos programas de rádio e televisão"*, optando *"em função de necessidades específicas"*. Essas necessidades, por sua vez, seriam sociais e psicológicas, estando relacionadas com a *busca de informação,* os *contatos sociais,* o *desenvolvimento pessoal,* a *aprendizagem social* e o *entretenimento*, sendo também *funcionais*, ou seja, visariam resolver *problemas* (Rosengren, 1972) e obter *gratificações*.

Os estudos, baseados no conceito do *diferencial semântico* (Charles Osgood, 1957), procuraram mensurar a noção de *significado* em parâmetros científicos,

---

9. O problema da *exclusão digital*, ou seja, da impossibilidade de acesso e compreensão por largas parcelas da população mundial do grande volume de *informações* que, no início do século XXI, circula pela rede mundial de computadores pode, por analogia, ilustrar e atualizar as formulações contidas no conceito do *hiato informativo*.

180 A SOCIEDADE DA COMUNICAÇÃO E DA INFORMAÇÃO

objetivando determinar *reações e sentimentos dos receptores* aos *atos comunicativos* realizados pelos *emissores de mensagens*, com o intuito de avaliar sua eficiência. Os diferentes *significados* (variações ou *diferenciais semânticos*) que poderiam ser atribuídos ao *processo persuasivo* que ocorre na *comunicação televisiva* foram estudados (Baggaley e Duck) e indicaram que pequenos detalhes, tais como o uso de notas escritas ou ponto eletrônico pelos apresentadores de telejornais e a existência ou não de um fundo liso ou com imagem no cenário do estúdio, mudavam significativamente o *efeito persuasivo* da atuação dos comunicadores para com o público, conferindo-lhes maior ou menor credibilidade, conforme o caso.

Os trabalhos estruturados com base nas *análises de conteúdo* voltaram-se, do ponto de vista de seu objeto, para o estudo da *mensagem*, valendo-se de quantificações e verificações de seu *conteúdo manifesto*, que seria obtido por meio *"da contagem de determinadas unidades"* de sua estrutura textual interna. Como afirma Santos, discutindo a objetividade desse tipo de estudo, esse modelo de análise não se interessa por extrapolações ou especulações, *"mas simplesmente em contar objetivamente os dados identificados para pesquisa"*. As *análises de conteúdo* mais relevantes foram realizadas pelos pesquisadores escoceses do *Glasgow Media Group* e por George Gerbner. Para os primeiros, seus trabalhos revelaram que *"as notícias não são neutras, mas um produto fabricado pela ideologia"*. De acordo com o segundo, o que mais importa na caracterização de *"um meio de comunicação são os padrões"* existentes *"por detrás de sua produção"*, que *"são incutidos ao grande público sem que ele se aperceba conscientemente do fato"*.

Os *estudos psicológicos de efeitos comportamentais* buscaram resposta para duas perguntas essenciais: o que faz com que algumas pessoas sejam particularmente sujeitas à influência dos *meios de comunicação de massas*? Como se processam os *comportamentos de imitação* decorrentes das *mensagens* divulgadas por esses *meios*? Ao estudar *os efeitos da televisão no comportamento humano*, Comstock, Chafee, Katsman, McCombs e Roberts (1978) focaram seu objeto nos *"efeitos não intencionais de programas de entretenimento que culminaram com um comportamento violento ou agressivo"*. Para concretizar seu intento, tomaram uma decisão metodológica: ver a televisão do mesmo modo que seriam encarados outros *meios* ou *recursos pedagógicos* que pudessem produzir, por meio de *estímulos* diversos, *"efeitos na aprendizagem ou atuação dos indivíduos, alterando seu comportamento e estado mental"*.

Eles denominaram o *estímulo* principal de *ato de TV*, que consistiria na exibição de *determinada ação* que, motivada por outros *estímulos* acessórios como *excitação, atração, interesse, motivação para atuar* e *propostas de comportamentos alternativos*, conseguiria provocar *imitações* do *ato de TV*, que seriam *maiores* à medida que a *exibição* fosse *mais realista*. Para Santos, esse modelo resgata concepções *"da há muito ultrapassada teoria das balas mágicas, em particular o conceito estímulo-resposta"*, e seu problema central *"é que explica em pormenor o que leva alguém a imitar um ato de TV quando milhões de outros telespectadores aparentemente não reagem da mesma forma"*.

OS PROCESSOS DE COMUNICAÇÃO DE MASSA E A SOCIEDADE CONTEMPORÂNEA **181**

Em sua conclusão, esse autor considera que o grande problema dos *estudos das comunicações* reduz-se, talvez, ao fato de ela se resumir *"à questão da percepção, e não da realidade"*, o que implicaria obter, *em vez da realidade ontológica das coisas, apenas imagens desse real inatingível*, levando toda a reflexão para o *"campo da percepção, dominado pela subjetividade"*. Nesse sentido, o chamado *legado do medo* poderia emergir de uma insegurança que seria *"provocada pela compreensão, mais ou menos consciente, de que comunicar é transmitir percepções subjetivas"*. Daí os problemas e questões centrais dos estudos sobre os *atos comunicativos*: com que órgãos essas percepções são captadas e com que intenção são transmitidas; será que a *imagem da realidade é registrada pelos meios de comunicação de massas com fidelidade; qual o grau de fidelidade; que efeitos tem na sociedade a forma como essa imagem é captada?*

Pelo que se pode depreender da seriedade que há no bojo dessas questões, o problema do alcance real das *ações* dos *meios de comunicação de massas* estava inteiramente aberto para o autor em 1992. E, certamente, ainda está no início do século XXI, particularmente no tocante à problemática dos *efeitos* e dos *impactos* sobre a sociedade. Segundo Santos (1992: 131), *"vivemos num pseudo-ambiente, um mundo formado pelas percepções dos meios de comunicação de massas que influi no próprio real, (...) e é nesse constante receio que se alimentaram os estudos sobre comunicação"*. Vem daí a necessidade da discussão permanente sobre a *ação* e o *alcance* da *comunicação de massas* com base na óptica da cidadania e o fato de ela não poder, como foi colocado, ser *monopólio comercial de poucos e fonte inesgotável de poder sobre muitos*.

EXERCÍCIOS REFLEXIVOS

1. Leitura complementar:

O GRANDE IRMÃO GLOBAL

O Estado de S. Paulo, São Paulo, 22 abr. 2001, p. A3.

"Apesar de não ser novidade para ninguém o crescimento do alcance e o agigantamento do poder de influência da televisão sobre todo o território nacional nas últimas décadas, os dados recentemente divulgados pelo Instituto Brasileiro de Geografia e Estatística (IBGE), por meio do estudo denominado Perfil dos Municípios Brasileiros, nos dão a medida mais exata de um fenômeno certamente sem paralelo em qualquer outro lugar no mundo. As porcentagens chegam a ser, de fato, fantásticas: 98,3% das cidades do País captam imagens de uma rede de televisão. Mais ainda, conforme as explicações dadas pelo pesquisador da instituição, Antonio Alkmin dos Reis, nos seguintes termos: 'Não conseguimos informações dos demais municípios e, por isso, esse porcentual pode chegar a 100%.'

Com toda certeza, se George Orwell fosse vivo poderia encontrar aqui um sistema de comunicação de massa extremamente inspirador, para fixar o cenário da aterradora premonição de seu Big Brother... Mas o fenômeno assusta, especialmente, quando cotejamos a presença da televisão com a dos equipamentos e dos espaços tradicionalmente propícios às várias formas de produções e manifestações culturais, que têm atravessado os séculos e chegado até nós, como patrimônios do conhecimento humano, por milênios acumulados. É que tudo isso vai sendo substituído, de maneira avassaladora, pela mágica telinha, que, apesar de ter o condão de transmitir um manancial formidável e praticamente ininterrupto de informações, para as regiões mais longínquas, isoladas e atrasadas do País, também tem a capacidade de uniformizar os padrões de gosto, de comportamento, de consumo (mais apropriado seria dizer sonhos de consumo), tanto quanto os valores éticos e estéticos das comunidades.

O 'Perfil' do IBGE revela que os cinemas estão presentes em apenas 7% das cidades brasileiras, os teatros em 14%, os museus em 16%. Mas, com certeza, por influência da própria televisão, as videolocadoras existem em nada menos do que 64% dos municípios, ou seja, em 3.517 cidades, enquanto as livrarias só existem em 1.946 cidades. É verdade que, se ligados às lojas de discos, de fitas e de CDs, os locais que vendem livros podem ser encontrados em cerca de 35% das nossas cidades – constatação comparável à de que existem estações de rádio FM em cerca de 34% das cidades (enquanto as AMs não estão presentes em mais do que 20%).

A distribuição do número de cidades que captam imagens de televisão, pelas principais redes brasileiras de tevê, mostra a seguinte situação: a Rede Globo detém ampla liderança, com o porcentual fabuloso de 98% dos municípios alcançados pelo seu sinal. Em seguida, vem o Sistema Brasileiro de Televisão (SBT), com 88%, seguido da TV Bandeirantes, com 75%. Esses porcentuais já dão uma idéia clara do potencial de influência dessas emissoras – especialmente da que detém, por larga margem, a liderança de audiência – na cultura, na aquisição de conhecimentos, no desenvolvimento – ou não – de espírito crítico, no comportamento cotidiano e, enfim, na vida dos habitantes, distribuídos por todo o imenso território nacional. Mas aí há uma diferença qualitativa nesse grau de influência, porquanto nas cidades maiores e mais desenvolvidas do País ainda sobrevivem sistemas tradicionais de produção e manifestação cultural e equipamentos afins.

É claro que, se já é grande a responsabilidade das maiores redes de emissoras de televisão na formação, educação e no comportamento dos habitantes de todas as regiões do País, naquelas em que o sinal de tevê se torna a única opção de cultura, informação e lazer para as famílias, a responsabilidade social desses veículos se multiplica. Impõe-se, então, a simples indagação: será que existe a plena consciência desse poder de influência, assim como das responsabilidades sociais que dele derivam? E que tipo de interferência crítica pode ser exercitada pela cidadania, que possa funcionar – sempre dentro da liberdade de expressão assegurada pela vigência da plena Democracia – como proteção aos valores (éticos, culturais) que a sociedade pretende ver preservados, para as futuras gerações? Sem dúvida, eis um bom tema para reflexão."

A TELEVISÃO É TOTALITÁRIA?

Renato Janine Ribeiro.
O Estado de S. Paulo, São Paulo, 20 maio 2001.
Telejornal, ano 9, nº 467, p. T2, Crítica.

"A TV nasce às vésperas da Segunda Guerra e triunfa após a vitória aliada sobre o Eixo. É o meio de comunicação que melhor simboliza, no último meio século, o controle norte-americano das mentes e corações. Mais que o rádio – tão usado nas campanhas políticas e militares de Hitler – ela representa o nosso tempo.

Pois bem: quando a TV tem uns dez anos de existência consolidada, por volta de 1960, as ciências sociais e humanas passam a comentá-la. Seu comentário hoje soa chocante. Porque esse instrumento de comunicação da democracia mais altiva do mundo, os Estados Unidos, é acusado de totalitário.

As primeiras análises sérias sobre a TV aplicam a ela estudos que tratavam inicialmente do nazismo, do fascismo, do comunismo. O lema do totalitarismo vem de Mussolini: "Nada contra o Estado, nada acima do Estado, nada fora do Estado." As duas primeiras partes da frase até podem merecer discussão, mas a terceira é de gelar o sangue.

Porque totalitarismo não é o mesmo que ditadura ou autoritarismo. Estes controlam a vida social, mas de fora para dentro, reprimindo, tutelando. Já os totalitários querem mudar a vida social por inteiro, por dentro, não deixando nada fora do alcance do Estado. E assim parece contraditório que a sociedade mais individualista do mundo, a norte-americana, fosse chamada de totalitária.

Mas houve razões para isso. A TV difundiu estilos de vida padronizados, dos quais era difícil fugir. Basta lembrar o começo de *O Casamento de Meu Melhor Amigo*, com Julia Roberts: numa cena digna de um show dos anos 50, mulheres dizem que casar é seu maior objetivo. Aquele tempo mal tolerava divergências. Ora, marcar os corações de um povo, do mundo, com os mesmos desejos e repulsas não é totalitarismo? Não estamos tão longe disso – por um lado. Ligue uma TV a cabo das boas, digamos, a Sony. Veja *The Nanny*, ou o que quiser.

Quase todo seriado alude a tantos detalhes da vida norte-americana que quase precisamos de notas explicativas! Mas é claro que esses sinais vão pegando, aqui: vejam como os mais jovens substituem o gesto obsceno brasileiro, de dois dedos formando um círculo, por seu equivalente do Atlântico Norte, o dedo médio estendido. Da pornografia ao humor, é uma gigantesca lavagem cerebral – não há dúvida.

Mas, por outro lado, o totalitarismo se esvaziou: sobrevive talvez só na Coréia do Norte e no Afeganistão. E quase desapareceu o discurso sobre ele. Hoje, quem analisa a repressão, o autoritarismo, talvez o próprio totalitarismo, se vale da estética da recepção – isto é, da teoria de Hans Jauss, que mostrou que ninguém é totalmente passivo. Todos nós, ao recebermos uma comunicação, a entendemos com os instrumentos de que dispomos. Nós a recriamos. Receber uma mensagem é quase tão importante quanto produzi-la. E sabemos que toda novela muda com as reações do público a ela, medidas no Ibope.

184 A SOCIEDADE DA COMUNICAÇÃO E DA INFORMAÇÃO

Não, a TV não pode mais ser chamada de totalitária. Ela é o portal de uma negociação ininterrupta entre uma parte forte, o dono e os anunciantes, e uma fraca – os espectadores. Se democracia significa poder do povo, o que se deve fazer é fortalecer a parte paradoxalmente mais fraca: nós, o povo."

2. *"Entende-se por meios de comunicação não apenas o emprego de símbolos por parte dos homens para significar, expressar e comunicar o saber – as diferentes linguagens – mas, principal e concretamente, os canais artificiais utilizados para veicular entre seres racionais – transmissores-receptores – essas mesmas linguagens"* (Lakatos, 1985:118). Considerando a definição dessa autora, conceitue o que é *comunicação de massa.*

3. Partindo do pressuposto colocado por Guareschi (1984:99) de que a *comunicação* é um *"aparelho ideológico de reprodução da sociedade"*, produza um texto no qual você comente e discuta a seguinte afirmação desse autor: *"a comunicação constrói a realidade".*

4. Fazendo referência ao problema da *massificação*, Adorno e Horkheimer (1978:87) afirmam que *"é uma autêntica cegueira dirigir recriminações veementes contra as massas cegas".* Para eles, *"o que cada indivíduo poderia fazer é esclarecer-se sobre o que o leva a converter-se em massa, para opor uma resistência consciente à propensão para 'seguir à deriva' num comportamento de massa".* Tendo como ponto de partida a colocação desses autores, produza um texto no qual você defina o que é *massificação* e proponha saídas para seus *efeitos* sobre a sociedade moderna.

5. *"Os veículos de comunicação e de difusão não são por si próprios instrumentos de cultura de massas; o que os transforma neles é o caminho de mão-única, pela universal impermeabilidade de seus significados: certa imprensa e não a obra literária ou científica; o rádio e a televisão, utilizados apenas no sentido informativo e não o concerto, o teatro e a conferência, dirigidos a um público; o cinema estereotipado e não a exposição e o ensino, ou qualquer outra forma de transmissão do saber que exija compreensão, exercitando a capacidade de crítica e de seleção"* (Lakatos, 1985:119-120). Com base nessa citação, defina e caracterize os *processos de comunicação de massa.*

6. Interpretando a concepção de *"indústria cultural"* pensada pelo sociólogo francês Edgar Morin, Ecléa Bosi (1977:43) define a *ação dos meios de comunicação de massa* sobre a sociedade moderna. Para ela, essa *ação* vai *"da repetição do esquema à saturação, da saturação ao invento de um novo esquema: eis a dialética a que estão sujeitos os emissores das mensagens de rádio, de TV, de histórias em quadrinhos, de novelas sentimentais ou picantes".* Discuta os *efeitos* e *impactos* da *ação* dos meios de comunicação de massa sobre a sociedade moderna.

13

A Sociedade de Consumo

13.1 INDIVIDUALISMO, COMPETIÇÃO E CONCORRÊNCIA

A *sociedade de consumo* atual existe e caracteriza-se por possuir uma única finalidade: produzir *mercadorias* para serem vendidas, continuar produzindo mais *mercadorias* e, a qualquer modo e custo, vendê-las, indefinidamente. Seu *circuito produtivo*, *virtuoso* para alguns e *vicioso* para outros, engloba todos os aspectos de suas *relações sociais*, constituindo uma espécie de teia fundada unicamente nos *atos* de *produzir* e *adquirir mercadorias*, que se tornam, por isso, o fio condutor central de todas as *relações humanas* dessa sociedade, que é estruturada com base na *lógica de reprodução do capital*. Esse é o sentido dado por alguns autores, quando conceituam esse tipo de *organização social* como *sociedade produtora de mercadorias*. Trata-se, em termos objetivos, de uma sociedade que encara a *produção de bens* apenas e tão-somente para o atendimento do que ficou convencionado designar de *demanda do mercado*, que é o que define esses *bens* como *mercadorias*. Nesse sentido, a *sociedade de consumo* consiste e é reduzida a um grande *mercado*, ou *negócio*, no qual só sustenta a vida e existe quem tem algum *objeto* para vender ou algo a comprar.

Seus paradigmas fundamentais estão assentados sobre dois pilares principais: um *econômico* e outro *filosófico*. Do ponto de vista econômico, a *visão individualista-liberal clássica*, ao propor o estímulo à *livre iniciativa econômica privada* e a *redução ao mínimo* das *funções reguladoras do Estado*, sustenta-se no antigo princípio do *laissez-faire* – no sentido de *deixar*, não impedir, *fazer* –, que propugnava a

186 A SOCIEDADE DA COMUNICAÇÃO E DA INFORMAÇÃO

liberdade total de ação econômica do *indivíduo*, fundamental para a sustentação material da nova sociedade, que se constituiu com as revoluções liberal-burguesas. O pilar filosófico é fincado sobre o *pensamento iluminista*, movimento filosófico de fundamento humanista e burguês, que eclodiu no século XVIII, caracterizado pela profissão de fé no *progresso* e na *razão*, pelo desafio à *tradição* e à *autoridade* do *clero católico* e da *nobreza* que sustentavam o *Antigo Regime* e pelo incentivo à *liberdade de pensamento* laico.

Com base nesses dois nexos fundamentais, os *indivíduos* foram dados como *livres* e *iguais*, significando essa *liberdade* e essa *igualdade* – em tese e apenas do ponto de vista jurídico – que todos passavam a ter o mesmo direito à riqueza, desde que ela fosse construída pelo esforço empreendedor e pelo labor de cada um. Aos *indivíduos* foi outorgada a *liberdade* para *consumir*, inclusive sua própria *liberdade individual*, na sociedade que ajudavam a construir, não só no sentido material, mas também no espiritual, no âmbito da manutenção do pacto jurídico-social necessário a sua sustentação.

O nó górdio da *sociedade consumidora de mercadorias* surgiu, entretanto, com a continuidade da apropriação desigual de riquezas e com as novas formas de exploração do trabalho dos que eram considerados incapazes de acumulá-las. A manutenção da condição da *pobreza,* em larga escala, fazia com que apenas parcela insignificante da população tivesse condições de participar em plenitude dos *rituais do consumo.* Foi aí que as *desigualdades*, ainda hoje persistentes entre maiorias e minorias, surgiram sob o invólucro das diferenças de chances e possibilidades de acesso ao *consumo.* Ou seja, a *capacidade de consumo* de cada *indivíduo* passou a exprimir e simbolizar a natureza real das *diferenças sociais* na sociedade capitalista.

Com base em seus paradigmas estruturais, em sua finalidade unicamente mercantil, em suas concepções de *liberdade* e *igualdade*, na manutenção de seu *estatuto da desigualdade* e na *naturalidade* com a qual ainda é encarada a *exploração do trabalho* em seu interior, a *sociedade de consumo* pauta-se por três outros *valores* que modelam e orientam a ação de *indivíduos* e instituições: *individualismo, competição* e *concorrência.*

Do ponto de vista doutrinário, o *individualismo* considera que o *indivíduo* é a *realidade primordial*, respeitando-o como um *valor maior*. Nesse sentido, esse pensamento considera que a História só pode ser fruto de uma *ação consciente dos indivíduos,* e a sociedade resultante dessa *ação* só pode objetivar o *bem* e a *realização* dos que a organizam. O conceito de *competição* é definido pela Sociologia como uma das formas mais elementares de *interação social*, referindo-se a qualquer tipo de *disputa* ou *rivalidade* que ocorra entre dois ou mais *indivíduos* na busca por *vantagens, posições sociais, status, coisas* ou *objetos concretos.* A definição de *concorrência*, em conclusão, é relativa às disputas pela preferência de compradores potenciais que ocorrem entre vendedores de bens semelhantes. Definida, em princípio, pela *lei da oferta e da procura*, liga-se a *situações de mercado* em que haja qualquer tipo de competição decorrente de *diferenciações* que são estabelecidas pelos consumidores, entre produtos de fornecedores diferentes, sendo freqüentemente estimulada pela ação da propaganda e da publicidade.

Vistos apenas em suas conformações teóricas, esses conceitos ficam desvestidos de seus sentidos reais para a *sociedade de consumo*. Encarados como *valores* entrelaçados entre si, como efetivamente são, eles revelam não só a *natureza das relações* que se estabelecem na órbita da atividade central de *produção e venda de mercadorias*, como também o paroxismo ao qual essas *relações* podem chegar, como ora chegam, se levadas ao âmbito do radicalismo ou do fundamentalismo econômico de mercado.

Uma vez que esses *valores modelam* e *orientam* a ação de *indivíduos, instituições* e *empresas*, o *individualismo* leva ao descompromisso ou ao compromisso meramente mercadológico com as causas e as necessidades públicas e coletivas; a *competição*, por sua vez, leva todos à condição de adversários potenciais ou declarados, em uma espécie de *luta darwinista* por *privilégios* a serem ávida e devidamente *consumidos*; e a *concorrência* passa a ser vista com *naturalidade*, prova real de uma luta feroz entre *mercadorias* que disputam a condição de *mais aptas* a serem *consumidas* pelo *mercado*. *Promovidos* de *cidadãos* a *consumidores*, transformados em uma entidade econômica atomizada, denominada *mercado*, os *indivíduos* estão sós, tornaram-se ilhas cercadas de *coisas* e *objetos* por todos os lados, ou ilhas sem mar em volta quando estão na condição de não poder *consumir*.

13.2 CONSUMO, CONSUMISMO E SACRALIZAÇÃO DO CONSUMO

Fundada na solidão atomizada do *mercado*, uma vez que cada *consumidor* é sempre considerado um *indivíduo*, uma unidade potencial de compra, a *sociedade de consumo* nutre-se de *desejos* e *sentimentos*, tais como o da obtenção de *lucros* a qualquer preço, da criação infinita de *novas necessidades*, da *insatisfação* constante com o que se tem e da *compulsão* incessante por se ter mais e mais. A vida passou a ter sentido nos *rituais do consumo*. Se o consumidor um dia foi definido pela utilização de *mercadorias* ou *serviços* voltados apenas para *satisfação das necessidades humanas vitais*, isso se deu há muito tempo, uma vez que seu sucedâneo atual é o *consumista*, ser com hábitos estruturados por um *sistema produtivo* que, por meio de *estímulos* que levam as pessoas a *comprar* exageradamente, favorece o *consumo compulsivo* e dá vazão, muito além das *necessidades reais* das pessoas, a uma variedade incomensurável de *mercadorias*, que levam o *sistema* ao risco palpável da entropia ecológica.

Os *valores, desejos* e *sentimentos,* que circulam no meio social pautado pela onipresença da *mercadoria*, criaram uma *meta* que foi alçada ao recinto do *pedes-*

188 A SOCIEDADE DA COMUNICAÇÃO E DA INFORMAÇÃO

tal sagrado: a luta pela *posse* da maior quantidade possível de *bens materiais tangíveis e intangíveis*, fato que confere, uma vez conquistados os *bens*, a *láurea* de maior *prestígio social* ao *indivíduo* quanto maior seja a quantidade de *bens* que ele consiga *acumular*. Assim, a *sociedade de consumo* estrutura-se na *lógica* da *criação permanente de novas necessidades*, que redundam na invenção infinda de novos *bens de consumo duráveis ou descartáveis*. Essa *lógica* move, por meio de uma dinâmica própria, o *sistema econômico* que a criou e que se sustenta sobre essa criação múltipla e infinita de *bens*, que são permanentemente apresentados ao *mercado* por *estratégias* de *convencimento* dos *consumidores* de que *eles* são *indispensáveis* para a manutenção da vida.

Boaventura de Souza Santos (1995:255-256), ao refletir sobre a *natureza* da *sociedade de consumo* da última década do século XX, aponta sinais relevantes para os rumos que estão sendo tomados por ela no início deste novo milênio: *"apesar de todas as diferenças, o regresso do princípio do mercado nos últimos vinte anos"*, de meados da década de 70 em diante, *"representa a revalidação social e política do ideário liberal e, conseqüentemente, a revalorização da subjetividade em detrimento da cidadania"*. Nesse âmbito vital, *"a resposta do capital aproveita e distorce sabiamente algumas das reivindicações dos movimentos contestatórios dos últimos trinta anos"*, manipulando, por exemplo, as aspirações *"de autonomia, criatividade e reflexividade"*, que são transmutadas *"em privatismo, dessocialização e narcisismo, os quais, acoplados à vertigem produtivista, servem para integrar, como nunca, os indivíduos na compulsão consumista"*.

Segundo sua compreensão, essa nova forma de integração do *indivíduo*, *"longe de significar uma cedência materialista, é vivida como expressão de um novo idealismo, um idealismo objetivo[1]"*. No bojo desse processo ocorre um fenômeno fundamental: *"a natureza do consumo metamorfoseia-se"*, fato que pode ser constatado, em *primeiro plano*, pela observação dos novos *"objetos de consumo [que] não têm qualquer existência material (as imagens digitais, por exemplo)"*. Em *grande plano*, o advento da *"retração da produção em massa e a sua gradual substituição pela clientelização e personalização dos objetos transforma estes em características da personalidade de quem os usa e, nessa medida, os objetos"*, as mercadorias, *"transitam da esfera do ter para a esfera do ser"*.

No entendimento de Boaventura, *"o culto dos objetos"* é o sucedâneo das *relações* entre os *indivíduos*, ou seja, a *relação intersubjetiva* passou a ser *intermediada* pela esfera dos *objetos de consumo*. A seu ver, essas *"transformações são de tal modo profundas e arquetípicas que, para dar adequadamente conta delas, é necessário proceder a transformações também profundas e arquetípicas na teoria sociológica"*, que necessita de um novo aparato conceitual para compreender as novas *condições so-*

---

[1]. De acordo com o Aurélio, no sentido filosófico, essa forma de *"idealismo reduz o ser a um espírito, ou consciência ou vontade supra-individual"*. NOVO DICIONÁRIO AURÉLIO ELETRÔNICO : século XXI. Versão 3.0, Rio de Janeiro: Nova Fronteira, 1999.

ciais desse momento, marcado por um *excesso de regulação* que faz com que a convivência com a *subjetividade sem cidadania* leve os *indivíduos* ao *narcisismo e ao autismo*, o que deixa evidente o fato de que *"o idealismo[2] será provavelmente a forma mais conseqüente de materialismo"*.

O *ato* do *consumo*, que no passado referiu-se à utilização de *objetos* que atendiam às *necessidades humanas vitais*, foi convertido em *consumismo* e colocado, como foi definido, em uma espécie de *pedestal sagrado materialista*, por meio da imposição de uma luta incessante dos *indivíduos* pela *posse* de *bens materiais*. A *sacralização do consumo* e o *"culto dos objetos"* são devidamente articulados pelas *mensagens* da *propaganda* divulgadas no *mercado* pelos *sistemas de mídia* e objetivam garantir a *manutenção*, a *eficácia*, a *reprodução* e a *perpetuação* da *sociedade produtora e consumidora de mercadorias*.

13.3 PROPAGANDA E MÍDIA: SEDUÇÃO E CONVENCIMENTO

O modo de vida erigido pela *sociedade de consumo*, que é estabelecido no tripé *atomização-impessoalidade-anonimato* e na vivência do *individualismo* e da *competitividade*, exerce importante influência sobre os *indivíduos* e a *sociedade*, configurando os modos de *ser* e *estar no mundo* com base nesse tipo de *sociabilidade* e de *cultura*. A vida que é possível sob o *regime capitalista* articula-se baseada na formação dos *hábitos de consumo*, incutidos pela *estimulação* constante que é oferecida pela atividade da *propaganda* e da *publicidade*. Atividade de apoio fundamental para esse *sistema produtivo*, ela atua por meio dos *veículos de mídia* ou de *publicidade*, constituindo-se como elemento vital de intermediação entre as esferas da *produção* e do *consumo* de *bens* ou *serviços*. Seu papel, muito além de *informar* a sociedade sobre as *mercadorias* que o *sistema* produz para o *consumo*, é estabelecido no âmbito da *atração*, da *sedução* e do *convencimento* dos *indivíduos* para que eles *comprem* as *"novidades"* oferecidas ao *mercado*.

Conscientes de que os *consumidores* não são *passivos* a ponto de adquirir de qualquer maneira a miríade de *produtos* colocados à venda, os *profissionais da propaganda e do marketing* articulam com habilidade e competência o chamado *jogo da sedução, conquista e convencimento*, objetivando, simultaneamente, reduzir a margem de risco do *lançamento* dos *produtos* a um mínimo que não coloque em perigo os investimentos realizados e a venda posterior em escala sempre lu-

---

2. Segundo a acepção definida pelo *Aurélio*, *"no tocante a situações sociais e econômicas, o idealismo tem servido, em razão da menor importância que atribui como orientação geral aos fatos objetivos, de instrumento de ocultação das origens e condicionamentos materiais daquelas situações, atribuindo-lhes origens abstratas e servindo, assim, a grupos ou classes que se interessam pela manutenção de tais situações"*. Idem, ibidem.

190 A SOCIEDADE DA COMUNICAÇÃO E DA INFORMAÇÃO

crativa. O momento no qual se dá essa tentativa de *sedução* é *especial* e ocorre no *ato* em que as *propagandas* são veiculadas nos *meios de comunicação de massa*. Esse *ato*, repetido à exaustão por meio de *peças publicitárias* cuidadosamente produzidas, confere à *propaganda* uma de suas características fundamentais, que constitui, ao mesmo tempo, sua maior contradição: ela tem um caráter que pode ser definido como *democrático*, ou seja, *atinge* e *seduz* a *todos* que tenham contato com ela. Entretanto, o *consumo* que procura *estimular* é sempre *privado*, acessível apenas a quem pode, possível a quem acumule excedente em dinheiro que possa ser convertido em *mercadoria*.

Carregando consigo esses elementos, a *propaganda* penetra em todos os âmbitos da *vida individual* e *social moderna*, buscando a *conquista* dos *consumidores* e *provocando-os* a satisfazer de modo incondicional a *necessidades* antes inexistentes ou ainda não satisfeitas plenamente. Gerar *necessidades* e dar *respostas* sobre como *satisfazê-las*, por meio do *consumo de mercadorias*, constitui a *arte* e o *mister* da *propaganda*, que atua exatamente no âmbito das *carências humanas materiais e psíquicas*, oferecendo uma espécie de *compensação encantadora* ao *vazio existencial* de uma vida quotidiana sem sentido além da inóspita seqüência diária da *compra* e da *venda* de *objetos industrializados*.

A *propaganda* procura conferir às *mercadorias* um caráter de *humanidade*, uma vez que só assim elas significarão a *satisfação das necessidades* dos que as *consomem*. Para que isso aconteça, é essencial que aos *produtos* sejam incorporadas duas características fundamentais: *identidade* e *valor*. O *universo da identificação simbólica* é o manancial para sua *ação persuasiva*: as *imagens*, os *lugares* e *estilos de vida* desejados são carregados de *glamour* e de uma *identidade* tida como *própria*; os *sentimentos*, as *emoções, crenças, convicções* e *visões de mundo* são alçados à categoria de *valores essenciais* que os produtos devem traduzir.

As *peças publicitárias* buscam essas *identificações* no *imaginário coletivo moderno* e sustentam seus apelos sedutores nos *estereótipos individuais* e *coletivos* tidos como aceitos pela maioria das pessoas. Entre eles, a vivência infantil significa riso, inocência e pureza; a condição feminina, sensualidade, impulso, desejo e feminilidade; ser homem é ter força, plenitude, razão e vigor; viver a velhice indica a realização pessoal da *terceira idade*, maturidade plena e sabedoria. *Criar* e *personificar coisas* e *objetos* que coincidam com esses atributos, conferindo-lhes *identidade* e *valor* a partir do *senso* e do *lugar comum* pautados no *individualismo* e no *personalismo*, eis a *sedução* e o *convencimento* levados ao extremo radicalista pela antiga e humana *arte de vender e comprar*, agora vestida com a capa da *contemporaneidade neoliberal* e carregada do *fetiche* da *coisa* por *ela* mesma, do *objeto* que se impõe a um *indivíduo coisificado*.

EXERCÍCIOS REFLEXIVOS

1. Leitura complementar:

PEÇAS DOS MEIOS DE COMUNICAÇÃO MANTÊM APOSTA NA CREDIBILIDADE

A maioria dos 486 comerciais inscritos no festival não fugiu do lugar-comum.

O Estado de S. Paulo, São Paulo, 21 jun. 2001.
Economia, p. B-14.

"CANNES – Você já se imaginou tendo de vender a sua própria imagem? Bonito, alto, esbelto, verdadeiro ou bonita, alta, esbelta e verdadeira? Pois é assim que se sentem as agências de publicidade do mundo inteiro quando têm de vender o veículo, o espelho com o qual se comunicam com o público, o tempo todo. Campanhas para filmes, emissoras de televisão, rádios, TVs a cabo, jornais, revistas, boletins, Internet, livros e tudo aquilo que informa e faz uma pessoa viajar sem sair do lugar. Alimentam rodas de conversa e o bate-papo com amigos.

Por isso, talvez, as agências do mundo inteiro que participaram do 48º Festival Internacional de Publicidade de Cannes não ousam sair do lugar-comum. E é por essa razão que os 486 filmes na categoria Mídia e Publicidade não fugiram da regra, que é vender credibilidade e um forte laço com o público.

O jornal de maior tiragem do mundo, o japonês Asahi Shimbum, mostrou em campanha criada pela Dentsu em que seus repórteres vivem a notícia. Buscou para isso um esporte, o futebol, e pôs em campo seus repórteres, que fazem uma cobertura em tempo real. Entram no gramado, disputam a bola com os jogadores, assim como a melhor foto do gol. Correm como bandeirinhas e seguem o árbitro, com a diferença que usam ternos impecáveis. O comercial despertou a atenção, mas nada de novo trouxe para esse campo.

A irreverência, é claro, tem muito mais charme. Mas fica restrita a comerciais de TV fechada e de rádio, que continuam usando a fórmula de dar visual às músicas das tribos que têm como alvo.

Nesse terreno, a platéia das confortáveis salas de exibição do Grand Palais de Cannes caiu na gargalhada com o comercial criado pela agência brasileira Age, capitaneada pelo criativo Tomás Lorente, para a MTV Erótica. Sem recorrer a nenhuma imagem, o comercial mostra como são os sussurros das mulheres e dos homens na hora de fazer amor. Os gritos e sussurros da asmática, da judia, da perua, do bissexual, do apressado e do devagar arrancaram gargalhadas sonoras.

Nada a ver com a seriedade, em preto e branco, com que a nova-iorquina Bozell Worldwide vende a imagem do The New York Times em três comerciais. Um deles mostra um tornado varrendo casas e lavouras, até que se dispersa dando lugar, no campo, à capa do jornal. O segundo mostra uma piscina, o nadador pula,

192 A SOCIEDADE DA COMUNICAÇÃO E DA INFORMAÇÃO

as letras espalham-se, mas a primeira página do jornal começa a se formar integralmente no fundo. No terceiro, um bando de pássaros faz um tumultuado vôo no céu onde começa a figurar o jornal, um caminho certo para quem quer se informar.

Stálin – Já a irreverência aparece no comercial criado pela Publicis Espanha para o jornal esportivo Marca. Um jovem está no banheiro, no vaso sanitário, e percebe que o papel higiênico acabou. Ele lê o jornal, olha para as suas páginas e, depois, sai do banheiro com o jornal intacto e sem camisa. Das informações do Marca, ele não abre mão.

A informação pode valer milhões, mostra campanha criada pela New Deal DDB, de Oslo, para o jornal norueguês VG. Num dos vários e divertidos comerciais do jornal, uma moça, num programa similar ao Show do Milhão de Sílvio Santos, não sabe a resposta da pergunta nem tem universitários, cartas, pulos ou placas a quem recorrer. Em todos os lugares, leitores do VG acertam a resposta, que ela erra porque não lê esse jornal.

Nem o tradicional e antigo Pravda, desde 1917 sinônimo da hoje extinta União das Repúblicas Socialistas Soviéticas (URSS), escapou dos novos tempos. Privatizado, tem de conquistar novos leitores e novas cabeças. No comercial criado pelo Juraj Vaculik Creative Studio, de Bratislava, uma garota pinta o cabelo, as mãos e os pés de vermelho, mas o vestido azul não combina. Troca a cor dos cabelos, das mãos e dos pés para a cor da roupa porque é aquilo que quer, e o Pravda está ali para proteger essa liberdade de ser e, é claro, de se informar.

Os tempos mudaram, sorte desses publicitários que Stálin foi parar nos livros de História. (C.F.)"

NÃO FAÇAMOS A TOLICE DE DESTRUIR O PLANETA

Em 60 anos haverá 10 bilhões de pessoas na Terra. Esse é o grande problema do nosso tempo. O aumento do consumo que acompanhará esse crescimento provocará uma sobrecarga quase fatal para o planeta.

O Estado de S. Paulo, São Paulo, 22 set. 1996. Especial – Domingo / Ambiente e Economia, p. D2.

Esta é a entrevista do oceanógrafo francês Jacques Cousteau ao jornalista Nathan Gardels, editor da Summing Up the Century, publicada no Brasil com exclusividade pelo Estado:

"Pergunta – Aos 85 anos, o senhor viveu boa parte deste século. Durante a maior parte do tempo o senhor esteve preocupado em explorar o mar e compreender o meio ambiente. Sob esse ponto de vista, quais foram as maiores descobertas do século 20?

Jacques Cousteau – A espécie humana provavelmente prejudicou a Terra no século 20 mais do que em qualquer época anterior da história humana. Os danos foram gerados por duas fontes – a explosão demográfica combinada com o abuso da economia. Hoje, há 5,6 bilhões de pessoas na Terra. Em menos de 60 anos – em 2050 – haverá 10 bilhões. Esse é o principal problema dos nossos tempos. O aumento radical do consumo que deverá acompanhar esse crescimento provocará uma sobrecarga quase fatal nas fontes do planeta. Apesar de a taxa de natalidade estar começando a cair em alguns lugares muito populosos, como a Indonésia, isso apenas traz esperanças para a segunda metade do século 21. Nada mudará antes de 2050, pois 60% da população não-européia do mundo atual tem menos de 16 anos. Quando essas pessoas tiverem filhos, dobrarão seu número. Durante 60 anos, vivemos uma luta entre o comunismo e o capitalismo. Quando o comunismo entrou em colapso, o motivo era óbvio: um sistema planejado e centralizado não tinha vez no mercado. No ocidente, esse fato provocou satisfação. É um grande erro. Uma economia liberal é boa, mas há uma grande diferença entre uma economia liberal – ou empresa livre que atende às leis da oferta e da demanda – e um sistema de mercado. O sistema de mercado, como estamos vivendo atualmente, está trazendo mais danos ao planeta do que qualquer outra coisa, pois tudo tem um preço, mas nada tem valor. Como o longo prazo não tem valor no mercado de hoje o destino das gerações futuras não é considerado na equação econômica. Por causa dessa formidável confusão entre preço e valor, há uma irrealidade fundamental acerca da atual vida econômica; ela se tornou uma abstração. O sistema de mercado está mais preocupado com coisas que não existem do que com as coisas que existem. As 'derivadas' financeiras – principalmente a especulação da especulação – são um bom exemplo da distância que existe entre o mercado e a realidade. O valor real é derrotado no jogo. A realidade não é mais considerada. Assim, não só estamos destruindo a diversidade de espécies nas florestas tropicais ou no oceano, que levou um milênio para se formar, mas também estamos vendendo o futuro em nome do lucro imediato. A calota de gelo polar, por exemplo, está derretendo como conseqüência do aquecimento global. Isso resulta da queima de combustíveis fósseis a um preço que não inclui o valor da calota polar em manter uma temperatura estável e o nível do mar, o que permite que a vida ao longo das costas deste planeta de água – onde está concentrada a maioria das pessoas – seja viável. A lista da devastação do planeta a curto prazo é bastante longa: lixo radioativo, proliferação nuclear e mercado negro de material fóssil, edifícios em áreas inundadas, alteração dos ritmos das estações como conseqüência de projetos como Assuan, as catástrofes químicas de Bhopal e Seveso. A erosão do solo e a poluição dos oceanos são formas muito mais perniciosas de degradação ambiental. O dinheiro é uma poderosa ferramenta de troca, mas é um perigo terrível para o planeta. O que o mercado produz hoje é sanidade no varejo e loucura no atacado.

Pergunta – A destruição ecológica surge não só como parte de um grande plano demoníaco, mas como resultado das práticas banais do dia-a-dia, desde dirigir um carro até usar sacolas plásticas no supermercado, cortar árvores e colocar o gado para pastar. Essa é a parte de sanidade do varejo. Esses hábitos cotidianos podem ser alterados por meio de uma revolucionária mudança de mentalidade que encare a autolimitação como um princípio religioso?

194   A SOCIEDADE DA COMUNICAÇÃO E DA INFORMAÇÃO

Cousteau – Como um indivíduo pode se controlar quando ele é forçado de manhã à noite a comprar coisas que não precisa? Eu tenho uma experiência própria. Um dia, em Paris, no inverno, saí às 7 horas da manhã e cheguei às 7 horas da noite. Eu tinha comigo um contador. Cada vez que eu recebia qualquer tipo de propaganda de coisas que não precisava, clicava o contador no final do dia, o aparelho havia registrado 183 cliques. Como você pode se controlar quando a cada instante é abordado pela mensagem: 'Compre e todas as mulheres cairão nos seus braços'? Eu perdôo o pobre rapaz que compra aquele produto de que não precisa. Como ele pode resistir? É um trabalho da sociedade – e não do indivíduo – controlar esse consumismo destrutivo. Não sou a favor de uma espécie de estadismo ecológico. Não. Mas quando você está dirigindo nas ruas e vê o farol vermelho, você pára. Você não acha que o farol vermelho é uma tentativa de refrear a sua liberdade. Pelo contrário, você sabe que ele está ali para protegê-lo. Por que não fazer o mesmo com a economia? Não fazemos. A culpa está nas instituições da sociedade e não nas virtudes do indivíduo.

Pergunta – A democracia, o mercado e a sociedade de consumo oferecem às pessoas o que elas quiserem, no momento que desejarem – ou seja, agora. Assim, o futuro não terá um corpo político em tal sistema e, portanto, não terá voz ativa. O fim do comunismo nos deixou descrentes acerca do futuro. Mas agora que a democracia e o mercado estão triunfantes precisamos encontrar um meio de lembrar o futuro. Como podemos fazer isso?

Cousteau – Com o fim da guerra fria, precisamos de um outro tipo de revolução, uma revolução cultural, uma mudança fundamental no modo de pensar. É por isso que nossa esperança está na juventude – e na educação. A sobrevivência deste planeta depende da descoberta de um modo de incorporar a perspectiva a longo prazo– as conseqüências para as futuras gerações – às decisões atuais daqueles que virão ao poder no governo ou nos negócios. Hoje, ninguém parece se preocupar com o futuro. Por quê? As pessoas precisam de informações objetivas. Os governos estão sujeitos às preocupações eleitorais a curto prazo. As empresas estão ocupadas com balanços trimestrais para verificar suas condições financeiras. As Nações Unidas, que deveriam cuidar do futuro, podem apenas dar conselhos, não podem tomar decisões efetivas. E, infelizmente, as universidades, refletindo o espírito do mercado, não estão produzindo cidadãos melhores, mas incitando-os a uma espécie de competição feroz visando apenas ao sucesso e ao dinheiro. Os jovens hoje em dia estão caindo na armadilha social da mentalidade a curto prazo. Divulgar essa fraqueza da nossa sociedade contemporânea parece ser, para mim, a maior prioridade. Para essa finalidade, a Cousteau Society juntou-se à Unesco para criar uma rede mundial de programas em universidades – da Bélgica ao Brasil, da Índia à China e aos Estados Unidos – que adotará o que chamanos de "aproximação ecotécnica". O principal objetivo é promover a aproximação interdisciplinar do gerenciamento ambiental, de forma que suas preocupações sejam refletidas no treinamento para todos os cursos, de administração de empresas e economia a engenharia e ciências naturais. Essa longa marcha pelas instituições para mudar a mentalidade

A SOCIEDADE DE CONSUMO **195**

das gerações futuras é a idéia principal. É importante também atingir a geração mais jovem, que é bastante influenciada pela mídia. Como muitas outras entidades, a Cousteau Society publica livros e vídeos para crianças, para que o fato de pensar nas gerações futuras seja parte de sua visão cotidiana de mundo. Por exemplo, publicamos uma revista ilustrada chamada Cousteau Junior, em francês. A história em quadrinhos de Ted Turner tem o Capitão Planeta e outros personagens. O único raio de esperança que temos é a imaginação dos jovens e a consciência dos problemas que este planeta enfrentará como conseqüência da explosão demográfica nos próximos 50 anos.

Pergunta – Devido às tendências do nosso sistema de consumo democrático em se preocupar com fatos a curto prazo, interesses imediatos, o ex-presidente francês François Mitterrand criou o 'conselho de anciãos' como uma forma de chamar a atenção para o longo prazo. Esse tipo de aproximação é útil em uma escala global?

Cousteau – Mitterrand criou uma comissão, em 1993, para "defender os direitos das futuras gerações", da qual eu era presidente. Abandonei o posto, em 1995, quando o presidente Jacques Chirac anunciou a realização de testes nucleares. Minha visão era de que a defesa do futuro dos nossos descendentes só poderia acontecer em um clima de tolerância, o que é incompatível com a ameaça nuclear. Manter um potencial nuclear no período pós-guerra fria, quando não há inimigo, não é nada mais que uma competição de arrogância. Tão útil quanto essa idéia de um corpo sensato – uma espécie de corte suprema que fica acima do mercado – seria um 'conselho de jovens', em vez de um conselho de anciãos. A idéia de um grupo de anciãos vem do fato de que, nas civilizações passadas, eles uniram mundos; o outro mundo também estava presente neste. Há também o argumento de que os velhos têm "experiência". O problema é que a experiência ensina a temer mudanças. A experiência destrói a imaginação. A experiência torna as pessoas conservadoras. O que vamos enfrentar amanhã requer a força da imaginação, não o testemunho do passado.

Pergunta – Então, o que o senhor está tentando fazer em seus esforços educacionais é criar uma contracultura para o mercado, na qual os valores duradouros superem os preços a curto prazo e na qual os direitos das futuras gerações estejam integrados nas decisões atuais?

Cousteau – O mercado é uma contracultura! Estamos falando de criar uma cultura em que nada esteja sujeito ao abuso da economia.

Pergunta – A maioria das pessoas do G-7, o grupo dos sete países mais industrializados do mundo tem carros e refrigeradores. O que acontecerá ao mundo quando um bilhão de chineses se tornarem consumidores como nós – se simplesmente adotarem dietas à base de carne e peixes?

Cousteau – Se a dieta dos chineses melhorar a ponto de todos eles comerem peixe regularmente, o oceano não conseguirá alimentá-los. Nos últimos anos, simplesmente esvaziamos os oceanos. Quando comecei a mergulhar, todo o alimento marinho – moluscos e peixes de água doce e salgada – representava um décimo do consumo de proteínas do mundo. E havia, naquela época, apenas 1,7 bilhão de pessoas. Hoje, a indústria pesqueira tornou-se bastante sofisticada e eficiente. Os cardumes de peixes podem ser rastreados eletronicamente; sabemos as épocas de desova. Mas agora há mais de 5 bilhões de pessoas para alimentar. O resultado é que a porcentagem de toda a pesca do mundo corresponde a apenas 3% do consumo de proteínas da espécie humana. E esse número deverá passar para 2% e depois para 1%, até desaparecer completamente quando chegarmos à marca de 10 bilhões de pessoas. Teremos esgotado a capacidade de produção do oceano. No momento, virtualmente todos os peixes são capturados pelo Ocidente. O peixe que costumava alimentar os povos primitivos ao longo das costas foi tirado de seu mercado e vendido para os ricos consumidores urbanos do Ocidente. Isso é uma cultura ou uma contracultura? Essa é a verdade sobre a pesca. Então, não há meio de os chineses sobreviverem graças ao oceano. Nenhum meio. E, aproveitando seu exemplo, não há meio de os gases atmosféricos do planeta permanecerem estáveis se metade dos chineses resolverem dirigir carros ou usar refrigeradores que funcionam com CFCs. Falamos da China porque é um dos locais onde o crescimento populacional estará mais concentrado. A principal questão é: em um mundo de 10 bilhões de pessoas, terão todos as mesmas chances? De jeito nenhum. Haverá comida e energia ou espaço para viver? Haverá grande escassez em alguns lugares, mas realmente acredito que a vida no planeta poderá ser suportável se acabarmos com as desigualdades. Não me refiro à 'igualdade'. As pessoas não são iguais. Algumas podem saltar mais alto do que outras, mas não 20 vezes mais alto. Em uma sociedade, as pessoas poderão compreender uma diferença de 10/1, mas não de 2000/1. Elas não tolerarão mais uma situação, como vemos atualmente, em que apenas 60 seres humanos possuem mais riquezas do que a África inteira e boa parte da Ásia juntas. Mas e os grandes animais, as girafas e os elefantes? Serão os primeiros a desaparecer, pois não haverá espaço para eles, para correr, comer, viver. Haverá pessoas demais competindo no mesmo habitat. A única alternativa viável para os animais será uma espécie de resgate, ao estilo da Arca de Noé, colocando casais de cada espécie em um grande zoológico. Acho que isso oferece uma imagem do tipo de mundo que as futuras gerações da espécie humana devem encontrar.

Pergunta – Tirando o triunfo da cultura sobre a contracultura, sua visão do destino da espécie humana então parece com o que aconteceu com o povo da Ilha de Páscoa, tema de seus filmes?

Cousteau – Sim. A Ilha de Páscoa é a metáfora do planeta Terra, a não ser que mudemos o rumo. A lição da Ilha de Páscoa foi a de que a escassez de recursos leva ao genocídio e, então, a um colapso social. Não há mistério nisso. Cerca de 50 pessoas chegaram à Ilha de Páscoa no século 7 e proliferaram para mais de 70 mil no século 17. Durante esses dez séculos, elas derrubaram todas as árvores, as chuvas desgastaram o solo e elas não puderam mais se alimentar. A sociedade era dividida em sacerdotes, escultores daqueles grandes ídolos diante do mar e camponeses. Como resultado da escassez nessa pequena ilha, a ordem social foi derrubada e iniciou-se uma guerra total contra os privilégios dos sacerdotes e escultores. Refugiados em uma fortaleza em uma extremidade da ilha, eles foram finalmente vencidos pelos camponeses. Inúmeras pessoas foram mortas – e comidas, porque havia pouco alimento. Depois disso, o índice populacional caiu e surgiu uma segunda cultura, que não se desenvolveu. Eles entenderam o que acontecera como um aviso de Deus: a superpopulação destruiu o meio ambiente e a cultura, e resultou em um genocídio. Também poderíamos ver a experiência da Ilha de Páscoa como um aviso de Deus para não cometermos a mesma tolice em todo o planeta."

14

As Instituições Sociais e os Meios de Comunicação de Massa

14.1 A FAMÍLIA

De acordo com a maior parte dos autores, a família é a *matriz primordial* da organização da sociedade. Não obstante como vem sendo vista pela Sociologia, seja como uma *união de pais e filhos* (Sorokin), como *grupo composto de dois ou mais adultos e seus filhos* (Rumney e Maier), como *sociedade conjugal e grupo social formado pelos ascendentes, descendentes e parentes na linha colateral* (Gusmão); ela é, de fato, um *grupo organizado* no qual seus membros assumem *um conjunto definido de posições mútuas* que definem suas interações *em obediência a padrões de comportamentos definidos e motivados por atitudes e comportamentos recíprocos* (Davis).

Segundo Guareschi (1984:79), *"a família é a primeira instituição com que uma pessoa entra em contato em sua vida"*, acompanhando-a, de uma forma ou de outra, *"até sua morte"*, estando *"direta ou indiretamente sempre presente"*. Para ele, decorrente do grande volume de obras já escritas sobre a *família*, o que deve ser discutido é: *"qual o verdadeiro papel que ela executa, será que é somente o de procriação, desenvolvimento, socialização e manutenção dos filhos? Não haverá outras funções?"* Em sua concepção, as *relações básicas* da sociedade influenciam de modo importante a *estrutura familiar*, o que quer dizer que, por ser *matriz primordial*, a *família* talvez seja a *instituição humana* que mais *impactos* sofra no jogo de *relações* que se estabelece em todas as dimensões da *vida social*.

Outro problema apontado por esse autor refere-se ao fato de essa *instituição social* ser fonte geradora de *relações de dominação*, formando os indivíduos com base em *relações autoritárias* e *reprodutoras do sistema*, de forma que, sem se dar conta, as pessoas passariam a viver como se o único contexto possível fosse o da manutenção dessas *relações de dominação*, que seriam, por sua vez, automaticamente transportadas para todos os outros *ambientes e instâncias* de *interação* individual e coletiva. O que se pode concluir é que, como todas as *instituições sociais*, a *família* é permeável, ou seja, ao mesmo tempo que recebe, ela transmite *influências*, que são decisivas na constituição, reprodução e manutenção do conjunto das *relações sociais*.

Tornando a refletir sobre a *"influência que o sistema global exerce na formação e vivência da família"*, Guareschi (1984:83) define uma premissa segundo a qual *a filosofia de ação do capitalismo investe na individualização das pessoas e da família*. Em seu modo de entender, essa *individualização* cumpre funções específicas e vitais para a manutenção e reprodução da lógica econômica desse *sistema*:

> *"Através da competição, as qualidades individuais são privilegiadas e as relações associativas são colocadas em segundo plano. Além disso é muito interessante para o sistema econômico que se consuma a maior quantidade de produtos possível. Para isso cada família, mesmo que sejam só duas ou três pessoas, torna-se um agente consumidor. Cada família passa a ter toda uma parafernália de objetos que dia-a-dia são inventados e introjetados nas pessoas através de uma propaganda maciça, que cria necessidades, a maioria das vezes totalmente supérfluas."*

Esse argumento remete a reflexão sobre a problemática da *família* para a esfera de sua inserção maior no quadro atual das *relações econômicas* sob o impacto da *globalização*, tanto nos planos nacionais quanto no mundial. Nesse âmbito, a contribuição de Boaventura de Souza Santos (1995:303-306) é relevante. Em seu entendimento, o fenômeno da *globalização* vem provocando um *impacto significativo e multifacetado no espaço-tempo doméstico,*[1] gerando problemas que atingem especificamente a *posição das mulheres* nesse contexto, que se torna, por isso, *um ângulo privilegiado de análise.*

Nesse sentido, o *investimento multinacional* na entrada maciça da mulher no trabalho do setor industrial, a importante participação do *trabalho feminino* no *setor informal* das economias nacionais e o forte avanço do *trabalho domiciliar* – em paralelo com a não-resolução dos problemas da *dívida externa* dos *países do Sul* – provocam uma queda acentuada *dos salários reais e do nível de vida da grande maioria da população*, ocasionando *impactos negativos* diretos no contexto relacional familiar. Na maior parte dos *países periféricos* estes fenômenos – *globalização da economia* e *crise da dívida externa* – são intimamente interligados. Por isso, a

---

1. Na concepção do autor, o *espaço-tempo doméstico* é definido pelas *relações familiares entre cônjuges e pais e filhos.*

200 A SOCIEDADE DA COMUNICAÇÃO E DA INFORMAÇÃO

proletarização da família acontece devido à queda acentuada de seus *rendimentos reais*. Em conseqüência, a conjugação desse somatório de fatores faz com que os *impactos negativos* desses fenômenos no *espaço-tempo doméstico* tendam a ser suportados majoritariamente pelas mulheres.

Para Boaventura, as transformações que ocorrem atualmente no âmbito das *relações familiares, sob o impacto da internacionalização dos processos produtivos*, serão mais profundas em futuro próximo. Essas mudanças, hoje movidas pelas *novas tecnologias da informação, da comunicação e da automação*, estão atuando no sentido da superação de modelos e funções há muito conhecidos, fazendo convergir novamente para o ambiente da *família*

> *"as funções de produção e de reprodução. Sob diferentes formas, que, mais uma vez, tendem a reproduzir as hierarquias do sistema mundial, este fenômeno está a ocorrer tanto no Norte como no Sul, e de tal modo que muitos milhares de pessoas trabalham hoje em casa. No Norte, trata-se sobretudo de trabalhadores altamente qualificados que, munidos do seu computador pessoal integrado em múltiplas redes, fazem em casa e com relativa autonomia o trabalho que antes os fazia deslocar-se à empresa, perder horas nos congestionamentos de trânsito e trabalhar segundo horários mecânicos e estandardizados. No Sul, o trabalho em casa é quase sempre feito por mulheres e crianças; é o trabalho realizado à peça, em geral nas indústrias trabalho-intensivas do sector têxtil e do calçado".*

Por isso, concluindo sua análise sobre a série de *impactos* que a *globalização econômica* tem provocado *no espaço-tempo doméstico* e a *posição* na qual as *mulheres* vêm sendo colocadas nesse processo, esse autor entende que as *relações familiares* estão passando por transformações de grande monta, que se dão em função de alterações profundas, as quais estão ocorrendo na ordenação superestrutural das *relações econômicas*. De acordo com sua compreensão, o *problema fundamental*, que gera um dilema de difícil superação, é que essas *transformações criam condições para uma maior emancipação da mulher* devido a sua entrada no *mercado de trabalho*, o que de certa forma *a liberta da dominação patriarcal doméstica*. Todavia, na outra ponta do processo, *permitem que a lógica dessa dominação transborde* do âmbito das *relações familiares* para o das *relações produtivas*, que acontecem *"por vias tão variadas quanto a discriminação sexual e o assédio sexual, reproduzindo assim e até ampliando a discriminação contra as mulheres".*

Entre outras conseqüências mais visíveis desses fatos, as mulheres, *"ao entrar no espaço da produção, não são aliviadas das tarefas no espaço-tempo doméstico"*, sendo *"duplamente vitimizadas com os efeitos negativos da globalização da economia".* Ou seja, a saída da mulher da dimensão interna da estrutura familiar não só atuaria como um dos elementos centrais de desestruturação da família, como provocaria a ampliação da discriminação e da sobrecarga de trabalho contra ela própria. O que se pode inferir dos argumentos desse autor é que a *globalização capitalista* seria um dos fatores cruciais para a determinação do que ocorre com a família no início do século XXI.

Guareschi e Boaventura oferecem elementos suficientes para que se possa pensar nos novos problemas que o advento da chamada *sociedade da informação* tem trazido para a *instituição social* da *família*. Para o primeiro, a *influência* que vem sendo exercida pelo *sistema global na formação e vivência da família* vai no sentido de, por meio da ação da *comunicação de massa, individualizá-la* cada vez mais, transformando-a essencialmente em um mero *agente consumidor*. O segundo entende que os mecanismos dessas mudanças são constituídos pelas *novas tecnologias da informação, da comunicação e da automação*, que estariam a modificar de modo avassalador o ambiente familiar moderno até então conhecido.

Premida pela *ação* intensa dos *meios de comunicação de massa*, a família está colocada sob dois fogos essenciais: o da imposição da aceitação acrítica dos parâmetros do *consumismo* e o de sua desagregação enquanto matriz formadora de *valores coletivos* para os indivíduos. Pressionada a sociabilizar para o *ter em detrimento do ser*, ela tem sido levada ao paradoxo de atuar, sem saber, contra o que devia, de acordo com a mesma *lógica de mercado* que tenta impulsioná-la, sustentar: a própria *sociedade produtora de mercadorias*. Isso significa que, em seu limite extremo, a pressão intensiva pela *individualização* pode levar a estrutura familiar a um ponto de ruptura a partir do qual os reflexos negativos para o próprio sistema econômico sejam maiores que os lucros auferidos pelos que comandam sua esfera produtiva, ou seja, a *pressão consumista*, que vem sendo exercida sobre a primeira matriz coletiva humana, pode levá-la a um estado de entropia tal que atinja os fundamentos mais caros do atual sistema produtivo global.

14.2 A RELIGIÃO

Segundo Gusmão (1967:203), as *manifestações religiosas* ligam-se ao *sentimento do sagrado*. Nesse sentido, as *instituições religiosas*, que são criadas pelas sociedades para dar vazão e expressão a essas *manifestações*, prescrevem códigos éticos destinados *"a pautar a conduta dos indivíduos para obterem um prêmio depois da morte dado por uma divindade ou por um ser sobrenatural"*. Assim, são as *religiões* que estabelecem as *"relações entre os homens e as divindades"*, por meio de um *"conjunto de cerimoniais e práticas destinados a satisfazer à vontade de divindades ou de invocá-las"*. Daí elas serem constituídas *"por uma série de valores sagrados expressos em um credo, objetivados pelos veículos do culto e socializados por uma conduta que se adapta às normas religiosas que unem os membros dentro de um mesmo grupo religioso"*, como sustenta Sorokin, vinculando-se diretamente (Frazer) a *"crenças em potências superiores dirigentes e controladoras do curso da Natureza e da vida humana"*.

202 A SOCIEDADE DA COMUNICAÇÃO E DA INFORMAÇÃO

Lakatos (1990:179), ao conceituá-las à luz da Sociologia, define que essa ciência não se interessa em responder às indagações sobre a veracidade ou não das *manifestações religiosas*, preocupando-se em analisá-las *"como fenômeno social que pode ser encontrado em todas as sociedades, a despeito de ser, entre todas as instituições existentes nas sociedades humanas, a única que não se baseia apenas em necessidades físicas do homem"*. Fundamentando-se em Johnson, para o qual o *sobrenatural* é *"qualquer coisa em cuja existência se acredita, baseando-se em provas não fundamentadas pela ciência"*, a autora define que *"as entidades sobrenaturais não são empíricas e a ciência não pode demonstrar que realmente existem ou que realmente não existem"*, uma vez que as *"idéias religiosas não são científicas"*. Nesse sentido, ela parte de Durkheim que, em sua obra *As formas elementares da vida religiosa*, define *religião* como sendo *"um sistema unificado de crenças e práticas relativas a coisas sagradas, isto é, a coisas colocadas à parte e proibidas – crenças e práticas que unem numa comunidade moral única todos os que as adotam"*.

A contribuição de Durkheim para o estudo sistemático da *religião* foi fundamental para a Sociologia, uma vez que outras de suas vertentes teóricas – notadamente o *marxismo*, a partir da célebre frase de Marx segundo a qual *"a religião é o ópio do povo"* – relegaram o estudo dessas *manifestações* para um plano secundário, a despeito do conjunto complexo de reflexões que algumas linhas de estudo da Antropologia vêm realizando sobre essa temática ao longo de sua história científica. Para Durkheim, *"o contraste entre o sagrado e o profano é o traço que distingue o pensamento religioso"* (Lakatos, 1990:181), que atribui a *"seres, lugares, objetos e forças sobrenaturais"* o caráter *sagrado*, *"em face do significado que tem para o crente"*. O profano, por sua vez, seria *"tudo aquilo considerado útil, prático ou familiar, que pertence ao mundo cotidiano, sem possuir o significado emocional característico do sagrado"*.

De acordo com Rodrigues (1995:32-43), um dos *quatro* núcleos fundamentais da *produção durkheimiana* trata especificamente da *religião*, vinculando-a ao campo das *representações coletivas* e compreendendo-a como *"uma forma de representação do mundo, ou mesmo uma forma de concepção do mundo"*. Tendo situado a *Sociologia religiosa* no campo de estudo que denominou de *fisiologia social*, Durkheim aí englobou o estudo das *crenças, das práticas e das instituições religiosas*. Em seu entendimento, diz Rodrigues,

> *"a religião, com efeito, é uma coisa social, pois sempre foi coisa, de um grupo, ou seja, de uma Igreja e até, na grande generalidade dos casos, Igreja e sociedade política se confundem. Até recentemente, as pessoas eram fiéis a tais divindades simplesmente porque eram cidadãos de tal Estado. Em todo caso, os dogmas e os mitos consistiram sempre em sistemas de crenças comuns a toda uma coletividade e eram obrigatórios para todos os membros dessa coletividade. O mesmo ocorre com os ritos".*

AS INSTITUIÇÕES SOCIAIS E OS MEIOS DE COMUNICAÇÃO DE MASSA **203**

Parcela significativa dos estudos clássicos da Sociologia, da Antropologia e da História compreende os *fenômenos religiosos* a partir de uma vinculação ideal e apriorística, como foi demonstrado , entre a *religião* e o *sagrado*. Estudos mais recentes estabelecem, no entanto, distinções relevantes no tocante a essa vinculação, notadamente em relação às grandes religiões monoteístas ocidentais. Apesar de também entender que essa vinculação é fundamental,[2] Almeida (2000:54-73) sustenta que essas religiões institucionalizadas[3] do *mundo moderno* atuam *"fora da dimensão do sagrado"*. Valendo-se da interpretação de uma extensa citação a Steiner (1996:53-55/63), que merece ser mencionada de *modo maior*, o autor recupera diferenças e estabelece comparações entre a *"a cultura da Antigüidade e a dos nossos dias"*, buscando compreender *"os 'aspectos 'mágicos' do cotidiano da Antigüidade (ou seja, sobre o 'encantamento' do mundo pré-capitalista): que os historiadores, em geral, não dão maior atenção"*.

"'Alguns milênios atrás', diz Steiner, 'as experiências anímicoespirituais eram instintivas. Em seu estado de vigília, o homem vivia repleto de imagens oníricas, de imaginações. Foi do íntimo dessa humanidade primitiva que ascenderam aquelas imaginações oníricas, que mais tarde assumiram a forma de lendas, mitos, sagas de deuses. O homem vivia nessas imaginações. De um lado ele observava o mundo, de outro vivenciava as imaginações oníricas'. Para a humanidade primitiva, 'a natureza parecia um mundo universal que tinha perdido sua espiritualidade divina'. E assim, ao contrário dos nossos dias, 'o homem necessitava de uma consolação que lhe ensinasse qual a relação entre esse mundo sensorial decaído e aquele outro, espiritual, que ele estava acostumado a vivenciar através de imaginações instintivas, meio apagadas mas ainda suficientes para aquela época'. Nos Mistérios, continua Steiner, os 'velhos sábios' reuniam as funções de sacerdote, mestre e artista e explicavam aos homens, 'por meio do conteúdo dos mistérios, que as mesmas forças divino-espirituais encontradas nas imaginações instintivas interiores estavam presentes também naquele mundo aparentemente decaído: (...) Trouxeram aos homens angustiados uma reconciliação do mundo abandonado pelos deuses com o mundo divino que estes percebiam em suas imaginações instintivas'. Guardava-se nos mistérios, 'qual uma ciência oculta, aquilo que nós ensinamos hoje em dia às crianças mais novas: que o Sol é imóvel, enquanto a Terra gira em seu redor – isto era relatado ainda na era grega. Nossos atuais conhecimentos exteriores eram, naquele tempo, uma ciência oculta. A ex-

---

2. Uma das epígrafes de sua obra remete a Mircea Eliade: *"'Religião' pode (...) ser um termo útil desde que se recorde que ele não implica necessariamente uma crença em Deus, em deuses ou em espíritos, mas se refira à experiência do sagrado e, por conseqüência, se encontre ligado à idéia do ser, da significação e da verdade."*

3. São enquadradas nessa categoria pelo autor, tanto as diversas tendências do *catolicismo romano*, quanto os diferentes ramos do *protestantismo*. Sobre o *catolicismo*, por exemplo, ele diz (p. 54) que *"é perfeitamente explicável que a burocracia de Roma tenha dificuldades em criticar teoricamente a Teologia da Libertação, que é simplesmente uma vertente, 'moderna', da 'teologia' oficial"*.

204 A SOCIEDADE DA COMUNICAÇÃO E DA INFORMAÇÃO

plicação da natureza era ciência secreta'. Os mestres revelavam ao homem que 'o que vivia dentro dele também vivia na natureza exterior'. Hoje, o Homem está familiarizado com a natureza e com suas leis, 'conforme pode constatar qualquer indivíduo pensante e educado que viva o curso evolutivo da humanidade em nossa civilização. Em compensação, o mundo espiritual se retirou; as antigas imaginações oníricas cessaram'. O que mais surpreende, acrescentamos, é que o mundo espiritual, nos dias de hoje, como veremos à frente, retirou-se até mesmo do seu espaço próprio, o sagrado."

Segundo Almeida, *os valores da modernidade* edificaram-se a partir de uma severa crítica racionalista sobre as *formas decadentes do sagrado*. Dessa forma, *"o sagrado foi reduzido à sua caricatura, até chegarmos a uma fórmula final, quando a modernidade atribui ao sagrado tudo aquilo que não é apreensível pela 'ciência'"*. Isso significa que, para o autor, *"literalmente, o sagrado passou a pertencer ao reino da ignorância"*, gerando como conseqüência *"a criação das polaridades dicotômicas: 'consciência & fé', 'razão & emoção', 'mente & corpo', 'humanidade & natureza', cujas possibilidades são infinitas"*. Sua explicação aponta, entretanto, para a diferença substancial entre as *manifestações religiosas antigas* – vinculadas ao *sagrado* – e as *modernas* – dessacralizadas: *"na tradição de todas as religiões, a referência é a não-dualidade, base da possibilidade do autoconhecimento que, por definição, torna plena a centelha divina que distingue os homens de outros seres vivos"*.

Em sua compreensão, a *ruptura moderna* com o referencial anterior da *não-dualidade* encaminhou mudanças de vulto na maior das religiões ocidentais: *"assim como o cristianismo transformou-se em ideologia através da Igreja Católica Romana, o protestantismo representou uma variante dessa ideologia, ou seja, estamos fora da dimensão do sagrado."* Sua concepção é sustentada por uma *visão do sagrado* que o remete essencialmente à *questão do sentido da existência humana*, referindo-se apenas à esfera do *ser*, que define, por conseqüência, o âmbito do *ter* de modo subordinado *a essa questão* maior. Para ele, *"este é o eixo de todas as reflexões/práticas do sagrado"*.

A conclusão a que chega sobre o que ocorre atualmente com as *religiões ocidentais modernas* é objetiva. Só é possível *manter a acumulação capitalista* por meio da *"lógica do consumo pelo consumo, de forma irracional"*; ou seja, pelo imperativo da *lógica do consumismo* sobre todas as instâncias e formas de organização da sociedade. A conseqüência direta é que *"o ter, de meio que é para o sagrado, transforma-se em objetivo último de toda a existência"*. Em decorrência dessa constatação, Almeida sustenta *"que hoje a Igreja (católica) é uma simples instituição política que tem na religião a sua 'razão de ser'"*, à medida que *"seus referenciais são comuns aos valores da modernidade, que desencantou o mundo..."*

A argumentação desenvolvida por esse autor, no primeiro capítulo de seu livro *A síntese de uma tragédia: movimento fé e política*, oferece subsídios relevantes para que seja possível refletir sobre as atuais *relações* entre *religião* e *sociedade da informação*. A *dimensão do sagrado* encontra-se desnorteada diante do *louvor ao* consumismo. Surge, nesse cenário, a radicalização da ação das *pseudo-religiões* que, em verdade, são *religiões-midiáticas* ou *religiões-consumo*. Ora, se a *religião* se tornou um *objeto de consumo midiático*, o que será dela no sentido da *vinculação com o sagrado*? As grandes *religiões institucionalizadas*, não logrando mais *promover o ser*, caem em um *vazio existencial*, não conseguindo mais justificar suas próprias existências institucionais, perdendo, assim, sua *razão de ser*. Se a *modernidade* é a expressão do *"desencanto com o mundo"*, a expressão cultural das *religiões-midiáticas* significa o desencanto do *desencanto*.

A *comunicação de massa* usa e é amplamente utilizada pelas *grandes religiões institucionalizadas*, uma vez que a *propagação* de seus propósitos é, em última instância, comum. De um lado, os *meios de comunicação de massa* faturam vultosas somas com o *movimento* voltado para o *consumo do negócio da fé*. De outro, essas *religiões* buscam conquistar e garantir fatias maiores de seu *público-alvo*, os *fiéis consumidores*.

14.3 A EDUCAÇÃO E A ESCOLA

O conjunto da reflexão sociológica produzida até os dias atuais encara, em termos genéricos e com nuanças conforme cada vertente teórica, o binômio *educação-escola* como uma das cinco *instituições sociais* principais, ao lado das *instituições familiares, religiosas, políticas* e *econômicas*. *Grosso modo*, ela é entendida como uma *correia de transmissão* de conhecimentos, normas de conduta e modos de sentir, pensar e agir, determinados previamente pelas *tradições culturais*, a serem veiculados, primeiramente pela socialização *familiar* e em seguida pela *ação educativa* formal da *escola*. A importância indiscutível dessa *instituição* para a *vida social* faz com que ela venha sendo objeto de uma controvérsia histórica, que é centrada no *papel* que se espera que ela deva cumprir na sociedade, seja o da *transmissão conservadora* de *valores tradicionais*, seja o da *transformação* da realidade a partir da *transmissão* de *novos valores*. Como diz Lakatos (1990:219-220),

> *"é inevitável que todos os indivíduos, satisfeitos com o 'status quo' de uma sociedade dada, em que vivem, esperam que a instituição escola transmita inalteradas, à nova geração, as normas de sua sociedade. Para essas pessoas, qualquer modificação que os professores tentem introduzir, compreendendo a educação como 'prática da liberdade', segundo as palavras de Paulo Freire, é vista com desconfiança. Esperam, assim, que a escola contribua para manter inalterada a sociedade, apesar dos seus inúmeros problemas. Dessa forma, fixa-se uma função conservadora para a escola, reservando-se sua função inovadora para alguns aspectos do conhecimento. Tal constatação é válida também para as sociedades em períodos de revolução: não é a escola que a inicia, mas é ela que tem a responsabilidade de consolidá-la, transmitindo a seus alunos os novos valores".*

206 A SOCIEDADE DA COMUNICAÇÃO E DA INFORMAÇÃO

Isso significa que ainda há uma dificuldade por parte das sociedades em ver a *educação* a partir de uma perspectiva de *futuro autônomo* para aqueles que constituem o objeto de sua *ação*: os próprios *indivíduos* a serem educados. Se, em fases de *"estabilidade social"*, o que cabe à escola é *reproduzir valores* e em fases de *"mudança profunda"*, sua função é incutir *novos valores*, o que resta para a *formação* do indivíduo além de uma *escola* que não consegue ultrapassar as fronteiras do *condicionamento* e da *manipulação*? Uma análise apressada poderia sustentar que resta pouco ou quase nada.

O acervo de conhecimento já produzido, entretanto, pelas disciplinas ligadas ao estudo da *atividade educativa*, não importando se à luz da Sociologia, da Filosofia ou da Pedagogia, compreende tanto as tentativas de se justificar teoricamente as *ações educativas pragmáticas e condicionadoras*, quanto as de se colocar a *educação* a serviço da *emancipação do indivíduo e da sociedade*. A questão não resolvida até os dias atuais liga-se a um problema que se mantém persistente: tanto os educadores que pautam sua ação no *condicionamento*, quanto muitos dos que lançam suas forças na busca da *emancipação* ainda firmam convicção, em maior ou menor grau, de que o *processo educativo* se dá por *transmissão*, ou seja, de cima para baixo, da direção do educador para o educando. Os avanços inegáveis das *teorias da aprendizagem* que partem de paradigmas *construtivistas* e *dialogais* não têm sido suficientes para transformar *concepções coletivas* fortemente arraigadas no autoritarismo, no *individualismo* e na *competitividade* exacerbados.

As concepções derivadas dos paradigmas *positivistas* e *comportamental-behavioristas* sequer arranham o problema apontado, uma vez que são sustentadas pela profissão de fé nos modelos de *estímulo-resposta* e no *condicionamento* como fonte de resultados na *ação ensino-aprendizagem*. Afinal, como disse Durkheim, o *ato educativo* se dá por meio de uma *"ação exercida, pelas gerações adultas, sobre as gerações que não se encontrem ainda preparadas para a vida social"*.

Também a *crítica estrutural-marxista*, por sua vez, apesar de ter tocado no problema central da *relação condicionamento-dominação* e de ter realizado, de modo pertinente, o mapeamento crítico do *papel da educação* e da *escola* na *modernidade burguesa*, não conseguiu ir muito além dessas importantes e necessárias constatações, que passaram a ter *status de validade* para a análise do papel que a *educação escolar* cumpre sob qualquer regime político inserido nos quadros históricos dessa *modernidade*. Como não concordar que a *escola* (Guareschi, 1984:69-72) *"faz parte da superestrutura"*, sendo uma instituição criada *"para reproduzir e garantir as relações de produção"*? Como não entendê-la como um *"aparelho criado pelo grupo dominante para reproduzir seus interesses, sua ideologia"*, sendo *"imposta, obrigatória e controlada"* de acordo com as finalidades desse *grupo* em se perpetuar no poder? Como não assumir que *"o tipo de escola que possuímos hoje, nos países capitalistas dependentes"*, e não apenas neles, *"é o tipo de escola necessária para que o capital possa se expandir e ter muitos lucros"*, desempenhando, por isso, as

AS INSTITUIÇÕES SOCIAIS E OS MEIOS DE COMUNICAÇÃO DE MASSA **207**

funções específicas de *"preparar mão-de-obra para o capital"* e *"reproduzir as relações de dominação e exploração"*?

A radicalização da experiência *mercantil-individualista* que atualmente é vivida pela chamada *sociedade da informação, "dominada pelas 'indústrias do conhecimento', que não produzem bens ou serviços e sim idéias e informações"* (Lakatos, 1990:220), parece já produzir um *contra-efeito* para o qual ainda não se deu a devida atenção: o esgotamento, por *overdose*, do paradigma da *transmissão* nas atividades da *comunicação humana*, entre elas a *educação*. Saturadas da pletora de *informação*, da *pressão persuasiva* dos *meios de comunicação de massa* e dos efeitos estressantes de uma corrida sem-fim na busca de riqueza pessoal inexistente e sem sentido, as pessoas parecem não suportar mais o *mero condicionamento educativo* nem a *emancipação por transmissão*; ou seja, está deixando de ser encarado como *natural* oferecer-se a si, ou um filho, como *objeto* de *experiências educativas condicionadoras neopavlovianas* ou como *aprendiz* de *novos valores sociais transmitidos* por *intelectuais orgânicos* mensageiros de um velho *novo mundo de harmonia coletiva*.

As soluções para o atual e evidente quadro de crise social e educacional parecem passar pela necessidade de se tomar, em bases ainda não tentadas, a *educação* como um *processo* que leve em conta, antes de qualquer consideração, as necessidades de formação humana dos *indivíduos a serem educados*. Eis uma necessidade mais que premente. Entender e orientar a atividade social da *educação*, para além da mera *transmissão*, significa encaminhá-la para a possibilidade real de *indivíduos* e *sociedades* se *emanciparem* de *sistemas* e *relações pessoais e institucionais de dominação* opressivas de uma vez por todas. Como diz Guareschi (1984:70), deve-se entender a *educação* como um trabalho que se define a partir da

> *"etimologia da própria palavra, que vem do latim, de duas outras: 'e' ou 'ex', que significa de dentro de, para fora; e 'ducere', que significa tirar, conduzir, levar. Educação significa, pois, o processo de tirar de dentro duma pessoa, ou levar para fora duma pessoa, alguma coisa que já está dentro, presente na pessoa. A educação supõe, pois, que a pessoa não é uma 'tábula rasa', mas possui potencialidades próprias, que vão sendo atualizadas, colocadas em ação e desenvolvidas através do processo educativo".*

Na busca dessas soluções, Greuel[4] defende que toda e qualquer *pedagogia* se fundamenta em uma *"determinada visão ou imagem do homem"*. Nesse sentido, a *"concepção materialista dominante em nossa época"* fez com que o *ser humano* se convertesse em *"um ser material com uma vida psíquico-mental epifenomenal"*. Para ele, o fundamento dessa *concepção* é estruturado em um *pressuposto* que sustenta

---

4. GREUEL, Marcelo da Veiga. *O pensamento processual como exigência da transdisciplinariedade e a questão pedagógica:* um esboço. Artigo publicado na Internet: *www.uniube.br/uniube/pos-graduacao/revista/1/marcelo.htm.*

208 A SOCIEDADE DA COMUNICAÇÃO E DA INFORMAÇÃO

ser *o real* composto apenas pelo que é *material*, reduzindo os *"possíveis aspectos mentais apenas"* a um conjunto de *"fenômenos derivados sem realidade própria"*.

Partindo-se dessa concepção, *"a meta e o supremo valor da existência do homem"* passaram a ser compreendidos apenas como um *bem material*, restando ao indivíduo, *"cuja realidade seria, em última análise, idêntica a seus processos somáticos, apenas a perspectiva de almejar uma felicidade resultante da posse e do domínio do maior número possível de bens de consumo e da expansão"* do âmbito de seu poder *"como garantia da fruição própria ou, no máximo, de um interesse grupal"*. Essa visão reducionista, que compreende a realidade humana apenas em sua *dimensão material*, embasa a força central que move o *consumismo ocidental*, constituindo, ao mesmo tempo, *"sua principal contradição"*, uma vez que é parte da *"dinâmica do consumo querer sempre mais e sempre algo novo"*. Uma das conseqüências mais visíveis é que *"num ambiente finito, como a Terra, e com recursos limitados, essa ideologia leva fatalmente à corrupção ecológica justamente daquilo que é condição de todo consumo: a natureza"*.

Sob essa condição existencial, o *"interesse do homem atual, desprovido de perspectivas"*, que possam conferir sentido maior a sua vida, volta-se apenas para *garantir o seu bem estar físico* nos anos que tem por viver. Como esse bem estar *"não depende mais, como em épocas passadas, de saber caçar ou guerrear bem"*, ele passou a depender exclusivamente de *"seu poder aquisitivo e, conseqüentemente, de sua participação no processo econômico"*. À medida que o modelo econômico moderno passou a ser definido pelas normas da *"economia do mercado, que adotou a lei do mais apto (esperto) como seu princípio básico"*, o *bem-estar do homem* passou a depender de sua inserção integral no jogo mercantil. De acordo com as regras competitivas desse jogo, *"ele tem que estar apto para conquistar a sua parcela no mercado, concorrendo com, ou melhor, contra os outros"*.

A sociedade, pautada inteiramente pelo conjunto das leis que regem a produção e a venda de mercadorias, transferiu para a *educação* a tarefa de *"preparação do jovem para o mercado, e, como o mercado é atualmente marcado pela influência norte-americana e pela informática, o jovem tem que aprender, sobretudo, inglês e computação"*. Assumindo os pressupostos da ideologia materialista acima descrita, *"os pais, preocupados com o bem-estar futuro de seus filhos, acreditam ter feito o necessário e o essencial quando"* asseguram as condições mínimas para que eles conquistem *"sua parcela no mercado"*. Daí o conceito reducionista vigente: a *"escola que prepara para vencer a concorrência do mercado prepara, segundo esta visão, para a vida, porque a vida é vista como participar do mercado e do provimento com os bens de consumo que ele oferece"*.

Na visão desse autor, a *"industrialização do ensino dentro da ideologia neoliberal"*, corrente nos dias atuais, mercantiliza a fundo o ensino ao *"tratar a educação igual à produção de bens de consumo"*. Afastada do atendimento às *"reais necessidades da criança, do jovem e da população"*, essa *industrialização* oferece para a sociedade apenas a perspectiva do *"triste mérito da banalização da cultura e do aumento*

AS INSTITUIÇÕES SOCIAIS E OS MEIOS DE COMUNICAÇÃO DE MASSA **209**

do darwinismo social". Decorrente dessa concepção instrumental, que trata a *atividade educativa* como um negócio empresarial como outro qualquer, *"no mundo
ocidental inteiro a educação vem apresentando sinais de crises, como desgaste curri-
cular, falta de motivação e perspectiva dos professores e dos alunos e, infelizmente,
também o aumento de violência no ambiente escolar"*, urgindo, *"portanto, a reflexão
sobre os fundamentos filosóficos e metodológicos da questão pedagógica"*.

Essa é uma concepção de mundo e de sociedade da qual *"não se escapa com facilidade"*, uma vez que *"ela é uma conseqüência de um modo atualmente arraigado
de conceber o homem"*. Para esse autor, os *"que sentiram ou sentem na pele os efeitos
colaterais da corrida geral ao bem-estar próprio e do esvaziamento existencial do materialismo, não dispõem, de antemão, de soluções"*, uma vez que *"outra visão precisa
ser elaborada e conquistada em árduo labor"*, fato que se concretizará tão-somente
"pela mudança no método de abordagem científica".

Se o problema central da *sociedade da informação* está localizado, por mais
paradoxal que possa parecer, em suas *concepções* superadas de *mundo*, de *sociedade* e de *homem*, a tarefa que se coloca para todos, com urgência inevitável, é relativa à necessidade de um repensar radical sobre todas essas *concepções*, uma vez que
qualquer *"reviravolta na pedagogia depende da reviravolta na compreensão do homem"*. Greuel oferece, no sentido desse repensar sobre a condição humana em
uma sociedade sobre a qual se diz que *"o futuro já chegou"*, mas que ainda não conseguiu resolver o cruel dilema milenar da pobreza, o recurso teórico que ele denomina de *pensamento processual*. Essa forma de pensar a *realidade* lança, segundo o
autor, novos desafios *"para a educação e, principalmente, para a auto-educação do
futuro"*. Para ele, esse *pensamento* constitui

> *"um passo qualitativo novo que resulta da transformação e da ampliação, e
> não do abandono da racionalidade. Para o desenvolvimento deste é impor-
> tante o cultivo de um amplo horizonte, que transita nos ideários e na herança
> cultural ocidental e oriental. Esta postura transdisciplinar, que aprende a
> transitar entre os diversos saberes, prepara a visão integral da realidade por-
> que se capacita a entendê-la como expressão de uma unidade superior dinâ-
> mica, como constante devir no qual, aliás, o conhecimento do homem está
> inserido. A transdisciplinaridade é uma exigência diferente da interdiscipli-
> nariedade e da multidisciplinariedade que conservam as fronteiras entre as
> ciências. Transdisciplinaridade somente é pensável, a partir de uma revisão
> do conceito de realidade e do processo cognitivo presos à tradicional dicoto-
> mia entre homem e natureza"*.

Na compreensão filosófica de Greuel,

> *"na perspectiva do pensar processual (juízo intuitivo, segundo Goethe), ou
> seja, do conhecimento ampliado e integrado, a realidade do homem não se re-
> duz a seu aspecto físico e material. Ela é um conjunto de sistemas interativos*

210 A SOCIEDADE DA COMUNICAÇÃO E DA INFORMAÇÃO

do qual o organismo em seu aspecto físico é apenas uma dimensão. Com base em seu organismo, o homem desenvolve uma vida interna (psíquica) que, apesar de experimentar o mundo e se expressar nele através do organismo, possui uma realidade própria e irredutível. O fato de não se detectar um fator psíquico, uma 'alma', assim como se observa um órgão do corpo por meio de percepção sensorial não prova a epifenominalidade do mesmo, mas, ao contrário, assinala um aspecto da realidade que é inacessível aos métodos quantificadores. O homem não é, no entanto, apenas um ser passível de impressões ou reações (dimensão psíquica). Ele possui uma terceira dimensão pelo fato de ser capaz de produzir e de se expressar. O potencial expressivo se manifesta na dimensão interna como raciocínio próprio (ciência), imaginação e criação individual (arte) e a organização da vida social e comunitária (religião). Nessa dimensão de seu ser, ele se cria de modo consciente (auto-poiesis) *no contexto da ordenação e da criação do universo (vida cultural)".*

Nesse sentido, a *"existência material e transitória"* do ser humano *"lhe faculta a possibilidade de conquistar a sua identidade mental própria e autônoma".* Devido ao fato de não nascer *"adaptado ao seu meio e com todas as suas aptidões desenvolvidas"*, se faz necessário que ele seja *"conduzido para poder encontrar e assumir a si mesmo".* Daí a constituição de uma forma específica de interação humana denominada de *processo pedagógico*, que *"consiste em propiciar o desdobramento e a interação das três dimensões que compõem o ser do homem".* Por isso, o ensino é *"uma questão de saúde (harmonia entre os diferentes aspectos descritos) e de amadurecimento"*, de forma que ele possa *"chegar ao ponto de poder construir e definir a sua própria dimensão mental dentro do processo cultural da humanidade".* Além disso, um *amadurecimento saudável* só é possível pela intermediação de um *currículo* que não seja voltado para o mero *condicionamento* e nem para a tentativa de *"adaptar o jovem às circunstâncias aleatórias dominantes".* Esse *currículo* deve partir de *critérios antropológicos*, atendendo *"às necessidades evolutivas do próprio ser humano"*, de forma que ele seja preparado para vir a *ser ele mesmo*, tendo, portanto, condições de *"contribuir com sua originalidade no processo e progresso cultural da humanidade".*

Na concepção desse autor, enquanto a *"pedagogia que prepara para o mercado priva o jovem de ser ele mesmo, porque pretende apenas adaptá-lo"* às regras específicas da sociedade produtora de mercadorias, a pedagogia fundamentada em uma *"visão ampliada e integrada"* busca *"familiarizar o jovem com a natureza e o passado cultural para que ele possa entender o presente como resultado do passado e estabelecer nesse o seu próprio rumo para a criação do futuro".* Nesse tipo de ação pedagógica, o *ensino teórico* deve ser trabalhado em paralelo ao *ensino prático* e ao *ensino de arte*, que *"estimulam o aluno a aprender que está no mundo não para se submeter ao que já existe, mas para criar, transformar e tornar possível o que ainda não existe".* Ao fundamentar-se nas necessidades do *próprio ser humano*, respeita e permite a liberdade por contar que ele fará parte do *futuro a ser criado.* Nesse sentido é que ela *"ensina o desenvolvimento de habilidades e não inculca informações".*

AS INSTITUIÇÕES SOCIAIS E OS MEIOS DE COMUNICAÇÃO DE MASSA **211**

Greuel entende que somente por meio de *"uma compreensão concreta da multi-dimensionalidade do ser humano (integração de corpo, alma e espírito) e do fomento da* auto-poiesis, *implícita à sua existência"* é que o ambiente social será preparado para o exercício de novas *práticas pedagógicas*, que não levem apenas *"o homem a servir ao mercado, mas o mercado e o mundo a servirem ao desenvolvimento do homem"*. Essas *práticas* levariam professores e instituições a repensarem suas ações de *forma radical*, por meio de um *trabalho filosófico* que questionaria vigorosamente os *"paradigmas epistemológicos e antropológicos que orientam a educação atual"*.

Para ele, *"essa exigência, por mais urgente que seja, encontra ainda muita relutância"* devido à *sensação de segurança* que muitos ainda sentem em *"permanecer no âmbito do raciocínio materialista ou na simples divisão entre ciência e crença"*. Ademais, a tentativa de se levar em consideração científica as *questões espirituais* ainda *"é vista como um 'pecado' acadêmico ou, ao menos, como algo censurável"*. Todavia, *"quem simplesmente se recusa a experimentar a pensar de maneira diferente, nunca poderá chegar a novos resultados práticos"*; e a única forma pela qual as mudanças necessárias podem acontecer é pela atitude firme dos educadores em *"se obrigar a sair da submersão numa teoria arraigada e da prática rotineira para, a partir da elaboração de perspectivas e orientações inusitadas, voltar à ação"*.

A *educação* não pode mais ser vista, e esse é um dos paradoxos principais da *sociedade da informação*, apenas como uma atividade de *emissão-recepção* de *informações* voltada para o *condicionamento* do indivíduo, de modo que ele seja aproveitado de forma eficiente pelo *mercado*. A continuar essa tendência caminha-se para a entropia formativa, uma vez que, para lidar convenientemente com a *informação*, o indivíduo deve possuir condições internas de processá-la de forma crítica e autônoma. Não é incomum os professores das universidades receberem, nos primeiros dias de aula e após o cumprimento dos estafantes mecanismos competitivos de seleção e entrada, jovens que dão mostras evidentes da vivência da sobrecarga e do tédio informacional. Esse enfastiamento demonstra o resultado vivo de um longo *processo educacional*, voltado apenas para o *condicionamento*, para a *competitividade* e para o acúmulo acrítico e desmedido de *informações*.

A *atividade educativa* deve levar em conta a necessidade de se encaminhar o indivíduo a um amadurecimento psíquico-emocional gradativo, de forma que ele seja conduzido, paulatinamente, ao despertar do verdadeiro pensar. Por isso, ela deve pretender mais e estabelecer metas humanas além do *condicionamento* e da *adaptação*, que só transmitem ao jovem uma visão fracionada de que a vida se restringe a uma eterna *competição*, seja por uma vaga na universidade, seja por um posicionamento de destaque no mercado de trabalho. A criança e o jovem, que têm a oportunidade de trabalhar seu aprendizado escolar a partir de *concepções de mundo e de homem ampliadas e integradas*, crescem e desenvolvem-se em equilíbrio salutar, tornando-se capazes de receber com tranqüilidade e confiança as si-

212 A SOCIEDADE DA COMUNICAÇÃO E DA INFORMAÇÃO

tuações diversas que se lhes apresentam no decorrer da vida, pois aprenderam, pela vivência, as informações científicas e desenvolveram a capacidade de adquirir e elaborar conceitos por meio de um pensar próprio e autônomo.

Um ideal pedagógico assim fundamentado forma seres humanos capazes de viver integrados como seres sociais, que adquiriram, por meio de um *processo pedagógico* adequado, a faculdade de poder escolher por si mesmos o caminho que devem trilhar como adultos. A idéia atualmente dominante, compartilhada por muitos pais, que pretendem a antecipação do amadurecimento dos filhos, pensando que assim eles estarão ganhando tempo, ao entrarem mais cedo para o mercado de trabalho, deve ser substituída pelo respeito a cada um dos momentos de desenvolvimento da criança e pela compreensão de que eles são fundamentais para que ela aprenda a se respeitar e também a respeitar o próximo e o ambiente em que vive. Viver futuramente no mundo das responsabilidades pertinentes aos adultos será conseqüência do aprendizado dessa postura ética em relação à vida e ao outro.

A proposta global de ensino para os dias atuais, de convivência diária com a realidade midiática e informacional, necessita ser pautada pela consciência de que o ser humano precisa ser formado de um modo integral. Não basta apenas informar, mas sim, essencialmente, formar. Desse modo, além de todas as disciplinas constantes das grades curriculares, que são exigidas pelas atuais legislações de ensino em todo o mundo, deve-se retomar, de modo intenso, o trabalho com a música, o teatro e outras artes, além de outras áreas científicas fundamentais para a formação do ser humano, fazendo uma educação integralmente voltada para o livre pensar e para o exercício concreto da liberdade, único modo possível de se praticar adequadamente a coexistência social.

EXERCÍCIOS REFLEXIVOS

1. Leitura complementar:

EXPLICAÇÕES IGNORAM RELAÇÃO DE PAIS E FILHOS

Carlos Eduardo Lins da Silva.
Folha de S. Paulo, 23 abr. 1999. Comentário.

"Após 236 mortes violentas em sete anos em escolas norte-americanas, tragédias como a de Littleton não podem mais ser consideradas aberrações isoladas. Elas são sintoma de alguma grave enfermidade social. Quase todos os episódios foram causados por jovens brancos, de ajustadas famílias de classe média. Não se trata, portanto, de conseqüência de problemas econômicos. Nem de perseguição racial.

As explicações que autoridades, psicólogos e jornalistas tentam dar para essas desgraças costumam ser ralas: falta de policiamento nas escolas, influência dos meios de comunicação de massa, reflexo de uma cultura nacional que valoriza a violência, acesso fácil a armas. Todas provavelmente verdadeiras. Mas insuficientes. Há algo mais sério que deve justificar esses crimes hediondos e que talvez não seja tipicamente norte-americano como as outras possíveis razões para eles.

A geração que nasceu nos anos 50, foi jovem na década de 60 e teve seus filhos, tardiamente para padrões anteriores, nos últimos 20 anos, tem sérias dificuldades com a tarefa de criá-los. Levaram a sério demais conceitos como auto-estima infantil, direitos da criança, incorrendo numa espécie de "esquerdismo", por analogia com o que Lênin dizia dos extremistas do comunismo. Esse esquerdismo pedagógico é mais notável nos EUA, mas existe no Brasil e em outros países.

Consiste, por exemplo, em elogiar tudo que a criança pequena faz. Sempre, sem exceção. A lição de casa pode estar bem feita ou uma porcaria. Dá no mesmo: professores e pais dizem que é o máximo. Quando vem a adolescência, os pais passam a considerar os filhos como iguais. O quarto do adolescente é território onde adulto não entra. Nada é proibido, nem mesmo a ostensiva expressão de ódio.

É inacreditável que os rapazes de Littleton tenham montado um arsenal sem que seus pais tivessem percebido. É estarrecedor que Kipland Kinkel, que em 1998 matou os pais antes de atirar contra 16 colegas na escola, tenha ganho do próprio pai a arma dos crimes. Todos os pais desses assassinos são ou foram pessoas boas, decentes, honestas, pacíficas, religiosas. Mas deixaram-se enredar no discurso de que ser pai é permitir tudo ao filho. Sem autoridade, limites, crítica, suas crianças perderam o sentido da responsabilidade pessoal e se tornaram monstros."

A POLÍTICA

Ivan Antônio de ALMEIDA
In: *A síntese de uma tragédia: movimento fé e política.*
Ouro Preto: UFOP, 2000. p. 73-75.

"Toda a expansão colonialista dos fins do século passado procurou destruir ou reduzir ao 'exótico' as culturas tradicionais dos povos dominados, implantando as 'religiões' européias. Se para a afirmação do capitalismo foi necessário destruir todo *sentido da existência* que ultrapassasse o consumo de bens materiais, daí a apologia do 'progresso', inversamente, se desejarmos superar o capitalismo, devemos pensar nos valores necessários à crítica e à reorganização social em bases não capitalistas. Hoje, pela primeira vez na história, anuncia-se o reino da abundância e nos países ricos a abundância, por paradoxal que possa parecer, já é um problema. A socialização das relações sociais de produção pela automação e a conseqüente libertação do homem da escravidão do trabalho retomam, em outras bases, a necessidade de se pensar no sentido da existência. Daí, parece-nos, a atenção universal em relação à 'religião'. Quanto à questão da miséria material, a história recente indica as formas de luta necessárias à sua superação. A condição necessária para que esta

214 A SOCIEDADE DA COMUNICAÇÃO E DA INFORMAÇÃO

luta não chegue ao impasse da conquista material sem saber o que fazer com ela é a recuperação do *sagrado*. Esta recuperação do sagrado não se dará, obviamente, sob nenhuma forma de 'integrismo', que é a instrumentalização política extrema, a nível estatal, das formas decadentes das religiões. A maneira como a recuperação do sagrado está se dando é através das múltiplas formas do seu exercício. O risco permanente é o de que as organizações que se criam como meio para as práticas do sagrado transformem-se em instituições com fins em si mesmas e, como tal, passem, enfim, a fazer parte do jogo do poder, da política. Mas a história da humanidade tem mostrado a permanente capacidade do homem de superar obstáculos, tanto mais quanto eles estiverem claramente identificados.

O exercício do sagrado é, por natureza, individual, e a parábola contada por Ramiro A. Calle expressa uma possibilidade que vemos esboçada na nossa sociedade: *'En una ocasión, un discípulo, sintiéndose confundido ante la abundancia de vías de realización, de religiones y escuelas filosóficas, acudió a su maestro y le preguntó: 'Maestro, no es excesiva la cantidad de religiones que existen?' Y el maestro, intencionalmente acre, replicó: 'Que dices? En absoluto! Son muy pocas! Cada hombre debería ser una religión, una vía de realización'.*

Em resumo, as condições materiais hoje oferecem a possibilidade aos homens, pela primeira vez planetariamente, de tornarem-se criadores da sua própria história. Para isso é necessário saber para onde se quer ir, e esta é uma questão própria da dimensão do *sagrado*, daí a sua importância, como referência, para qualquer *revolução social*. Para usar uma imagem do sagrado, as *revoluções políticas* provocariam as mudanças horizontais, e as *revoluções sociais,* as verticais. Assim teríamos as duas ocorrendo simultaneamente, mas só a segunda indicando o caminho do novo."

TUDO OU NADA

Washington Novaes.
O Estado de S. Paulo, São Paulo, 6 mar. 1998.
Espaço Aberto, p. 2.

"Num só dia, numa única página, este jornal publicou quatro notícias sobre um mesmo tema, o desconhecimento da língua falada e escrita por pessoas situadas no topo da pirâmide social:

- Na França, a ministra para Escolas, Segolene Royal, foi repreendida por Maurice Druon, secretário vitalício da Académie Française, por haver cometido dois erros gramaticais 'graves' em sete linhas de texto.

- Nos Estados Unidos, o editor aposentado Richard Dowis criticou o presidente Bill Clinton por cometer 'os erros mais comuns de gramática', não saber usar pronomes pessoais.

- Na mais conceituada universidade britânica, Oxford, uma pesquisa mostrou que os alunos 'escrevem muito mal', com 'repetidos erros de ortografia".

- Avaliações em duas universidades brasileiras (UFRJ e Unesp) mostraram que a maioria dos alunos não consegue organizar idéias, comete erros primários de concordância e pontuação etc. etc.

Se no alto da pirâmide educacional o quadro é constrangedor, imagine-se no restante. Nenhuma surpresa, é claro. Muita apreensão, com certeza. E não apenas no campo intelectual e nas conseqüências que aí venham a ter essas fraquezas.

O conhecimento, dizem hoje os melhores especialistas, não é apenas uma atividade intelectual, no campo da consciência e do raciocínio. É bem mais que isso. Começa no campo sensorial, define-se aí, antes de exprimir-se em linguagem. Se não dispomos de linguagem adequada para expressar o que vem do campo sensorial, não empobrecemos apenas intelectualmente, mas também sensorialmente, emocionalmente. Da mesma forma, perdemos no campo das possibilidades que advêm da interação das duas áreas. E se esvai a possibilidade de avançar.

Há alguns anos, a Sociedade para o Progresso da Educação nos Estados Unidos e a Universidade de Colúmbia juntaram uma dúzia de cientistas, artistas, músicos e educadores, para discutir uma proposta de currículo destinada a colégios israelenses que trabalhavam com superdotados, currículo esse capaz de incutir compreensão e habilidade nas mais diversas disciplinas. Era um pedido dos organizadores da educação em Israel, convencidos de que, para lidar com os temas globais modernos, as pessoas devem ser educadas para combinar conhecimentos e técnicas capazes de resolver problemas em muitos campos.

Nessa reunião, Robert S. Root Bernstein, da Universidade Estadual de Michigan, fez uma proposta inovadora. Ele partiu da suposição de que o ato de compreender – a história, a música, a ciência – é antes de tudo uma *experiência sensual:* 'O *insight* em qualquer disciplina é normalmente acompanhado de intensos sentimentos físicos e emocionais, muitas vezes expressos em termos visuais, auditivos ou cinestésicos. Tais sentimentos não podem ser separados do próprio ato da descoberta. O intelecto não opera sem a entrega do indivíduo como um todo e, por isso, a ciência só florescerá na mente das pessoas sensíveis e emocionais.'

Segundo Root Bernstein, 'a melhor ciência, ao que parece, deriva da combinação de uma mente analítica com a sensibilidade estética, uma combinação que poderia ser chamada de ciência sensual'. E para comprovar sua tese vai buscar exemplos em Albert Einstein, que, para formular suas idéias a respeito da influência da gravidade no tempo, ficava a imaginar-se dentro de um elevador, com um raio de luz pulando para a frente e para trás, diante do cientista. Para trabalhar melhor a teoria da relatividade, o mesmo Einstein passava horas imaginando um raio de luz móvel, perseguido por ele mesmo. Precisava antes de uma percepção sensorial, para depois expressar, em linguagem científica, o conhecimento de lá advindo.

216   A SOCIEDADE DA COMUNICAÇÃO E DA INFORMAÇÃO

Outro cientista, Cyril Stanley Smith, um dos 'pais' da bomba atômica, imaginava seu próprio corpo como uma liga metálica nova, de modo a saber como ela se comportaria diante de um impacto destruidor, de um trem em alta velocidade ou de um meteorito que caísse sobre a Terra.

Hannes Alfvén, Prêmio Nobel de Física, em vez de forroular equações, preferia 'cavalgar cada elétron ou íon e imaginar como é o mundo a partir desse ponto de vista' e que forças o 'empurrariam para a direita ou para a esquerda'.

Para Root Bernstein, a implicação desses exemplos 'parece ser a de que os modelos usuais de treinamento científico são inadequados para produzir cientistas criativos; são necessárias outras capacidades, além da fluência verbal e matemática. Mas talvez seja demais esperar que os educadores ou cientistas aceitem a idéia de que a ciência deveria ser ensinada por intermédio de experiências nas artes, na dramaturgia, na literatura, na música ou em outras disciplinas'.

O autor dessa proposta conclui com uma citação de C. H. Waddington: 'Os problemas agudos do mundo só podem ser resolvidos pelos *homens totais*, não por pessoas que se recusam a ser mais do que teólogos, cientistas puros ou artistas. No mundo de hoje, é preciso que uma pessoa seja tudo, se não quiser ser nada.'

Por esse raciocínio, ficamos aqui, com o pior de todos os mundos. Não somos capazes de conceber e instituir uma educação que comece nos sentidos, antes de ser expressa por alguma linguagem – da ciência ou não. Ao mesmo tempo, também não somos capazes de educar criaturas para que dominem essas linguagens, nem mesmo a do cotidiano.

Outra área do conhecimento, a psicanálise, está aí para ensinar as conseqüências das emoções que permanecem sem expressão. Vão assombrar-nos pela vida afora. Complicar-nos como pessoas.

Mais triste ainda é verificar que, no momento em que precisaríamos estar discutindo esse ou outros saltos de qualidade na educação, continuamos, no Brasil, obrigados a promover campanhas para levar à escola os 2,7 milhões de crianças de 7 a 14 anos que continuam fora do sistema educacional. Mesmo se as conseguirmos levar, veremos em seguida que grande parte delas, por deficiências nutricionais, não consegue aprender nada, engrossa os índices de repetência e de evasão escolar. Ainda teremos de chegar à pré-escola, para criar as condições mínimas de aprendizado.

Sem escola, sem aprendizado, sem linguagem, sem possibilidade de expressar emoções e sensações que fazem nascer o conhecimento. Que futuro?

A EDUCAÇÃO DO INDIVÍDUO NA CULTURA BRASILEIRA

Wesley Aragão de Morais.
Guia chão e gente. Botucatu:
Instituto Elo, maio/jun. de 2001, p. 3.

"No Brasil, o processo de educação tem se caracterizado, desde a época colonial, pela inserção, na criança, do estigma 'educação dentro de um país de terceiro mundo'. Critérios apenas econômicos e tecnocráticos geram rótulos como 'primeiro' ou 'terceiro mundo'. Povos ditos do Terceiro Mundo, como o brasileiro, têm, como quaisquer outros, riquezas incomensuráveis: formas de canto, formas de dança, formas de poesia, riquezas folclóricas, tipos diversos de música e de ritmos, instrumentos musicais, lendas e mitos, delícias culinárias, uma sabedoria popular, conhecimento nativo de plantas medicinais e alimentícias, uma enorme variedade de 'jeitos de ser' e de modos de viver. Neste sentido, o Brasil, pelo seu tamanho, pela sua variedade étnica, pelas características de sua história e de sua geografia tropical, é um país de 'primeiro mundo' em termos espirituais, em termos de riquezas culturais e eco-sociais. Educar também é mostrar isto ao indivíduo. Não se trata de uma educação nacionalizante, mas uma educação que ajuda o indivíduo a encontrar um caminho espiritual afinado aos contextos existentes dentro do espírito da cultura nativa. Educar é produzir um tipo de indivíduo universal, mas 'revestido' pela sua cultura nativa.

Assim, não se produz um alienado. Educar não é só alfabetizar. Educar é ajudar o desabrochar das potencialidades individuais, as quais só podem ser cultivadas pelo contato entre o indivíduo dotado de uma *attention a la vie* (como viu Bergson) e os outros indivíduos de seu meio, todos inseridos na sua cultura, na sua história, no seu meio. Educar é criar um terreno fértil para a elaboração harmoniosa e culturalmente contextualizada do indivíduo (e não apenas fazer que ele 'se encaixe' dentro de um papel social pré-determinado pela sociedade)."

OBESOS DE INFORMAÇÃO, FAMINTOS DE SENTIDO

Eduardo Giannetti.
Folha de S. Paulo, São Paulo, 8 out. 1998. Ilustrada, p. 4-7.

"A força do sentimento varia, mas raramente me livro dele. Vivo com a sensação difusa de estar perdendo algo. O dia não cabe no dia. Quero fazer mais coisas do que posso, quero saber mais do que sei que sou capaz de assimilar. O meu corpo-a-corpo contra a ansiedade do tempo e a dispersão da atenção é uma verdadeira batalha sem trégua.

Fala-se muito na sobrecarga de informação a que estamos submetidos. É verdade. A revolução tecnológica em curso multiplica de modo vertiginoso as possibilidades de comunicação e acesso a todo tipo de informação. Uma fibra ótica da espessura de um fio de cabelo comporta o equivalente a 500 canais de TV simultâneos. O *corpus platônico* vai todo num CD.

Vivemos sob um bombardeio cerrado de estímulos, cercados de sons, rótulos, *slogans* e imagens por todos os lados. Surfamos pelas telas e virtualidades do dia como que situados por um pelotão de mensagens e apelos desconexos clamando por estilhaços de nossa atenção.

Tudo isso, não nego, é parte da realidade. Mas, quando observo à minha volta e reflito com mais cuidado sobre o que se passa comigo, concluo que é apenas um dos lados – o mais óbvio – da questão.

É sem dúvida confortável alimentar a crença de que somos vítimas passivas do sequestro e invasão forçada de nossas mentes por forças externas. De que a sobrecarga de informação que nos aflige é uma avalanche sob a qual vivemos, a contragosto, soterrados.

Que esse seja o aspecto mais saliente e imediato de nossa experiência na era da informação, não duvido. O que é preciso considerar, contudo, é que somos em larga medida cúmplices do problema que enfrentamos.

Ao banquete pantagruélico de mensagens e informações que nos é oferecido e empurrado a cada instante, corresponde a nossa não menos formidável gula faustiana. Nada, ao que parece, sacia. A multiplicação dos meios e estímulos que nos acossam corresponde a nossa espantosa insaciabilidade e a incontinência do nosso desejo por mais.

O assédio, é certo, existe. Mas, se ele vinga, é porque encontra terreno fértil no apetite que nos devora. A tortura que nos oprime e que nos torna alheios a nós mesmos não vem de fora, mas tem raízes na nossa incapacidade interna de lidar com o mundo que estamos criando e que nos escapa e amedronta como um ser hostil. A vítima é o algoz.

O que está acontecendo? O modelo que me ocorre sempre que penso no problema da atenção estilhaçada e da sobrecarga de informação baseia-se numa analogia com o funcionamento do nosso aparelho perceptivo.

Os órgãos sensoriais que nos ligam ao mundo são extremamente seletivos naquilo que registram e transmitem ao cérebro. O olho humano, por exemplo, não é capaz de captar todo o espectro de energia eletromagnética existente, tudo o que seria em tese passível de ser visto, mas apenas uma pequena faixa intermediária chamada 'espectro visível'.

O restante do espectro (cerca de 98% do total) não chega a ser registrado pelo olho, na medida em que se revelou de pouca relevância para a nossa vida prática no processo evolutivo. É por isso que os raios ultravioleta, por exemplo, estão fora do 'espectro visível' humano, mas são captados pelo aparelho visual das abelhas, para cuja sobrevivência são cruciais.

O mesmo se aplica aos demais sentidos. O ouvido humano é capaz de detectar vibrações sonoras entre 20 e 20.000 ciclos por segundo. Os sons que circulam fora desses limites, como as ondas hertzianas que animam os aparelhos de rádio, escapam da teia do nosso equipamento auditivo.

Suponha, porém, que uma súbita mutação genética reduza drasticamente a seletividade natural dos nossos sentidos. O que aconteceria se, de repente, nós tivéssemos que passar a lidar com toda uma gama extra e uma carga torrencial de percepções visuais e auditivas com a qual não estamos habituados?

O ganho de sensibilidade seria tangível. 'Se as portas da percepção se desobstruíssem', sonhava o poeta místico-romântico William Blake, 'tudo se revelaria ao homem tal qual é, infinito'. O problema é saber se estaríamos em condições de assimilar e usar devidamente o fantástico acréscimo de informação sensível que isso acarretaria.

AS INSTITUIÇÕES SOCIAIS E OS MEIOS DE COMUNICAÇÃO DE MASSA **219**

O ponto crucial é que existe uma adequação profunda entre a constituição do nosso aparelho perceptivo, de um lado, e a nossa capacidade de processamento de impressões sensíveis, de outro.

O mais provável é que um súbito salto qualitativo em nosso equipamento sensorial produzisse não a revelação mística imaginada por Blake, mas um terrível engarrafamento cerebral, gerando um estado de confusão e perplexidade do qual apenas lentamente conseguiríamos nos recuperar.

É a brutal seletividade dos nossos sentidos que nos protege da infinita complexidade do universo. A ordem que percebemos no mundo é essencialmente devida à pobreza de nossa experiência.

Imagine o que significaria, por exemplo, passar a captar e ouvir em nossas mentes todas as ondas radiofônicas que cruzam inauditas o nosso caminho. Se a proteção desaba, o caos mostra os dentes.

A impressão que tenho é que estamos vivendo algo parecido com isso. O pano de fundo é o avanço tecnológico que, como uma súbita mutação, não só amplia a velocidade e o volume das informações a que temos acesso, como também parece despertar em nós uma voragem descomunal e insaciável por elas.

O nervo do problema é que existe um descompasso essencial entre esse apetite desgovernado por doses adicionais de informação, de um lado, e a capacidade limitada do nosso cérebro de assimilá-las, digeri-las e integrá-las em um todo coerente e dotado de sentido, de outro.

A resultante é o mal-estar da sobrecarga de informação e da dispersão da atenção: obesidade e fome.

O que fazer? O grande desafio, creio, será reconhecer e aceitar os limites da nossa capacidade interna de processamento e conseguir domar a voragem quase compulsiva que com freqüência nos leva a agir com base na crença falsa de que mais informação é sempre melhor.

Há um 'trade off' entre quantidade e qualidade, entre rapidez e aprofundamento. O que nos falta mesmo é o aprendizado e o autocontrole necessários para seguir uma dieta informacional equilibrada. Abrir e explorar, mas também saber fechar de forma seletiva e inteligente."

15

Mídia, Opinião Pública e Política

15.1 CONCEITO E PAPEL DA MÍDIA NA SOCIEDADE CONTEMPORÂNEA

De acordo com a definição brasileira do Aurélio,[1] o vocábulo *mídia* vem do

> "*inglês,* (mass) media, *'meios de comunicação (de massa)'. No inglês, media advém do neutro plural latino,* medium, *'meio', 'centro', forma substantivada do adjetivo latino* medius, *'que está no meio', inicialmente usada na acepção geral de 'meio', 'meio termo'".*

Do ponto de vista do conceito operacional com o qual a Sociologia, as *teorias da informação* e *ciências da comunicação* trabalham, esse termo refere-se ao *conjunto* de todos os *meios de informação* e *comunicação*, no qual se incluem, indistintamente, os diversos tipos de *veículos, recursos* e *técnicas comunicacionais*, como *jornais, revistas, rádio, cinema, televisão, outdoor, páginas impressas, propaganda, publicidade, mala-direta, redes computacionais* e quaisquer outros *meios* que lidem com a *informação* submetida à sistematização voltada para os *atos comunicativos*.

A *mídia* desempenha papel crucial na sociedade contemporânea com base em seu fundamento mercantil e em seu caráter capitalista: ela *seleciona, organiza,*

---

[1]. *Novo dicionário Aurélio eletrônico:* século XXI. Versão 3.0. Rio de Janeiro: Nova Fronteira, 1999.

sistematiza e *difunde informações,* que envolvem duas esferas distintas e complementares entre si: a relativa aos *processos de ação* e *interação individual* e *social*, e a ligada aos *processos pertinentes* à *produção, venda* e *compra* de *mercadorias, bens* e *serviços*. Na primeira esfera, ela *noticia* os *assuntos* referentes aos *processos relacionais,* que se dão nos âmbitos maiores da *cultura* e da *política*; na segunda, ela *propaga* o *universo da circulação das mercadorias*, no âmbito mais restrito das *relações, normas* e *regras* da *economia de mercado*.

15.2 MÍDIA E OPINIÃO PÚBLICA

Não é difícil sustentar que há, na sociedade contemporânea, uma *relação de mão-dupla* firmemente estabelecida entre *mídia, opinião pública, instituições* e *poder político*. Essa *relação*, já observada por várias correntes teóricas da Sociologia, dá-se por meio de profundo *entrelaçamento* e pelo *envolvimento* que existe entre esses *setores da vida social*, à medida que nenhum deles dá mais um passo sequer sem tomar os outros como *referenciais de impacto* de suas *ações* e *reações*.

No tocante ao conceito de *opinião pública*,[2] José Rodrigues dos Santos (1992: 105-106) define-o com base em três visões distintas. A primeira entende que *"a opinião pública é constituída pelo conjunto das opiniões expressas pelos meios de comunicação de massas, uma vez que é apenas através deles que uma opinião se torna pública"*. A segunda compreende que ela seria *"formada pelas opiniões do público em geral, independentemente do seu acesso à comunicação social para as expressar"*. A terceira visão, mais sensata segundo o autor, *"defende que a opinião pública não existe, é um conceito demasiado vasto e amplo, incapaz de traduzir os pensamentos de um público fragmentado onde, na verdade, prolifera um grande número de opiniões diferentes e contraditórias"*. Justificando sua compreensão sobre a impossibilidade de existência de uma *opinião pública*, Santos exemplifica perguntando sobre o ato das pessoas torcerem por diferentes times de futebol: *"como é possível dizer que a opinião pública apóia o Benfica, se há muitas correntes de opinião que apóiam o F. C. Porto, o Sporting e até o Penafiel?"* No caso brasileiro, por comparação e complementação, seria possível indagar de modo mais amplo: onde foi estabelecido que a *opinião pública* local apóia, de forma incondicional e por consenso, a seleção brasileira de futebol?

Apesar de entender que a *"desmontagem do conceito de opinião pública é devastadora"*, por eliminar definições que são construídas com superficialidade e sem o devido rigor, esse autor entende ser, *"no entanto, indesmentível que as pessoas, em geral, têm opiniões sobre os assuntos mais diversos"* e que *"algumas dessas*

---

2. O Aurélio define esse conceito, com base na Sociologia, da seguinte forma: *"O conjunto das idéias e dos juízos partilhados pela maioria dos membros de uma sociedade, naquilo que concerne às mais variadas áreas de atividades, como, p. ex., o campo político, social, moral, cultural, econômico, esportivo etc."*. *Novo Dicionário Aurélio eletrônico:* século XXI. Versão 3.0. Rio de Janeiro: Nova Fronteira, 1999.

222 A SOCIEDADE DA COMUNICAÇÃO E DA INFORMAÇÃO

opiniões são majoritárias", havendo, por isso, *"a tendência para considerar que elas representam a opinião pública".* A ressalva, por sinal pertinente, que ele faz quanto a essa *interpretação*, adverte para o *"enorme problema de saber qual a opinião majoritária partilhada pelo público sobre um determinado tema, para que o conceito se torne operacional".*

Ou seja, fazer com que o conceito *opinião pública* seja *operacional* e capaz, portanto, de *compreender* e *aferir* sociologicamente os processos de *formação, construção* e *articulação* das *opiniões* no interior da sociedade, não é tarefa das mais fáceis, dado o alto grau de imponderabilidade, que sempre permeia essas *opiniões*. Nesse sentido, o que dizer sobre a miríade de *opiniões* e de *pesquisas* sobre *elas*, que circulam constantemente nos *veículos* de *mídia*? E mais: o que pensar, do ponto de vista da *construção* e da *manipulação* dessas *opiniões*, sobre a *relação* entre *mídia* e *opinião pública*?

Sobre esses problemas, Santos cita os estudos de T. J. Scheff, os quais, além de terem demonstrado as dificuldades de operacionalização desse conceito, descobriram também que,

> *"em várias situações, muitos indivíduos não comunicam as suas opiniões pessoais a outros, fazendo com que pensem pertencer a uma minoria. Na verdade, a maioria pode partilhar em silêncio o mesmo ponto de vista deixando que uma poderosa minoria, com acesso aos meios de comunicação de massas, imponha um falso consenso. Scheff definiu esta situação como sendo produto da 'ignorância pluralista', um conceito que outros batizaram de 'maioria silenciosa'. Os estudos de Scheff provaram ser impossível apurar empiricamente qual a opinião majoritária sobre um assunto, mas abriram o caminho a outros investigadores para analisar o processo de formação dessa opinião".*

O sociólogo alemão Jürgen Habermas,[3] quando ainda vinculado à *crítica neomarxista da cultura* realizada pela Escola de Frankfurt, preocupou-se também com os problemas relativos ao conceito de *opinião pública*. Para ele, além de ser uma *ficção*, esse conceito deriva do que ele denominou de *esfera pública burguesa*. Sendo assim, para que se compreenda o que significa o primeiro conceito, necessário se faz o entendimento do segundo. Em sua concepção, essa *esfera* deve ser definida a partir da constituição de um círculo de *"pessoas privadas reunidas em um público"*, voltado para a discussão dos problemas relativos às *"leis gerais da troca na esfera fundamentalmente privada, as leis de intercâmbio de mercadorias e do trabalho social".* Em seu modo de ver, a *"esfera pública burguesa desenvolvida baseia-se na identidade fictícia das pessoas privadas reunidas num público em seus duplos papéis de proprietários e de meros seres humanos".*

---

3. *Mudança estrutural da esfera pública*: investigações quanto a uma categoria da sociedade burguesa. Rio de Janeiro: Tempo Brasileiro, 1984. passim. A primeira edição alemã foi lançada em 1962.

MÍDIA, OPINIÃO PÚBLICA E POLÍTICA **223**

O primeiro país do mundo moderno a registrar o funcionamento político de uma *esfera pública* foi a Inglaterra, *"na virada para o século XVIII"*. A burguesia, que havia submetido a monarquia absolutista inglesa aos imperativos e determinações constitucionais do parlamento, por meio da *Revolução Gloriosa* de 1688, passou, em função do peso de seu poder econômico, a exercer influência política direta *"sobre as decisões do poder estatal"*. Ao apelar *"para o público pensante"* inglês, a fim de legitimar suas demandas diante do *novo fórum* parlamentar que se constituiu sob a forma política de um *moderno parlamento*, instituiu um *locus* de discussões e debates públicos que gradativamente, em um *"processo que se deu ao longo de todo o século"*, extravasou para outros setores da sociedade, resultando na constituição do que Habermas define por *esfera pública burguesa*.

Segundo o autor, a estrutura básica dessa *esfera pública* era, no século XVIII, a seguinte: no *setor privado*, organizavam-se *"a sociedade civil (setor de troca de mercadorias e de trabalho social), a esfera pública política, a esfera pública literária (clubes e imprensa), o mercado de bens culturais e o espaço íntimo da pequena família (intelectualidade burguesa)"*. Na *esfera do poder público*, articulava-se o âmbito do *Estado e a Corte (sociedade da aristocracia da corte)*. Para ele, à medida que as *"leis do mercado, que dominam a esfera do intercâmbio de mercadorias e do trabalho social"*, penetraram *"na esfera reservada às pessoas privadas enquanto público"*, houve uma conversão do *raciocínio social* dominante aos ditames do *consumo*, levando *"o contexto da comunicação pública"* a se dissolver *"nos atos estereotipados da recepção isolada"*.

Em sua forma de ver, esse fato levou a um processo gradual de *decadência* da *esfera pública burguesa pensante* original e à organização correspondente de uma *"nova" esfera pública de massa*, que passou a ser *manipulada* pela vontade política e pela ação mercantil do *capitalismo monopolista*, por meio da atividade econômica massificada da *propaganda* e da *publicidade*. Esse processo teria aberto as portas por onde entrariam *"as forças sociais sustentadas pela esfera pública do consumismo cultural dos meios de comunicação de massa, invadindo a intimidade familiar"* e resultando em um *"âmbito íntimo desprivatizado"* e *"esvaziado, jornalisticamente, uma pseudo-esfera pública reunida numa zona de 'confiança' de uma espécie de superfamília"*. Nesse sentido,

> *"o mundo criado pelos meios de comunicação de massa só na aparência ainda é esfera pública, mas também a integridade da esfera privada, que ela, por outro lado, garante a seus consumidores, é ilusória. Ao invés de uma opinião pública, o que se configura na esfera pública manipulada é uma atmosfera pronta para a aclamação, é um clima de opinião".*

Para Habermas, com base nessa constatação fundamental, dois caminhos podem ser trilhados para que seja definido um *conceito de opinião pública*. O primeiro conduz a uma

224 A SOCIEDADE DA COMUNICAÇÃO E DA INFORMAÇÃO

> *"volta a posições do liberalismo, que, em meio a uma esfera pública desinte-grada, queria salvar a comunicação, bem no seio de um público meramente aclamativo, num círculo interno de representantes capazes de serem no âmbi-to público os formuladores de opinião, um público pensante bem no meio do público apenas aclamativo".*

O segundo, por sua vez, induz *"a um conceito de opinião pública que abstrai completamente de critérios materiais como racionalidade e representação, limitan-do-se a critérios institucionais".* Esses caminhos apenas

> *"levam em conta o fato de que, no processo de formação da opinião e da von-tade nas democracias de massas, a opinião do povo, independente das organi-zações através das quais ela possa ser mobilizada e integrada, raramente ain-da mantém alguma função politicamente relevante".*

Por outro lado, esse autor sustenta que a possibilidade de formulação de *"um conceito de opinião pública historicamente pleno de sentido, suficiente em termos nor-mativos para as exigências da constituição social-democrata, teoricamente claro e empiricamente aplicável",* só se concretiza partindo de uma *"mudança estrutural da esfera pública e a partir da dimensão de seu desenvolvimento".* Isso devido a circula-ção midiática de *"opiniões não públicas"* se dar em profusão *"e 'a' opinião pública"* ser, *"de fato, uma ficção".* Ainda assim, Habermas defende que

> *"é preciso fixar-se no conceito de opinião pública num sentido comparativo, pois a realidade constitucional da social-democracia precisa ser entendida como um processo em cujo transcurso uma esfera pública politicamente ativa passa a ser tornada real, ou seja, passa a ser efetivamente subordinada ao mandamento democrático de ser público todo o exercício do poder social e de dominação política".*

As reflexões de Santos e de Habermas continuam atuais e refletem a com-plexidade dos problemas teóricos e práticos, que existem no tocante à interpre-tação sociológica e política do que venha a ser *opinião pública.* O que se percebe é que, sobre a *construção* e a *manipulação* dessa *opinião* e a *relação de mão-dupla* que existe entre *ela* e a *mídia* na atualidade, há um campo importante de problemas científicos ainda não solucionados e um universo de interesses econômicos e polí-ticos encobertos por uma espécie de *verdade midiática,* que é fundada apenas no paradigma da *lei da oferta e da procura.* Enquanto isso, continuam imponderáveis muitas *impressões* que circulam diariamente na *mídia* e são atribuídas a uma su-posta *opinião pública:* embora ele venda muitos discos, quem estabeleceu o *con-senso* de que o cantor Roberto Carlos é o *rei* da música popular brasileira? O Brasil ainda é o *país do futebol e das mulatas?* O que é a *moda?* Por que a dupla musical Sandy & Junior é tão *querida* pelas crianças? Até que ponto e de que forma a cor-

MÍDIA, OPINIÃO PÚBLICA E POLÍTICA **225**

rupção é *reprovada* pelo conjunto majoritário da população? Qual é o candidato *preferido* a cada eleição? Será que a *era da imagem* não está a produzir a ilusão da *opinião pública* e a pantomima da *democracia*?

15.3 MÍDIA, INSTITUIÇÕES E PODER POLÍTICO

A maior parte das mudanças mais recentes nas campanhas eleitorais,[4] em todo o mundo, compartilham temas em comum, a despeito das diferenças de cultura política, da História e das instituições dos países nos quais elas ocorrem. Cada vez mais, são encontradas práticas em comum como *política comercial*, candidatos que são selecionados pela imagem apelativa que é mostrada na televisão, profissionais (*experts*), que promovem candidatos baseados em estratégias e nos sentimentos do eleitorado, homens de *mídia* contratados para produzir material eleitoral com forte poder apelativo e o aumento do custo das campanhas de massa. Esses *elementos* tornaram-se o centro (ponto-chave) das campanhas políticas nas sociedades democráticas contemporâneas.

As novas práticas de campanha desenvolvidas nos Estados Unidos da América têm sido também espalhadas para outros países por meio da larga disseminação das *técnicas de informação*. Grande número de políticos, pessoal de relações públicas e outros interessados de muitos países têm visitado os Estados Unidos para estudar e reportar em primeira mão suas campanhas eleitorais. A publicação de livros e manuais sobre o assunto tem ajudado a propagar os métodos das campanhas norte-americanas para outros países. Esses trabalhos têm auxiliado especialmente na *profissionalização* das campanhas políticas em muitos países que são aliados dos Estados Unidos, nos quais técnicos especialistas em *mídia de massa*, pesquisadores de intenção de votos, especialistas em levantamento de fundos e estrategistas de campanha são considerados como essenciais para o sucesso das campanhas políticas. Essa *profissionalização* tem sido apoiada pelo freqüente envolvimento de consultores políticos norte-americanos em campanhas eleitorais de outros países. A exportação desses novos métodos de campanha para outros países também reflete o papel preponderante que os Estados Unidos têm exercido no desenvolvimento e difusão do *sistema de mídia de massa*.

Os Estados Unidos ocupam uma posição crucial e determinante no atual *sistema interligado de comunicação de massa* e *informação* (Fisher, 1987; Friedland, 1992; Wallis e Baran, 1990). Esse país tem sido o líder das *comunicações de massa* e das novas práticas de campanha ao redor do mundo, inventando *técnicas de mídia, estratégias, modelos* e *estruturas* de trabalho. Isso é particularmente claro nos casos

---

4. MANCINI, Paolo;SWANSON, David L. *Politcs, media and modern democracy*: an international study of innovations in electoral campaigning and their consequences. Londres : Praeger, 1996. Versão traduzida e resumida do Capítulo 1, p. 1-26.

226 A SOCIEDADE DA COMUNICAÇÃO E DA INFORMAÇÃO

de internacionalização das empresas publicitárias norte-americanas (Anderson, 1984; Kaynak, 1989). Em 1988, as contas estrangeiras excederam as contas domésticas das agências publicitárias norte-americanas pela primeira vez (Frazer, 1990). Agindo em um campo muito próximo daquele das campanhas eleitorais, o aumento do alcance global das agências de publicidade norte-americanas tem servido como *veículo de difusão* das práticas adaptadas e adotadas nos Estados Unidos e em outros países.

É possível supor que a adoção de *métodos de campanha americanizados* pode refletir em um *amplo* e não parcial *processo* que está produzindo *mudanças* em muitas sociedades, *mudanças* que são difíceis de se atribuir a uma simples causa e que vão além da *política* e da *comunicação de massa*. Com base em diversas hipóteses teóricas pertinentes (Giddens, 1990; Murdock, 1993; Tomlinson, 1994), pode-se denominar esse *amplo processo* de *modernização*. De modo mais específico, é relevante abrir-se uma linha de interesse no estudo da *relação* entre *americanização* e *modernização*.

O crescimento sem precedentes da *complexidade social* tem levado a uma série de *mudanças sociais radicais*, incluindo de modo particular *mudanças profundas* nas *formas* e *práticas políticas* dos *governos democráticos*. As *democracias contemporâneas* vêm sendo marcadas pelo crescente número de *grupos* e *organizações*, que agem politicamente no sentido do avanço de suas competições por *recursos públicos, capital social* e da conquista de seus *interesses*. Esse fato vem estimulando o surgimento de um número cada vez maior de *estruturas,* que agem como *elementos de intermediação entre o cidadão e o sistema político, estruturas* nas quais os *cidadãos* passam a *confiar* a *responsabilidade* pelo desenvolvimento e incremento de seus *interesses particulares e setoriais*. Como resultado desse *processo*, assiste-se aos *grupos* mais poderosos que acentuam a *competição* entre si por maior *influência política*, redundando em uma *vivência cotidiana* do *conflito social*, mais nesta do que em formas anteriores de sociedade.

Ao mesmo tempo, uma questão: a participação dos *cidadãos* no *processo político* tende a diminuir quando eles buscam *organizações intermediárias* para atuar como seus *agentes,* no sentido de influenciar o *sistema político*. A forma de *democracia* que aparece nessa situação é a que foi descrita por Dahl (1956, 1971) como *"poliarquia", uma arena constituída por grupos diferentes em disputa, de natureza política flexível (grupos de interesse, conglomerados, organizações de mídia), confrontando de modo constante entre si e vivendo as dificuldades inerentes aos processos competitivos*. Nessa *arena,* o *sistema de mídia de massa* desenvolve-se e atua na função de *socialização,* que antes era prerrogativa dos *partidos políticos*.

O aumento da *diferenciação social* também implica *mudanças* na *forma constitucional* dos *partidos políticos,* que passam a compreender *grupos específicos* de vários tipos (*econômicos, sociais, culturais* e *grupos de decisão centralizada*), que coexistem e agem no interior de uma mesma *organização partidária*. As necessidades dessas novas formas de *organização* para *representação política* parecem ser expli-

MÍDIA, OPINIÃO PÚBLICA E POLÍTICA **227**

cadas pelo que Kirchheimer (1966) define como *'partidos abrangentes.*[5] Esses *partidos políticos* são *organizações pluralistas e segmentadas,* que têm *bases ideológicas inconsistentes ou fracas*, bem exemplificadas e descritas pelo quadro atual dos *partidos políticos* existentes nos Estados Unidos.

Esses *partidos* estão próximos daquilo que os cientistas políticos definem como *partidos eleitorais*, que são *estruturas organizacionais* nas quais o principal objetivo é *conseguir consenso político no momento da eleição*. Suas *estruturas organizacionais* tornam-se cada vez mais *fracas* e coexistem com uma forte capacidade, por parte dos *políticos individuais*, de *agregar consenso*, principalmente na época das eleições, pautando-se também pela *falta de ligações ideológicas fortes com os eleitores*. Por essa razão, os observadores descrevem esse tipo de estrutura como *partido de opinião* (Parisi e Pasquino, 1977). Seu grupo de eleitores potenciais é instável e dependente dos apelos da mudança constante, da subida e da queda de políticos, da mudança permanente dos padrões de alianças e da *mídia de massa,* que apresenta políticos apelativos de forma favorável. Do ponto de vista desses observadores, o *partido de opinião* está tomando lugar do *partido ideológico*, cujo modelo político vigorava em toda a Europa e outros continentes até poucos anos atrás. Dessa forma, a questão, que resulta do avanço da *modernização,* é direcionada para a indagação sobre o futuro dos *partidos de massa.*

Como tem sido sugerido por alguns autores, um outro efeito político da *modernização* é o maior poder que vem sendo conferido a figuras políticas individuais, cujo custo subseqüente é a perda da autoridade dos *partidos políticos* com os quais esses indivíduos operam. Esse fato ocorre em função dos *grupos sociais,* que agem dentro da *poliarquia,* tenderem a agregar a seu redor líderes políticos únicos. Isso tem ocorrido nos últimos anos na Europa, onde a existência de *facções internas* dentro dos *partidos* tem diminuído, ao mesmo tempo que a capacidade dos políticos em *aglutinar* o apoio de *grupos* diferentes tem-se expandido, especialmente na época de eleições.

A tendência crescente de *aglutinação* ao redor das pessoas dos políticos produz um fenômeno que pode ser denominado de *personalização da política,* refletindo na *fragmentação do poder*. Esse fato resulta em muitos centros de competição que conflituam e cooperam entre si, buscando uma *autoridade política,* que possa ser exercida de *modo personalizado* por meio de simples indivíduos com os quais se identificam. Todas essas *mudanças* são parte de um *processo circular,* no qual o *poder* flui da *estrutura partidária*, do agente tradicional de consenso político para os *políticos individuais*, resultando na diminuição da habilidade dos *partidos* em gerenciar as *instituições políticas* e, conseqüentemente, no declínio da habilidade das *instituições* de agir efetivamente nos *processos*.

---

5. É possível definir esses *partidos políticos* pela expressão *partidos pega-tudo.*

228 A SOCIEDADE DA COMUNICAÇÃO E DA INFORMAÇÃO

O estabelecimento de uma *relação de confiança pessoal* entre o *cidadão* e sua *opção representativa* na administração pública pode ser diferente daquela *relação* que é estabelecida com os chamados *líderes carismáticos*. Estes últimos, segundo a interpretação de Max Weber, *são pessoas que por meio de seus talentos naturais e qualidades vão para os mais altos cargos no interior das organizações políticas e do Estado*. Assim, seguindo Weber, Duverger (1991) distinguiu a *personalização* como sendo o *exercício do poder em uma escala reduzida de pequenos grupos*, e a criação de *líderes carismáticos* relativa ao *poder exercido em grandes comunidades*. Tanto a *personalização* quanto os *líderes carismáticos* estão conectados de modo íntimo com a *mídia de massa*, a qual tem estabelecido, por meio da televisão, o *contato pessoal* entre os *líderes políticos* e os *eleitores* (Duverger, 1991).

A análise de Duverger encaminha a reflexão para o problema do papel da *mídia de massa* no *processo de modernização*. Não mais apenas como um *meio* pelo qual outros *subsistemas*, como os *partidos políticos*, podem espalhar suas próprias *mensagens*, a *mídia de massa* emerge nas *poliarquias modernas* como um centro de poder autônomo em competição recíproca com outros centros de poder. Como Butler e Ranney (1992) indicaram,

> *"o papel da mídia tem (...) mudado rapidamente de ser um mero canal de comunicação para ter um papel principal no processo de campanha, sendo que ela seleciona pessoas e temas a serem cobertos e modela a imagem dos líderes".*

Na Europa e em outros países, o declínio da *mídia,* controlada pelos partidos políticos, e o surgimento da *mídia comercial independente e privada* têm transformado a *comunicação de massa* em uma *força* que opera em uma situação mútua, tanto *material* quanto *simbólica*, de troca com outros *poderes centrais*. Enquanto centro de poder independente, a *comunicação de massa* opera autonomamente, de acordo com sua própria *lógica econômica e simbólica*.

O surgimento da *mídia de massa,* enquanto centro de poder autônomo, tem conseqüências importantes e fundamentais para a *política moderna*. A instituição *mídia* e suas *práticas* tornaram-se indissoluvelmente ligadas *"às instituições e práticas da política democrática"* (Garnham, 1992). As batalhas por cargos e postos nas administrações são crescentemente moldadas pelas necessidades e interesses da *mídia de massa*. Em um número cada vez maior de países, a televisão e os outros *meios de comunicação* têm conscientemente colocado seus próprios programas para cobrir a política (Semetko, Blumler, Gurevitch e Weaver, 1991). Naqueles países que já possuem *sistemas de mídia* tecnologicamente desenvolvidos, a *colaboração* e a *competição da mídia* com os políticos e os governos, *"no processo publicitário moderno"* (Blumler, 1990), constituem agora o núcleo central da *democracia moderna*.

MÍDIA, OPINIÃO PÚBLICA E POLÍTICA **229**

A *mídia de massa* também tem um importante papel na acentuação da *personalização da política*. Nesse ponto, a televisão é uma peça-chave, uma vez que ela é o *meio* pelo qual os eleitores normalmente *encontram* os candidatos. É, portanto, na televisão que os *vínculos* são criados, *ligando* os cidadãos a seus *representantes*. Dessa forma, o *bom uso* da televisão para *cultivar* o *apoio público* é considerado como essencial para o *sucesso político* em todas as *democracias* que passam atualmente pelo *processo de modernização*.

Nos países onde a *propaganda política* é permitida, a televisão tem causado o efeito adicional de aumentar significativamente o *custo* das *campanhas políticas*. Os candidatos e os partidos que possuem maiores recursos que seus oponentes para financiar *campanhas de mídia* de alto custo são, dessa forma, conhecidos por terem *vantagens* no *esforço contínuo de atração* dos *eleitores inconstantes* da *democracia moderna*. Além do mais, a necessidade de levantar altas quantias em dinheiro, para pagar as *campanhas publicitárias*, tem feito os candidatos e partidos mais dependentes do que anteriormente das vantagens que poderiam auferir com as grandes contribuições financeiras. Como Bennett (1992) mostra, com referência aos Estados Unidos, a dependência em relação aos que contribuem pode envolver os *partidos políticos* e os dirigentes em uma *teia de obrigações e favores* que os deixam sem *poder* para *agir* de *modo eficaz*.

O aumento da *complexidade social* no *processo de modernização* está associado à transformação do papel da *mídia de massa*, que ocasiona importantes impactos e resultados para as *campanhas*, governos e *instituições políticas*. Nessa nova situação, a *comunicação* da *mídia de massa* tem um papel especial. O desenvolvimento da *mídia de massa* tem ocorrido de modo comparativamente rápido, de forma abrangente e sem controle, produzindo o que parece ser, em muitos países, *instituições* muito poderosas, que rapidamente se têm sobreposto a outras *instituições* e assumindo *funções* e *trabalhos* que eram realizados anteriormente por outras *estruturas* e por *redes de comunicação pessoal*, incluindo especialmente as *funções* que, antes, eram gerenciadas pelo *aparato dos partidos*.

O processo é de *homologação quantitativa e qualitativa* com as *estruturas* dos *sistemas de comunicação de massa*, que se desenvolvem em diferentes países tendendo a se conformar, depois de um tempo, a um *modelo de produção único*, com *formatos* e *conteúdos* que estão se tornando mais e mais similares em todos os lugares. Esse é o *processo* de *"globalização" da mídia*, referindo-se não somente à *disseminação do conteúdo e do formato da mídia internacional*, mas também às *estruturas* de *relacionamento* e *propriedade* que estão assimilando crescentemente os *sistemas de comunicação de massa* encontrados em diferentes países (Cohen, Adoni e Bantz, 1990; Gurevitch e Blumler, 1990; Gurevitch, Levy e Roeh, 1991; Wakeman, 1988). Esse *processo* é um dos *universais*, que determinam como as *campanhas eleitorais* são conduzidas em todos os países, e tem sido reconhecido por ser a causa fundamental da *difusão* da *americanização* das eleições (Butler e Ranney, 1992).

230 A SOCIEDADE DA COMUNICAÇÃO E DA INFORMAÇÃO

O aspecto mais importante das *mudanças* de *regras* da *mídia de massa* na *modernização* relaciona-se com o *processo* de desenvolvimento que envolve os *valores*, os *formatos* e a *cultura* dos *comerciais de televisão*. O que ocorreu na Europa nos anos 80 é um sintoma. O monopólio, por longo tempo mantido pelo serviço estatal de televisão, foi progressivamente reduzido pelo desenvolvimento da *mídia comercial*. A *avalanche comercial* (Blumler, 1992) tem remodelado e transformado completamente a configuração do *processo*, que vem crescentemente assemelhando-se ao *modelo americano de sistema de mídia*, direcionado pelos interesses comerciais dominados pela televisão enquanto fonte maior de informação e de diversão para o público. Peculiarmente, o desenvolvimento da televisão comercial tem transformado radicalmente o caráter das campanhas eleitorais, modificando também a natureza e as regras para a cobertura das eleições que antes eram feitas pelo *serviço estatal de televisão*, introduzindo *novos formatos* e *novas oportunidades*.

A *propaganda política televisionada* é o melhor exemplo dessa *mudança* e de suas implicações em geral. Tipicamente, a *propaganda* cria e dissemina *imagens* de *candidatos individuais* e por isso aumenta a *personalização da política*. Em geral, o *formato* televisivo favorece a *personalização* por razões formais e estruturais. Formalmente, o jornalismo favorece a apresentação da *figura humana* acima das *instituições complexas*, como é o caso dos *partidos políticos*; ao mesmo tempo, estruturalmente, o jornalismo comercial corrente favorece o acesso para todos os candidatos que possam pagar pelos custos da *propaganda*, passando por cima dos *partidos*.

A televisão comercial tem sido freqüentemente identificada como um dos agentes importantes que contribuem para a crise atual dos *partidos políticos* (Agranoff, 1972). Como os técnicos e especialistas reportam, os *temas* desenvolvidos na *propaganda política* são mais efetivos quando repetidos e reforçados em outros *meios de comunicação*: discursos, pôsteres, comícios e *pronunciamentos* de todos os tipos. Os Estados Unidos oferecem um claro exemplo de como a *propaganda* tende, dessa forma, a influenciar o *conteúdo* completo das campanhas políticas e como a necessidade de *propagandas* efetivas pode tornar-se a *pressão* que *molda* todos os tipos de *discurso político* (Jamieson, 1992). Mesmo nos países onde a *propaganda política* é proibida, as *técnicas de propaganda* estão sendo incorporadas mais e mais freqüentemente aos *programas eleitorais gratuitos* que os partidos apresentam. Brasil,[6] França e Reino Unido são bons exemplos desta última forma, na qual a *propaganda é injetada* dentro do *diálogo político* (Angell, Kinzo e Urbaneja, 1992; Gerstlé, 1992; Scammel e Karan, 1992).

Para que seja possível uma compreensão acurada da *mudança de época* que hoje é associada à televisão, é importante notar, sem exagero demasiado, o alcance de sua influência. Os *processos de mudança* nos *sistemas políticos* e nas formas da *democracia* estão ocorrendo em paralelo com a contínua e incessante evolução dos

---

6. No caso brasileiro, a *propaganda política* é, na atualidade, legalmente permitida, compreendendo as *peças publicitárias* que são veiculadas pelos candidatos e partidos no *sistema de mídia*.

MÍDIA, OPINIÃO PÚBLICA E POLÍTICA **231**

tradicionais *meios de comunicação*. Como resultado, as formas tradicionais persistem e continuam a desenvolver-se nesse contexto de mutação, algumas vezes adquirindo novas funções. Como realidade, a *fragmentação dos interesses sociais*, das *identidades* e a crescente *aglutinação dos cidadãos em grupos de pequeno e médio porte* têm causado certo retorno da popularidade dos *microcircuitos de comunicação* e das formas de *comunicação interpessoal*, os quais a televisão tem, em diversos casos, adulterado ou mesmo destruído.

Dessa forma, a tecnologia da *comunicação* moderna exerce uma influência centrífuga e centrípeta sobre a sociedade. Testemunha-se hoje a coexistência do velho e do novo no mesmo lugar, em muitas formas congruentes com as transformações na *estrutura* da sociedade e sensíveis ao desenvolvimento das novas necessidades da *comunicação*. O processo de *modernização*, que impulsiona o surgimento das *mudanças* nas *práticas de campanha*, conduz à articulação de *novas estruturas de socialização e de agregação* que afetam de modo importante o *domínio político* e levam à transformação e à adaptação da maioria das formas preeexistentes.

Habermas (1978) cunhou um termo, aqui também adotado, para indicar as transformações por ele observadas nos anos 70, quando refletiu e escreveu sobre a *"cientificização" da política*. Ele demonstrou que a utilização freqüente de especialistas, de técnicos e de cientistas no *campo político*, leva ao controle, por parte desses especialistas, da *produção*, da *posse* e da *compreensão das informações tidas como necessárias para a tomada de decisões*. No campo das campanhas eleitorais, observa-se o aumento crescente do domínio desses técnicos (*experts*), que passam a suprir conhecimento e tomar decisões que antes eram processadas exclusivamente no interior do *aparato dos partidos*. Alguns especialistas em *relações públicas* começaram a fazer incursões nas campanhas eleitorais na década de 30, mas não foi antes dos anos 60 e 70 que os técnicos tornaram-se completamente desenvoltos, dentro dos traços básicos dos *modernos times de campanha*, freqüentemente assumindo as responsabilidades pela tomada de decisões nas *estratégias das campanhas*, no uso da *mídia* e de outros pontos mais relevantes (Nimmo, 1970; Sabato, 1981).

A expansão sem precedentes da *função* dos técnicos (*experts*) nas campanhas reflete, por um lado, os métodos sofisticados e as habilidades que são tidas como necessárias para a condução de uma campanha na *política moderna* dentro do *ambiente da mídia* (incluindo as associadas à realização de *pesquisas de opinião pública* e de outros *métodos* de *monitoramento* dos *desejos e vontades dos eleitores*, a criação de *propagandas* de impacto para a televisão, com cobertura favorável, positiva e freqüente da *mídia* para o candidato e a obtenção de fundos financeiros) e, por outro, espelha o grande enfraquecimento do *papel* dos *partidos*, que não estão sendo capazes, por exemplo, de suprir as necessidades crescentes de fundos e de pessoal competente para as campanhas políticas.

232 A SOCIEDADE DA COMUNICAÇÃO E DA INFORMAÇÃO

Ademais, os candidatos freqüentemente entram em *competição* com outros dentro de seus próprios partidos, como ocorre nas *eleições primárias* dos Estados Unidos. Essas *competições intrapartidárias* têm levado os candidatos a agrupar seus próprios *staffs* de especialistas para suprir o apoio que não pode ser pedido ao partido, resultando em *campanhas* que passam a ter *candidatos centralizados*, mais do que *partidos centralizados* (Agranoff, 1972; Sabato, 1981). O objetivo do processo de *cientificização* é apenas e tão-somente a *vitória eleitoral* e não *encontrar alternativas úteis à política pública*. Esse objetivo parece resultar do inevitável enfraquecimento das *organizações partidárias* e das *mudanças* que estão a acontecer nos *sistemas políticos*.

Como já foi enfatizado, uma das características básicas da *modernização* consiste no desenvolvimento de uma *comunicação de massa* (*mídia*) poderosa e autônoma, cuja *influência de longo alcance* a remete para o centro da vida social, política, econômica e cultural. A *mídia moderna* é mais poderosa, independente e determinada para perseguir seus próprios *interesses* por meio de uma *cultura profissional* de *produção própria*. Ela tende a ter *funções políticas* que antes eram executadas por *organizações partidárias* e *mídias controladas por partidos*, como a *socialização política* e a *divulgação* de *informação* para o público sobre política e governo. Ao mesmo tempo, a *modernização* torna os políticos mais dependentes da *mídia* e ocasiona a *profissionalização* da *comunicação política* dos governos, como no caso de representantes de governo e líderes políticos, que são obrigados a dar atenção crescente e somas de recursos cada vez maiores para tentar *manipular* a chamada *mídia independente* (Semetko, Blumler, Gurevitch e Weaver, 1991).

Um dos resultados visíveis desse *processo* é o potencial de atrito permanente que se observa entre *porta-vozes* e *jornalistas*, com a finalidade de controlar os compromissos políticos e poder situar, ou interpretar, os eventos importantes e os compromissos pautados para a agenda de cada dia. Com a proliferação da poderosa *mídia privada*, dedicada a *interesses comerciais*, os políticos e representantes oficiais não podem mais *exigir tratamento preferencial e favorável*, ao contrário, precisam constantemente adaptar-se às *prioridades* e às *convenções da mídia*. De modo similar, o jornalismo precisa de um ambiente regulatório, no qual ele possa prosperar e ter livre acesso aos políticos e aos representantes oficiais como condição para executar seu trabalho, e ainda, ao mesmo tempo, necessita se manter *independente* da política com o objetivo de legitimar seu *papel institucional* na sociedade moderna.

A *relação* entre a *mídia* e a *política*, enquanto *centros de poder autônomo*, provoca *processos de competição e cooperação* que afetam as campanhas e os governos de muitas e importantes formas. Nesses dias de *eleitores fragmentados e voláteis*, com seus *sentimentos* mais *influenciados* pela *mídia*, o *poder político* não encontra *bases seguras e permanentes* de *apoio* nos *partidos*, tendo como ponto de acordo a lealdade ancorada nos *interesses de grupos e de classes*. A *aprovação pública*, obtida por meio de constantes *campanhas de mídia*, pode ser perdida tão rapidamente como foi conquistada, quando sua *imagem* torna-se *desagradável* e seus representantes oficiais tornam-se incapazes de *controlar o passo dos eventos*.

MÍDIA, OPINIÃO PÚBLICA E POLÍTICA **233**

Nesse ambiente instável, a *aprovação pública* precisa ser *cultivada* constantemente se quiser ser mantida. Em alguns países, o resultado tem sido a criação de *campanhas eleitorais permanentes*, nas quais os governos são obrigados a tentar *seduzir* continuamente a *aprovação popular* com o objetivo de *permanecer no poder*. A necessidade de uso da *mídia autônoma* com a finalidade de manter em alta o *apoio do eleitorado* tornou-se uma *prioridade diária* e contínua dos governos, que é perseguida à exaustão. É nesse quadro que os especialistas e estrategistas dedicados ao provimento de orientações sobre o uso e a manipulação da *mídia* têm-se tornado cada vez mais poderosos nos partidos políticos e nos governos.

À medida que o *processo de modernização* avança, a forma principal do cidadão participar nas campanhas eleitorais muda do *envolvimento pessoal direto* para a *posição de espectador*, com as campanhas sendo conduzidas basicamente por meio da *mídia de massa* e os cidadãos participando nelas como membros da *audiência* dessa *mídia*. O *espetáculo político*, como foi descrito por Edelman (1988), surge como um *cenário* no qual os políticos *medeiam* entre diversos *interesses conflitantes* e *demandas* de *estruturas múltiplas*, *competindo* pelo *poder* na *poliarquia*. Como forma de *ação política*, esse *espetáculo* concentra-se mais em respeitar os chamados *compromissos simbólicos* e a *servir* aos *interesses práticos* da *competição* por *grupos de eleitores* do que no diagnóstico acurado e na solução de problemas reais.

Por essa razão, no *palco* onde acontece o *espetáculo político*, o *teste principal do programa de governo não é obter resultados objetivos e sim servir ao desejo intenso e às ambições dos vários partidos que têm interesses nesse programa* (Edelman, 1988). A *audiência* também reflete o fato de os cidadãos, na sociedade moderna, tenderem a delegar para as *redes complexas de estruturas intermediárias* a responsabilidade da *representação* de seus *interesses* frente ao *sistema político*. Algumas dessas *estruturas intermediárias* são criadas exclusivamente com o propósito de *influenciar* nos resultados das eleições, como é o caso dos *comitês de ação política dos Estados Unidos* (em formatos diferentes, práticas similares estão ocorrendo em outros países). Outras *estruturas intermediárias* têm existência permanente e colocam suas forças para *influenciar* as atividades do dia-a-dia do governo, no tocante aos *compromissos* que são relacionados com as *estruturas de interesses particulares*.

Esse é o caso das *associações comerciais* e das atividades políticas dos *sindicatos de comércio e associações*, que representam uma ampla gama de interesses, como os dos *grupos religiosos*, de *lazer*, de *hobbies* e outros. Com essas *estruturas* disputando o avanço social dos seus *interesses*, o eleitor acaba por relacionar as campanhas centralizadas pela *mídia* mais como um *espetáculo* do que como uma *ação política*. Em vez de falar de *audiência*, Murdock (1993), definindo as condições sociais da *modernidade*, propôs uma distinção entre a *individualidade* dos *consumidores* e a dos *cidadãos*:

234 A SOCIEDADE DA COMUNICAÇÃO E DA INFORMAÇÃO

"de um lado há a multidão, emotiva, seduzida por imagens dramáticas, agindo em harmonia, barganhando por meio de revoltas e demonstrações. Do outro, há o cidadão, racional, aberto ao argumento seqüencial, fazendo escolhas pessoais conscientes e registrando claramente as suas preferências na solidão da urna de votação".

A adoção e adaptação dos *elementos* do *modelo moderno de campanha* são também influenciadas por vários atributos distintos de cada *sistema de mídia* dos países. O grau no qual os *sistemas de mídias* favorecem o desenvolvimento desses *novos modelos*, é decididamente influenciado pela *estrutura de seus proprietários*. Nota-se que esses *modelos* de campanha eleitoral estão intimamente ligados à *mídia televisiva* e, em particular, à televisão comercial. Isso oferece aos candidatos a possibilidade de acesso, por meio de pagamento, a milhões de eleitores; ao mesmo tempo, nos *sistemas de mídia públicos*, esse acesso é mais ou menos gratuito para as *organizações partidárias* de acordo com regras preestabelecidas para assegurar, de uma forma ou de outra, a imparcialidade e o pluralismo. No primeiro caso, os recursos para *propaganda política* favorecem o *processo de personalização*, requerendo o apoio de *especialistas* para alcançar os *sentimentos* dos eleitores, o planejamento e a produção das mensagens, e a compra de espaço publicitário nas redes de televisão mais eficientes e nos melhores horários. Nesse quadro, os candidatos podem e fazem grandes campanhas com pouco *apoio*, ou mesmo sem *apoio* e *participação* de seus *partidos políticos*.

Em geral, um outro *elemento* adicional, que tem importante *efeito*, é o grau do avanço tecnológico dos sistemas de mídia de cada país. Os *sistemas* mais avançados no uso da alta tecnologia comunicacional permitem, aos eleitores, fácil acesso à múltiplas *fontes de informações* e de *diversão* e, usualmente, a televisão é o mais importante *meio jornalístico*, que alcança maior e mais heterogênea audiência. Já os *sistemas* menos desenvolvidos oferecem menos *acesso* e a *poucos recursos*. Quando não há um *jornalismo de massa* genuíno capaz de alcançar a população por inteiro, rapidamente e a custo baixo, como nos países onde ainda existe um grande número de pessoas que não têm receptores de TV ou não podem receber os sinais televisivos, o desenvolvimento da *campanha moderna*, baseado no uso da *mídia*, tem sido inibido.

Esse é um quadro introdutório para que se possa pensar sobre a natureza e o significado das *mudanças* que estão ocorrendo ao redor do mundo e como as democracias vêm conduzindo suas eleições. Ele refere-se à presença ou não de *influências em comum*, que possam estar *modelando* a democracia moderna e o significado das *mudanças de longa duração* que, paradoxalmente, vêm ocorrendo de forma tão rápida.

EXERCÍCIOS REFLEXIVOS

1. Leitura complementar:

PODER E POLÍTICA

Boaventura de Souza Santos.
Pela mão de Alice: o social e o político na pós-modernidade.
São Paulo: Cortez, 1995. p. 341-346.

"A terceira grande área de contradição e competição paradigmática é o *poder* e a *política*. Esta área é talvez mais importante que as demais na medida em que nela se concebem e forjam as coligações capazes de conduzir a transição paradigmática. A dificuldade de tal tarefa está em que a transição paradigmática reclama, muito mais que uma luta de classes, uma luta de civilizações, e reclama-o num momento em que nem sequer a luta de classes parece estar na agenda política. No entanto, do ponto de vista do paradigma emergente, tal situação longe de ser paradoxal ou dilemática, exprime a um nível muito profundo as potencialidades paradigmáticas que o tempo presente encerra e que é preciso fazer desabrochar. (...)

O objetivo de um pensamento heterotópico é exatamente o de repor, no final do século XX e em moldes radicalmente diferentes, a luta civilizacional por que mereceu a pena lutar no princípio do século XIX. Esta luta civilizacional é sem dúvida uma luta epistemológica e psicológica e uma luta por padrões alternativos de sociabilidade e de transformação social, mas é acima de tudo uma luta entre paradigmas de poder e de política. (...)

O conflito paradigmático nesta área é entre o paradigma da democracia autoritária e o paradigma da democracia eco-socialista. O paradigma da democracia autoritária está inscrito na matriz do Estado moderno liberal e já referi algumas das suas características. Acrescentarei agora apenas as que têm diretamente a ver com o seu caráter autoritário. Tal caráter consiste, em primeiro lugar, em conceber como política apenas uma das formas de poder que circulam na sociedade e limitar a ela o dispositivo democrático. Consiste, em segundo lugar, em limitar este dispositivo democrático a um princípio mono-organizativo, a democracia representativa, supostamente o único isomórfico com a forma de poder que pretende democratizar. Consiste, em terceiro lugar, em conferir ao Estado o monopólio de poder político através do princípio da obrigação política vertical entre Estado e cidadão. Consiste, finalmente, em esse monopólio estatal ser exercido na dependência financeira e ideológica dos interesses econômicos hegemônicos que, na sociedade capitalista, são os que se afirmam como tal à luz do princípio do mercado.

Do ponto de vista do paradigma da democracia eco-socialista, estas características são autoritárias porque a sua eficácia social confere aos poderosos, aos grupos e classes dominantes, uma enorme legitimidade, que não só reproduz, como aprofunda a hierarquia e a injustiça social. Assim, ao considerar como apenas política uma das formas de poder, a do espaço-tempo da cidadania, o paradigma dominante demite-se da exigência de democratização das restantes formas do poder. Em segundo lugar, esta demissão acarreta o fechamento do potencial democrático num modelo institucional e organizativo (a democracia representativa) especificamente vocacionado para funcionar setorial e profissionalmente sem perturbar o despotismo com que outras formas de poder são socialmente exercidas e sem também se deixar perturbar por elas. Em terceiro lugar, a democracia representativa assenta num desequilíbrio estrutural entre o seu eixo vertical (a relação Estado-cidadãos) e o seu eixo horizontal (a relação cidadão-cidadãos) nos termos do qual a fraqueza deste segundo eixo potencia em geral o autoritarismo do eixo vertical, ao mesmo tempo que permite que ele se exerça desigualmente em relação a diferentes grupos de cidadãos, tanto mais autoritariamente quanto socialmente mais vulneráveis forem tais grupos. Por último, e ligado ao que acabei de dizer, o autoritarismo deste paradigma reside em que o Estado moderno, sendo o Estado que historicamente maior exterioridade em relação ao poder econômico revela, é, de fato, muito mais dependente dele, quer porque os governantes deixaram de ter fortuna pessoal, quer porque o Estado assumiu novas funções que exigem a mobilização de vastos recursos. Daí a necessidade de o Estado ter de manter uma relação de diálogo cúmplice com o poder econômico ou, em casos extremos, ter de romper o diálogo para garantir a sua sobrevivência (as nacionalizações).

O potencial autoritário do paradigma dominante é enorme e os regimes distinguem-se pelo maior ou menor grau com que o realizam. Daí que os regimes ditos autoritários ou mesmo totalitários não sejam uma aberração total, estranha ao paradigma. Pelo contrário, pertencem-lhe genuinamente e apenas representam as formas extremas que ele pode assumir. O fascismo, por um lado, e o comunismo, por outro, são, cada um a seu modo, formas extremas do Estado liberal moderno e da democracia autoritária que lhe é constitutiva. Este autoritarismo reproduz-se hoje sob novas formas, menos visíveis e por isso talvez mais perigosas e difíceis de erradicar, sob a forma da destruição do meio ambiente, do consumismo compulsivo, da dívida externa e da hierarquia do sistema mundial, do ajustamento estrutural e das leis de imigração e do imperialismo cultural.

O paradigma emergente, o paradigma da democracia eco-socialista, é radicalmente democrático, no sentido em que visa instaurar a democracia a partir das diferentes raízes do autoritarismo e sob as múltiplas formas por que ele se manifesta. Para este paradigma, são quatro as fontes principais de autoritarismo na nossa sociedade, correspondendo aos quatro espaços-tempo estruturais que tenho vindo a referir. Como notei a seu tempo, as relações sociais destes espaços-tempo são relações de poder e de desigualdade e como tal fontes de autoritarismo. O projeto democrático tem, pois, para ser conseqüente, de alvejar cada uma destas formas de poder no sentido de o democratizar. E deve fazê-lo de modo a maximizar o uso eficaz de processos de democratização especificamente adequados à forma de poder em causa. Ou seja, para o paradigma emergente, não há uma, mas quatro formas estruturais de democracia e cada uma permite variação interna.

A concentração exclusiva do paradigma dominante apenas numa forma, a democracia representativa, adequada ao espaço-tempo da cidadania, significou um empobrecimento dramático do potencial democrático que a modernidade trazia no seu projeto inicial. É, pois, necessário reinventar esse potencial, o que pressupõe inaugurar dispositivos institucionais adequados a transformar as relações de poder em relações de autoridade partilhada. Nisso consiste o processo global de democratização. Este paradigma envolve uma enorme expansão do conceito da democracia e em várias direções, uma delas está já explicitada no que acabei de descrever. Como vimos, a democracia deve ser expandida do espaço-tempo da cidadania – onde aliás vigora com fortes limitações, como vimos – aos restantes espaços-tempo estruturais. Isto significa que a democracia não é uma especificidade normativa da instituição do Estado nacional. Pelo contrário, a democracia é, por assim dizer, específica de todos os espaços estruturais e de todos os níveis de sociabilidade. A especificidade reside no modo variado como ela é institucionalizada. Em cada um dos espaços-tempo, o paradigma emergente está vinculado à transformação das relações sociais, de relações de poder em relações de partilha da autoridade, mas tal transformação assume necessariamente formas diferentes nas unidades eco-socialistas de consumo e nas unidades eco-socialistas de produção, por exemplo.

A expansão estrutural da democracia envolve também uma diversificação da escala. O pensamento democrático da modernidade concebeu a escala nacional como a 'escala natural' de institucionalização da democracia. Trata-se efetivamente de uma redução arbitrária porque, por um lado, existiu sempre uma tradição de democracia local que a modernidade teve de suprimir para poder instaurar a sua originalidade. E porque, por outro lado, com o conceito de soberania impermeável, suprimiu preventivamente um futuro de relações democráticas internacionais que ela tornava contraditoriamente urgente e impossível.

O paradigma da democracia eco-socialista expande a democracia ainda numa terceira direção: a duração intertemporal e intergeracional. Segundo este paradigma, a proximidade do futuro é hoje tão grande que nenhum presente é democrático sem ele. Por assim dizer, as gerações futuras votam com igual peso que as gerações presentes. Aliás, a democracia das relações interestatais visa sobretudo a democracia das relações intergeracionais e é em nome desta que a cooperação entre os Estados é mais imprescindível e urgente.

Esta tripla expansão da democracia – estrutural, escalar e intergeracional – pressupõe um enorme investimento de inovação institucional. Como todas as formas estruturais de poder são políticas e como em todas elas a transformação paradigmática visa constituir, a partir delas, formas de partilha de autoridade, a democracia eco-socialista é internamente muito diversa. Na sua definição mais simples, o eco-socialismo é democracia sem fim. Tal objetivo utópico pode funcionar eficazmente como critério dos limites da democracia na modernidade capitalista. Não se trata de obter a transparência total nas relações sociais, mas antes de lutar sem limites contra a opacidade que as despolitiza e desingulariza.

238 A SOCIEDADE DA COMUNICAÇÃO E DA INFORMAÇÃO

Uma luta democrática com esta amplitude não pode confiar num sujeito privilegiado nem contentar-se com um conceito unívoco de direitos. São quatro as posições subjetivas estruturais que se combinam e articulam de diferente forma na prática social dos sujeitos, tanto individuais, como coletivos. A família, a classe, a cidadania e a nacionalidade são dimensões ou posições de subjetividade que se combinam nos indivíduos e nos grupos sociais de modos diferentes segundo os contextos e as culturas, segundo as práticas e as tradições, segundo os objetivos e os obstáculos. (...) Não é tarefa fácil nem é uma tarefa individual. Mas se é verdade que a paciência dos conceitos é grande, a paciência da utopia é infinita.

Bibliografia

AGRANOFF, R. *The new style in election campaigns*. Boston: Holbrook Press, 1972.

ALMEIDA, Ivan Antônio de. *A síntese de uma tragédia*: movimento fé e política. Ouro Preto: Ufop, 2000.

ALMEIDA, M. H.; SORJ, B. (Org.). *Sociedade e política no Brasil pós-64*. São Paulo: Brasiliense, 1988.

ANGEL, A.; KINZO, M. A.; URBANEJA, D. *Madison Avenue in Asia*. Rutherford: Associated University Press, 1984.

ARRIGHI, Giovanni. *O longo século XX*: dinheiro, poder e as origens do nosso tempo. Rio de Janeiro: Contraponto; São Paulo: Unesp, 1996.

AZEVEDO, Antônio Carlos do Amaral. *Dicionário de nomes, termos e conceitos históricos*. Rio de Janeiro: Nova Fronteira, 1997.

BEDONE, Dalva M. B. Sociologia e sociedade. In: MARCELINO, Nelson C. (Org.). *Introdução às ciências sociais*. Campinas: Papirus, 1989.

BENNETT, W. L. *The governing crisis*: media, money and marketing in American elections. New York: St. Martin's Press, 1992.

BERTELLI, Antônio R. et al. (Org.). *Sociologia do conhecimento*. Rio de Janeiro: Zahar, 1974.

BLUMLER, J. G. *Television and the public interest*: vulnerable values in western european broadcasting. Park, Califórnia: Sage, 1992.

240 MANUAL DE SOCIOLOGIA

BLUMLER, J. G. News media in flux: an analytical afterword. *Journal of Communication*, 42(3), p. 100-107, 1992.

BOSI, Alfredo. *Dialética da colonização*. São Paulo: Companhia das Letras, 1992.

BOSI, Ecléa. *Cultura de massa, cultura popular*: leitura de operárias. Petrópolis: Vozes, 1973.

BOTTOMORE, T.; NISBET, R. (Org.). *História da análise sociológica*. Rio de Janeiro: Zahar, 1980.

BUCKLEY, Walter. *A sociologia e a moderna teoria dos sistemas*. São Paulo: Cultrix: Edusp, 1971.

BUTLER, D.; RANNEY, A. *Electioneering*: a comparative study of continuity and change. Oxford: Clarendon Press, 1992.

CAPRA, Fritjof. *Sabedoria incomum*: conversas com pessoas notáveis. São Paulo: Cultrix, 1992.

_____. *O ponto de mutação*: a ciência, a sociedade e a cultura emergente. São Paulo: Cultrix, 1987*a*.

_____. *O tao da física*: um paralelo entre a física moderna e o misticismo oriental. São Paulo: Cultrix, 1987*b*.

CARDOSO, Fernando Henrique. *As idéias e seu lugar*: ensaios sobre teorias do desenvolvimento. Petrópolis: Vozes, 1980.

_____. *Política e desenvolvimento em sociedades dependentes*: ideologias do empresariado industrial argentino e brasileiro. Rio de Janeiro: Zahar, 1971.

_____. Teoria da dependência ou análises concretas de situações de dependência? *Revista Estudos Cebrap*, São Paulo, v. 1, p. 25-45, 1971.

_____; FALETTO, Enzo. *Dependência e desenvolvimento na América Latina*: ensaio de interpretação sociológica. Rio de Janeiro: Guanabara, 1970.

_____; IANNI, O. (Org.). *Homem e sociedade*. São Paulo: Nacional, 1965.

_____. *Empresário industrial e desenvolvimento econômico no Brasil*. São Paulo: Difusão Européia do Livro, 1964.

CARDOSO, Miriam Limoeiro. Ideologia da globalização e (des)caminhos da ciência social. In: XXI CONGRESSO DA ASSOCIAÇÃO LATINOAMERICANA DE SOCIOLOGIA. São Paulo: USP, 1997*a*. Mesa-redonda Globalização e Exclusão Social.

_____. *Notas para a demarcação de um campo teórico em Florestan Fernandes*: fundamentos, confronto e perspectiva. São Paulo: USP: Instituto de Estudos Avançados, 1997*b*. (Documentos, Série História Cultural – 7.)

BIBLIOGRAFIA **241**

CARDOSO, Miriam Limoeiro. Florestan Fernandes: a criação de uma problemática. *Estudos Avançados*. São Paulo: USP, nº 10 (26), p. 89-128, 1996*a*.

_____. *Capitalismo dependente, autocracia burguesa e revolução social em Florestan Fernandes*. São Paulo: USP: Instituto de Estudos Avançados, 1996*b*. (Documentos, Série História Cultural – 6.)

_____. Adeus. *Revista ADUSP,* São Paulo: USP, out. 1995*a*.

_____. Em memória de Florestan Fernandes. *Estudos Avançados,* São Paulo: USP, nº 9 (25), p. 7-9, 1995*b*.

_____. *Para uma história da sociologia no Brasil*: a obra sociológica de Florestan Fernandes – algumas questões preliminares. São Paulo: USP: Instituto de Estudos Avançados, 1995*c*. (Documentos, Série Teoria Política – 8.)

CARRILHO, Manuel M. (Org.). *Dicionário do pensamento contemporâneo*. Lisboa: D. Quixote, 1991.

CASTELLS, Manuel. *Movimientos sociales urbanos*. México: Siglo Veinteuno, 1980.

COHEN, A. A.; ADONI, H.; BANTZ, C. R. *Social conflict and television news*. Newbury Park, Califórnia: Sage, 1990.

COHN, Gabriel. *Weber*: sociologia. São Paulo: Ática, 1997.

_____. *Crítica e resignação*: fundamentos da sociologia de Max Weber. São Paulo: T. A. Queiroz, 1979.

_____. *Sociologia*: para ler os clássicos. Rio de Janeiro: Livros Técnicos e Científicos, 1977.

_____. *Sociologia da comunicação*. São Paulo: Pioneira, 1973.

COSTA, Maria Cristina Castilho. *Sociologia*: introdução à ciência da sociedade. São Paulo: Moderna, 1987.

CUIN, Charles-Henry; GRESLE, F. *História da sociologia*. São Paulo: Ensaio, 1994.

DAHL, R. A. *Poliarchy*: participation and opposition. New Haven: Yale University Press, 1971.

_____. *A preface to democratic theory*. Chicago: University of Chicago Press, 1956.

DAHRENDORF, Ralf. *Ensaios sobre a teoria da sociedade*. Rio de Janeiro: Zahar : Edusp, 1974.

DALTON, Russel; KUECHLER, M. (Org.). *Challenging the political order*: new social and political movements in western democracies. Oxford: Polity Press, 1990.

DEMO, Pedro. *Sociologia*: uma introdução crítica. São Paulo: Atlas, 1983.

DICIONÁRIO CAUDAS AULETE. 3. ed. Rio de Janeiro: Delta, 1980. p. 1872.

DOBB, Maurice. *A evolução do capitalismo*. Rio de Janeiro: Zahar, 1965.

DURKHEIM, Émile. *As regras do método sociológico*. São Paulo: Nacional, 1972.

242 MANUAL DE SOCIOLOGIA

DURKHEIM, Émile. *The elementary forms of religious life*. New York: Free Press, 1947.

DUVERGER, M. Personalizzazione del potere o instituzionalizzazione del potere personale. In: VAUDAGNA, M. *Il partito politico americano e l'Europa*. Milão: Feltrinelli, 1991.

EDELMAN, M. *Constructing the political spectacle*. Chicago: University of Chicago Press, 1988.

ELIADE, Mircea. Programa Cultural Prometeus. Programação de Palestras de 1996. Ribeirão Preto, p. 10.

ENGELS, Friedrich. *A origem da família, da propriedade privada e do Estado*. Rio de Janeiro: Civilização Brasileira, 1975.

FAORO, Raimundo. *Existe um pensamento político brasileiro?* São Paulo: Ática, 1994.

FERNANDES, Florestan. *A natureza sociológica da sociologia*. São Paulo: Ática, 1980.

_____. *A sociologia numa era de revolução social*. Rio de Janeiro: Zahar, 1976.

_____. *Capitalismo dependente*: classes sociais na América Latina. Rio de Janeiro: Zahar, 1975.

_____. *Mudanças sociais no Brasil*. São Paulo: Difusão Européia do Livro, 1974.

_____. *Ensaios de sociologia geral e aplicada*. São Paulo: Pioneira, 1971.

_____. *Sociedade de classes e subdesenvolvimento*. Rio de Janeiro: Zahar, 1968.

_____. *Elementos de sociologia teórica*. São Paulo: Nacional, 1970.

_____. *Educação e sociedade no Brasil*. São Paulo: Dominus, 1966.

FERRARI, Alfonso Trujillo. *Fundamentos de sociologia*. São Paulo: McGraw-Hill do Brasil, 1983.

FERREIRA, Delson. *Nacionalismo, política e democracia na obra de Nélson Werneck Sodré*. 2001. Dissertação (Mestrado em Sociologia Política) – Centro de Educação e Ciências Humanas, Universidade Federal de São Carlos, São Carlos.

FERREIRA, Leila da Costa (Org.). *A sociologia no horizonte do século XXI*. São Paulo: Boitempo, 1997.

FISHER, G. *American communication in a global society*. Norwood, N.J.: Ablex, 1987.

FONSECA, Eduardo Giannetti da. *Auto-engano*. São Paulo: Companhia das Letras, 1997.

FORACCHI, Marialice M.; MARTINS, José de Souza. *Sociologia e sociedade*. Rio de Janeiro: Livros Técnicos e Científicos, 1977.

FORRESTER, Viviane. *O horror econômico*. São Paulo: Unesp, 1997.

FOUCAULT, Michel. *Microfísica do poder*. Rio de Janeiro: Graal, 1979.

FOUCAULT, Michel. *Vigiar e punir*. Petrópolis: Vozes, 1966.

FREYRE, Gilberto. *Sociologia*. Rio de Janeiro: José Olympio, 1967.

FRIEDLAND, L. A. *Covering the word*: international television news services. New York: Twentieth Century Fund Press, 1992.

FURTADO, Celso. O subdesenvolvimento revisitado. *Revista Economia e Sociedade*, Campinas, n° 1, ago. 1992.

_____ et al. *Brasil*: tempos modernos. Rio de Janeiro: Paz e Terra, 1979.

GAARDER, Jostein. *O mundo de Sofia*. São Paulo: Companhia das Letras, 1995.

GARNHAM, N. The media and the public sphere. In: CALHOUN, C. *Habermas and the public sphere*. Cambridge: MIT Press, 1992. p. 359-376.

GERSTLÉ, J. The Modernization of election campaigns in France. In: THE ANNUAL MEETING OF THE INTERNATIONAL COMMUNICATION ASSOCIATION. Miami, 1992.

GIDDENS, Anthony. *The consequences of modernity*. Cambridge: Polity Press, 1990.

_____. *As idéias de Durkheim*. São Paulo: Cultrix, 1981.

_____. *Novas regras do método sociológico*. Rio de Janeiro: Zahar, 1978.

_____. *A estrutura de classes nas sociedades avançadas*. Rio de Janeiro: Zahar, 1975.

GORZ, André. Quem não tiver trabalho também não terá o quer comer. *Estudos Avançados*. São Paulo: USP, n° 4(10), set./dez. 1990.

GREUEL, Marcelo da Veiga. *A obra de Rudolf Steiner*. São Paulo: Antroposófica, 1994.

_____. *O pensamento processual como exigência da transdisciplinaridade e a questão pedagógica*: um esboço. Disponível em: <http://www.uniube.br/uniube/pos-graduacao/revista/1/marcelo.htm.

GUARESCHI, Pedro. *Sociologia crítica*: alternativas de mudança. Porto Alegre: Mundo Jovem, 1984.

GUREVITCH, M.; LEVY, M. R.; ROEH, I. The global newsroom: convergences and diversities in the globalization of television news. In: DAHLGREN, P.; SPARKS, C. *Communication and citizenship*: journalism and public sphere in the new media age. Londres: Routledge, 1991. p. 195-219.

_____; BLUMLER, J. G. Comparative research: the extending frontier. In: SWANSON, D. L.; MIMMO, D. *New directions in political communication*. Califórnia: Sage, 1992. p. 305-325.

GUSMÃO, Paulo Dourado de. *Manual de sociologia*. Rio de Janeiro: Forense, 1967.

HABERMAS, Jürgen. *Mudança estrutural da esfera pública*: investigações quanto a uma categoria da sociedade burguesa. Rio de Janeiro: Tempo Brasileiro, 1984.

244 MANUAL DE SOCIOLOGIA

HABERMAS, Jürgen. *Teoria e prassi della societá tecnologica.* Bari: Laterza, 1978.

HOBSBAWM, Eric. *A era dos extremos.* O breve século XX: 1914-1991. São Paulo: Companhia das Letras, 1997.

HORKHEIMER, Max; ADORNO, Theodor W. *Temas básicos de sociologia.* São Paulo: Cultrix, 1973.

HUNTINGTON, Samuel P. *A terceira onda*: a democratização no final do século XX. São Paulo: Ática, 1994.

IANNI, Octavio. *Teorias da globalização.* Rio de Janeiro: Civilização Brasileira, 1999.

_____. *Marx*: sociologia. São Paulo: Ática, 1996.

_____. *Teorias da estratificação social.* São Paulo: Nacional, 1972.

_____. *A sociologia da sociologia latino-americana.* Rio de Janeiro: Civilização Brasileira, 1971.

JAMIESON, K. H. *Dirty politics*: deception, distraction, and democracy. New York: Oxford University Press, 1992.

KAYNAK, E. *The management of international advertising.* Westport: Quorum Books, 1989.

KIRCHHEIMER, O. *The transformation of the western european party sistems.* In: PALOMBARA, J; WEINER, M. *Political parties and political development.* Princeton: Princeton University Press, 1966. p. 177-200.

LAKATOS, Eva Maria. *Sociologia geral.* 6. ed. São Paulo: Atlas, 1990.

LARANJEIRA, Sônia (Org.). *Classes e movimentos sociais na América-Latina.* São Paulo: Hucitec, 1990.

LE GOFF, Jacques. *História e memória.* Campinas: Unicamp, 1990.

LEFÈBVRE, Henri. *Sociologia de Marx.* Rio de Janeiro: Forense, 1966.

LOPES, Juarez Rubens Brandão. Política social: subsídios estatísticos sobre a pobreza e o acesso a programas sociais no Brasil. *Estudos Avançados,* São Paulo: USP, 9(24), 1995.

LOVELOCK, James. *As eras de Gaia.* Rio de Janeiro: Campus, 1991.

LUKÁCKS, G. et al. *Estrutura de classes e estratificação social.* Rio de Janeiro: Zahar, 1969.

LUSTIG, Nora. La crisis de la deuda, crescimiento y desarrolo social en América Latina durante los años ochenta. In: REYNA, José Luis (Org.). *América Latina a fines del siglo.* México: Fondo de Cultura Economica, 1995.

MANCINI, Paolo; SWANSON, David L. *Politcs, media and modern democracy*: an international study of innovations in electoral campaigning and their consequences. Londres: Praeger, 1996.

BIBLIOGRAFIA **245**

MANNHEIM, Karl. *Diagnóstico do nosso tempo*. Rio de Janeiro: Zahar, 1967.

_____. *Ideologia e utopia*. Rio de Janeiro: Zahar, 1967.

_____. *Sociologia sistemática*. São Paulo: Pioneira, 1962.

MARCELINO, Nelson C. (Org.). *Introdução às ciências sociais*. Campinas: Papirus, 1989.

MARTINS, Mário Ribeiro. *Filosofia da ciência*. Goiânia: Oriente, 1979.

MARX, Karl. *O capital*. Rio de Janeiro: Zahar, 1967.

_____. *Manuscritos econômico-filosóficos e outros textos escolhidos*. 2. ed. São Paulo: Abril Cultural, 1978. p. 129 (Os Pensadores.)

MARX, Karl; ENGELS, Friedrich. *La ideologia alemana*. Montevidéu: Ediciones Pueblos Unidos, 1958.

MASI, Domenico de. *Desenvolvimento sem trabalho*. Rio de Janeiro: Esfera, 1999.

MILLS, C. Wrigth. *A imaginação sociológica*. Rio de Janeiro: Zahar, 1969.

_____. *A nova classe média*. Rio de Janeiro: Zahar, 1969.

_____. *A elite do poder*. Rio de Janeiro: Zahar, 1968.

MORAES FILHO, Evaristo. *Comte*: sociologia. São Paulo: Ática, 1989.

MURDOCK, G. Communications and constitution of modernity. *Media, culture and society*, 15, p. 521-539, 1993.

NIMMO, D. *The political persuaders*: the technics of moderns election campaigns. Englewood Cliffs, N. J.: Prentice-Hall, 1970.

NOVA, Sebastião Vila. *Desigualdade, classe e sociedade*. São Paulo: Atlas, 1982.

_____. *Introdução à sociologia*. São Paulo: Atlas, 1981.

NUNES, Sebastião. *Somos todos assassinos*. São Paulo: Altana, 2000.

OLIVEIRA, Pérsio Santos de. *Introdução à sociologia*. São Paulo: Ática, 1995.

PARISI, A.; PASQUINO, G. *Relazione partiti-elettori e tipi di voto*. In: _____ (Ed.). *Continuità e mutamento eleitorale in Italia*. Bolonha: Il Murino, 1977. p. 215-250.

PASTORE, José. *Desigualdade e mobilidade social no Brasil*. São Paulo: T. A. Queiroz: Edusp, 1979.

PEREIRA, Luiz (Org.). *Populações 'marginais'*. São Paulo: Duas Cidades, 1978.

_____ (Org.). *Urbanização e subdesenvolvimento*. Rio de Janeiro: Zahar, 1973.

PIERSON, Donald. *Teoria e pesquisa em sociologia*. São Paulo: Melhoramentos, 1965.

246 MANUAL DE SOCIOLOGIA

PIETROCOLLA, Luci Gati. *O que todo cidadão precisa saber sobre sociedade de consumo*. São Paulo: Global, 1986.

REYNA, José Luis (Org.). *América Latina a fines del siglo*. México: Fondo de Cultura Económica, 1995.

RIBEIRO, Darcy. *O povo brasileiro*: a formação e o sentido do Brasil. São Paulo: Companhia das Letras, 1997.

RODRIGUES, José Albertino. *Durkheim*: sociologia. São Paulo: Ática, 1995.

SABATO, L. *The rise of political consultants*: new ways of winning elections. New York: Basic Books, 1981.

SAINT-SIMON, Claude-Henry de. *Oeuvres de Claude-Henry de Saint-Simon*. Paris: Anthropos, 1966.

SANTOS, Boaventura de Souza. *Pela mão de Alice*: o social e o político na pós-modernidade. São Paulo: Cortez, 1995.

_____. *Introdução a uma ciência pós-moderna*. São Paulo: Graal, 1989.

SANTOS, José Rodrigues dos. *O que é comunicação*. Lisboa: Difusão Cultural, 1992.

SANTOS, Theotonio dos. *Conceito de classe social*. Petrópolis: Vozes, 1982.

SCAMMEL, M.; Karan, K. *Limits of american influence*: a comparative assessment of political advertising in Britain and India. Miami, 1992.

SCHERER-WARREN, Ilse; KRISCHKE, P. (Org.). *Uma revolução no cotidiano?* Os novos movimentos sociais na América Latina. São Paulo: Brasiliense, 1987.

_____. *Movimentos sociais*: um ensaio de interpretação sociológica. Florianópolis: UFSC, 1984.

SEMETKO, H. A.; BLUMLER, J. G.; GUREVITCH, M.; WEAVER, D. H. *The formation of campaign agendas*: a comparative analisys of party and media roles in recent american and british elections. Hillsdale: Erlbaum, 1991.

SINGER, Paul I. Um mapa da exclusão social no Brasil. In: SINGER, P. I. et al. *Globalização e exclusão*. São Paulo: Imaginário, 1996.

_____; BRANT, Vinícius Caldeira (Org.). *São Paulo*: o povo em movimento. Petrópolis: Vozes: Cebrap, 1980.

SODRÉ, Nelson Werneck. *História da burguesia brasileira*. Rio de Janeiro: Civilização Brasileira, 1964.

SORJ, Bernardo. *A construção intelectual do Brasil contemporâneo*. Rio de Janeiro: Zahar, 2001.

STEINER, Rudolf. *O conhecimento iniciático*. São Paulo: Antroposófica, 1996.

BIBLIOGRAFIA **247**

STEINER, Rudolf. *Linhas básicas para uma teoria do conhecimento na cosmovisão de Goethe.* São Paulo: Antroposófica, 1986.

_____. *A filosofia da liberdade*: elementos de uma cosmovisão moderna. São Paulo: Antroposófica, 1983.

SUPERTI, Eliane. *O positivismo e a revolução de 1930*: a construção do Estado moderno no Brasil. 1998. Dissertação (Mestrado em Sociologia Política) – Centro de Educação e Ciências Humanas, Universidade Federal de São Carlos, São Carlos.

THOMAS, Lewis. The lives of a cell. In: Lovelock: James. *As eras de Gaia*: a bibliografia da nossa terra viva. 1991.

TOMAZI, Nelson Dacio (Coord.). *Iniciação à sociologia.* São Paulo: Atual, 1993.

TOMLINSON, J. A phenomenology of globalization? Gidenns on global modernity. *European Journal of Communication,* 9, p. 149-173, 1994.

TOURAINE, Alain. *Em defesa da sociologia.* Rio de Janeiro: Zahar, 1976.

_____. *Un désir d'histoire.* Paris: Stock, 1977.

_____. *La voix et le regard.* Paris: Seuil, 1978.

WAKEMAN, F. Transnational and comparative research. *Item*, 42 (4), s. l., p. 85-91, 1998.

WALLIS, R.; BARAN, S. J. *The known word of broadcast news*: international news and the electronic media. Londres: Routledge, 1990.

WEBER, Max. *Ciência e política*: duas vocações. São Paulo: Cultrix, 1978.

_____. *Economia y sociedad.* México: Fondo de Cultura Económica, 1974.

_____. *A ética protestante e o espírito do capitalismo.* São Paulo: Pioneira, 1967.

_____ et al. *Sociologia da burocracia.* Rio de Janeiro: Zahar, 1966.

_____. *Ensaios de sociologia.* Rio de Janeiro: Zahar, 1963.

WILBER, Ken. (Org.). *O paradigma holográfico e outros paradoxos*: explorando o flanco dianteiro da ciência. São Paulo: Cultrix, 1992.

atlas

www.grupogen.com.br

ROTAPLAN
GRÁFICA E EDITORA LTDA
Rua Álvaro Seixas, 165
Engenho Novo - Rio de Janeiro
Tels.: (21) 2201-2089 / 8898
E-mail: rotaplanrio@gmail.com